媒介文化评论的理论与实践

主编　沈敏特　金梦玉　裘新江

合肥工业大学 出版社

导　言

这是一本探讨型的教材。

它不提供传统教材最习惯于提供的种种结论。

它不提供传统教材为应试所必需的标准答案。

它是一批传媒人（特别是身临传媒教育第一线的传媒人），面对当代多元化媒体的新面貌、新情况、新问题所进行的思考、探讨；他们不想在学生的面前充当毋庸置疑的权威；他们甚至不掩饰自己的困惑与迷惘；他们只希望学生因为他们的真诚的思考、探讨，而成为与他们携手并肩一起去思考、探讨的伙伴。

当代的中国传媒，是史无前例的社会大转型的一个组成部分，面临着众多需要思考、探讨的问题。其中的一个重中之重的问题是：传媒的技术手段日新月异、高速发展；在中国，手机、电脑、电视、IPONE 等传媒工具的占有量居世界之首；它的影响力在于改变着中国人的思维方式、生活方式、行为方式；而另一方面，即借着最先进的技术手段所传播的文化内容却严重滞后；同时，由于传播要生存在一个有待规范和法制化却又远未规范和法制化的市场经济环境之中，这种文化滞后显得更为普遍和严重。于是，一个中心的文化问题摆在了我们的面前：传媒怎样担负起促进现代公民文化自觉地成长与发展的历史重任。

本课程的任务就是通过教学，教师与学生一起以现代文化的视角分析与研究各种传媒产品的文化内涵，分清以科学与民主为核心的现代文化与非现代文化的区别，在此过程中着重锻炼学生思考的能力、批判的精神。

为此，需要打破分章分节、教师讲学生听的一以贯之的传统教学模式，代之以学生直接参与对各种传媒产品进行文化评论的实践、在实践中研究与探讨的模式。我们用一句话来概括这种模式："学生做，老师引；以学生的实践为中心，以学生的实践成果为考核教学质量的基本参照。"

这本探讨性的教材就是"老师引"的一个部分，即提供一个开阔思维空间、促进独立思考的参照物。因此，这本教材的编写模式打破传统教材

"编""章""节"的超稳结构，而是按以实践与思考为核心的要求，把全书分成两大部分，一部分是理论探讨篇，一部分是实践成果篇。与此相应，我们把原有分章撰写的草稿全部改成署名文章，以充分发挥个人独立思考的能量，突出探讨、思考的总体风格。尤其是在实践成果篇中，不但有参加本教材编写的成员的文稿，我们还选用了传媒业界很多具有参考性和启发性的文稿。

所有这些文稿涉及了有关媒介文化的方方面面的问题。其中包括对这门新课程的阐述；操作媒介文化评论所需要的素养和能力；对于各种媒介产品的文化评论；等等。我们不要求撰稿人观点完全一致，我们甚至认为，不一样的见解，更有益于培养学生的选择与思考的能力。一个观点不整齐划一的平台，才是一个正常的文化景观，一个有益于人的生存与发展的环境。人必须在独立思考的状态中完满地实现人的本质。

我们期望，这本探讨性的教材，不仅有助于推动传媒学子在媒介文化评论的实践中，加浓探讨的兴趣，深化思考的能力，并能成为大量关注媒介现状与前景的普通读者的一本喜闻乐见的读物；因为，媒介传播的接受者，也不是完全被动的，他们需要不断提高选择与辨别的能力；何况新媒体已为每一个普通人提供了化为传播主体的机会与可能。

目　录

实践成果篇

理论探讨篇

新思路·新实践·新课程

——关于"中国媒介文化评论"的报告

马缘园　李劲强

[关键词]　思路　实践　课程

"中国媒介文化评论"课程的设置已经历了一年的时间。我们愈来愈感到"天时、地利、人和"这六个字的不可或缺。天时，指的是改革开放的大背景；地利，指的是一个高等学府的勃勃生机的整体环境；人和，指的是学校领导的开放的胸怀和大力的支持。恰是天时、地利、人和三者具备，才有可能正式宣告：一门新的课程诞生了。虽然它还是个婴儿，但有了生命，有了茁壮成长的美好前景。

一、创建的缘由

中国当代面对一个根本性的矛盾，解决这个矛盾，是中国当代媒介继续发展、进步的根本方向和根本动力。

当代媒介产品，无论它的题材、样式、风格是怎样的丰富多样、异彩纷呈，它的根本任务只能是传播先进的现代文化。但是，完成这个任务是一个不断解决矛盾的伟大过程。

单以中国电视为例，从1958年诞生至今有了突飞猛进的巨大发展。据统计，中国电视台总数是日本的22倍，是美国的2至3倍；它是中国覆盖面最大、影响最深的第一媒体。它成为中国人的信息环境，成为中国人的人格杠杆。但是，一个根本性的矛盾是，科技力量的建设和人文力量的建设是不平衡的，前者快速，后者缓慢。当数字化的电视已开始进入千家万户时，当新媒体的普及程度已无新异感时，它承载的文化内涵还在从旧向新的艰难的转型过程之中。中国市场经济在完善和成熟的过程中，不可避免有很多负面的因素，以及面对世界的开放，不可避免有极其复杂的文化选择，给电视以巨大的文化冲击，又加剧了文化转型的艰难。

从文化学的角度考察，物质文化的变化快于精神文化（特别是其中的核心价值观念）的变化，而精神文化的变化又从根本上制约着物质文化的变化，因此精神文化必须具有自我批判、自我完善的机制，才能创造出物质文化与精神文化互动互促的良性循环，这是一条规律。顺应这条规律是我们创建这门课程——中国媒介文化评论——的根本缘由。

二、目标和运作

"中国媒介文化评论"的关键词是"文化"的"评论"，这就决定了本门课程的培养目标。

首先是培养学生具有先进的现代文化观念，使学生在审视当代电视节目、电视现象和各种媒介产品时，具有现代的文化眼力和文化敏感，具有现代的文化质疑精神和文化批判精神；对我国媒介事业具有高度的文化使命感和责任感。

文化观念不是抽象的存在，它渗透在各种生活知识、社会知识、科学知识之中。这就决定了我们必须培养学生综合运用知识的能力，培养学生终生学习的习惯。

与此相关，还要按照文化评论员的要求培养三种能力：文字表达能力、口头表达能力以及把媒介文化评论做成制作媒介的能力。

我们期望在学生中成长出一批未来的媒介文化评论员，为我国电视的文化传播功能的优化和强化作出贡献。

根据这样的培养目标，我们重新思考了教学方法的改革。一个基本想法是围绕"三性"——实践性、现实性、开放性——设计教学过程和教学环节。

一个基本点是颠覆"教师讲，学生听；教师念讲稿，学生记笔记"的传统的基本教学模式，创建"学生做，教师引，以学生的实践为中心，以学生的实践成果为教学质量的鉴定标准"的现代的基本教学模式。学期末，衡量学生成绩的不是试卷纸，而是学生写作的评论文章、发表的口头评论和策划的文化评论的电视节目。

由此引出的教学过程与环节如下：

其一，本课程的"开锣戏"是课程总报告。

由授课教师说明开设本课程的意义和必要性、本课程的基本内容和教学改革的设想，强调学生在本课程创建过程中的主力军的地位和作用，并讲解什么是现代文化观念，为全过程作好引导和铺垫。

其二，本课程以电视节目的类型划分成若干单元，在单元中安排学生的评论，围绕评论组织互动的教学环节。

如电视谈话节目、电视文艺节目、电视娱乐节目、特别节目、电视剧节目、纪录片节目，新媒体的各种文化现象，每单元选取一至两个典型的节目作为评论对象。为了体现本门课程的现实性，评论对象的选取是很有讲究的。如广播电视总局叫停《第一次心动》，我们认为这是一个大的文化决策，便以这个电视现象作为一个单元。十七大报告学习的热潮中，我们选取纪录片《大国崛起》、政论片《复兴之路》为评论单元，从整体历史文化的角度强化对十七大精神的理解和认识。

在每一单元中有以下教学环节。

首先是在观摩电视节目前由教师作引导报告，即说明该单元节目的特点、活动程序和作业要求，介绍相关资料等。

第二步是当堂观摩电视节目（较长节目如电视剧一般布置学生在课外自行安排时间观摩）。

第三步是师生开展讨论，由学生先口头评论、辩论，然后当堂书写评论文章。今后还要有针对性地安排辩论活动。讨论过程中穿插教师引导。教师的引导有两个要点：一是控制学生进行评论的视角，不要游离于文化视角之外；二是启发学生发掘电视节目和电视现象的文化本质。

第四步是教师按照评分标准批改学生的评论文章。教师给学生撰写的各单元类型节目的电视文化评论文章和制作的电视文化评论节目作出评分，有针对性地给予分析性的评语。一学期各单元所得平均分就是该学期的总分，一学年各单元的平均分就是该学年的总分。优秀作品由教师推荐给媒体公开发表。也就是说，没有学期考试，却时时进行考试。

第五步是教师作单元小结。这是教师展示引导作用的"重头戏"。这里不仅要根据学生作业梳理出学生在该单元实践中的经验和教训，还需要将学生的认识从感性上升到理性、把经验与教训上升到文化理论的高度。更重要的是，教师通过总结，给学生打开更广阔的思路，并引导学生懂得：一个电视评论员需要有终身扩大知识领域的自觉。小结后，教师鼓励学生对总结提出异议，养成学术民主的习惯，培养学生的质疑和批判精神。

第六步是教师根据课堂情况及时获取学生反馈意见。学与教的环节是互动、互促的，教师对学生、学生对教师，都应该有严格的要求。我们要求学生对教师给予经常的评介和建议，印发学生意见表；并开展了数次学生座谈会，畅谈课程建议以及学风建设。

其三，在这六步中还有两个穿插，目的在于扩大学生的视野和思维空间。

一是教师进行评论示范和文化基础知识的辅导，在反复讲解中使学生加深对现代文化观念的理解。如教师所作的《爱国主义和现代文化观念》《爱情与现代文化观念》《代际关系与现代文化观念》等现代文化系列报告；教师根据亲身参与的南京电视台《美丽梦工场》节目作点评示范，并点评电视剧《士兵突击》；点评2006年《春节联欢晚会》和电视剧《奋斗》；并邀请我系其他专业教师进行"如何制作访谈节目"的专题辅导等。

二是邀请校外专家学者和业界人士举行讲座，旨在使学生更加了解电视业界前沿动态。目前，本教学小组已组织了六场讲座，分别邀请到了郑洞天教授、耿小强导演、方方老师、王清总编、曹恺导演和王云强博士等六位专家与学生进行交流。讲座题目包括《视听快餐与艺术规律》《当代中国道德现状》《纪录与实验：DV影像前史》《谈话类节目的文化内涵》《综艺节目是化妆成魔鬼的天使》等。

其四，开放与对外合作。

为了更好地进行开放式教学，为学生提供更多的动手机会，本教学小组一直致力于构建教学网络。

三、初步的收获

一是学生开始树立整体的文化观念。对于学生来说，掌握整体的先进的文化观念，是他们发现电视节目的问题、从文化视角进行评论的前提和关键。只有建立了整体文化的参照系后，学生才有能力对各种文化问题保持敏感，并发现其症结所在，以作出针对性的深刻批评。经过本课程的学习，学生已经对文化观念各层次和层次间的关系有了初步的了解。例如，在纪录片单元，通过对《大国崛起》《复兴之路》中各文化层次——物质文化、制度文化、核心文化的变迁、改革的分析，学生对十七大中所提出的政治建设、经济建设、文化建设、社会建设"四位一体"有了更深刻的认识，进而加深了对十七大精神的理解。学生的朴素表达是："如今看电视，有了不同于以往的感觉。"

二是实践推动了自知之明的进展。在实践的过程中，学生进一步认识了自己知识和能力的欠缺。在传统的教学模式中，学生通常是被动的接受者，最常见的互动形式也就是回答教师的问题，参与讨论，很难在具体的实践中发现自身的不足。所谓的"听十次不如做一次"正是此意。而在本课程的学习中，传统的教学模式被改变，"学生做，教师引"成为主要的教学模式。在此模式下，学生通过自己的演讲和书写，自己策划文化评论的电视节目，能够更深切地发现文化理论的准备、各种知识的积累以及表达能力的欠缺，由此自觉地产生如饥似渴的求知欲。这是进一步丰富自己，提高自己的心理前提。

三是教学过程成为教师进一步提高的平台。教师在这样的教学过程中，得到了一个很重要的提高：进一步树立了关注前沿、关注学生和终身学习的意识，并把这种精神传递给了学生，从根本上提高了教学质量。中国电视文化评论关注的是当下的电视节目、当下的文化问题，面对的是学生在实践中暴露出来的鲜活的问题。这就决定了教师要把关注前沿、关注学生作为一种基本的自觉，而不能埋头做自己的学问，教师要通过学术研究，把最前沿的信息引进课堂，把有针对性的理念与知识传授给学生。在这个关注和研究的过程中，终身学习将成为教师的必然选择。我们的一个深切的体会是：我讲你听易，你做我教难。

四、需要解决的新问题

一是学生常有不知从何下手的困惑。此问题产生的原因大致有三个：首先，对于这样的教学方法，学生要有一个适应过程。在传统的教学模式中，学生只是被动的接受者，他们要做的只是认真听讲即可。但是本课程的教学模式需要学生在听之后，花大量的时间观看电视节目，并发现问题作出思考和表达。这种转变需要学生的适应。其次，教学要求和学生的实际能力存在差异。在实际的教学中，我们发现学生离教学的要求还存在一定的差距。学生的整体文化观念还未建立，文化知识的积累还较薄弱，表达和写作的能力也有待于提高。第三，学生感觉达不到老师的要求。由于基础能力较弱，学生通常会感觉自身的能力离老师的要求还有差距，并因此产生学习上的焦虑。其实，对于学生来说，意识到自身的不足已经是一种进步，在正确的引导下，这种焦虑会转化为求知的热情。

针对以上问题，在课程中我们通过三个方面的措施进行辅导：首先是举办专题讲座，通过教授的讲座和专家的讲座，从基础知识和前沿知识两个方面对学生进行"补课"。其次是做课程的小结，教师通过每个单元结束的课程小结，对每种电视节目的具体问题进行翔实的剖析，并且在剖析的过程中，将整体的文化观念、先进的文化观念在"温故而知新"的进程中不断地巩固和加深。再次是作业的批改和教学的示范。在教学过程中，每个学生的作业都会得到有针对性的批改，作业呈现出的共性问题和典型问题，会在单元小结中得到分析和解答。在此基础上，两名助教以具体节目为案例的课堂演示，也为学生提供了分析的方法，展示了分析的过程。

二是硬件准备不足。由于本课程刚刚开设，许多硬件方面的准备还没有达到教学的要求和应有的规模。其中，突出的问题是没有足够的电视节目的资料，可以参考的电视文化评论的资料不足。在教学过程中，只能依靠教师的力量对相关的资料进行搜集。但从规模上说，还不能提供给学生足够的资料库。同时，由于本课程是创新课程，因此也不可能马上为学生提供教材。学生的思维空间的扩展和自学的积极性受到一定程度的限制。

对于教材问题，本课程的教学团队已经在着手撰写，由于人手较少，估计需要三年时间。其他方面的硬件配置，在得到学院的支持后也将相继展开。

三是学风问题。教书育人是教学过程中不可分割的两个方面。没有育人的意识，没有良好的学风，教学效果的追求无异于"缘木求鱼"。作为以培养具有先进文化观念的现代人、培养专业电视文化评论员的中国电视文化评论，更加注重现代知识人和现代文明人的结合。但不容回避，学风问题是当前高校的普遍问题。

针对学风问题，本课程追求教书与育人的有机结合，把提高教学质量和抓紧学风建设联系起来；在教学过程中，教师十分注重即时的引导和亲身的示范，对课堂上出现的问题及时把握，及时引导，不容许负面的学习风气在课堂蔓延。我们深刻认识到，抓好学风的前提是教风的不断优化；我们时时告诫自己，保持和改善教师应有的形象和素养，才能潜移默化，获取教书育人的最佳效果。此外，在教学过程中，教师恢复和坚持了原有的课堂礼仪，以强化课堂的神圣感，创造良好的学习氛围。课堂礼仪是学风问题中的一个小问题，但能不能坚持却是大问题；因为小事都不能坚持，谈何大事。学风问题事出有因，就事论事，指责不良学风的现象，往往事倍功半。我们开始举行不同形式的座谈会，在沟通中与学生共同寻找出现不良学风的原因，共同探讨克服不良学风的有效办法。良好学风的创建，归根到底要依靠学生的自觉和自治；而学生自治，正是大学精神的题中应有之义。

【思考题】

1. 为什么要创建这样一门新的课程？
2. 这门课程的培养目标是什么？
3. 这门课程的教学方法新在何处？

中国当代媒介的文化现状

沈敏特

[关键词] 当代 媒介 文化 现状

对当代电视文化纷纭复杂、变动不居的状态作出准确的判断，需要一个相对科学的价值标准。

这个标准就是：人。文化是人创造的，是为了人创造的，是为了人的生存和发展创造的。于是，文化之是与非的划定，就看它对人的生存与发展是有益还是有害。

而人对于文化的创造不是超时空的，它不能离开具体的历史条件：是，是此时此地的是；非，是此时此地的非。

审视当代媒介文化的是与非，就得站在今天现实的土壤上，去解析一种媒介产品或媒介现象对于当代人的现实需求的影响，是否优化了人的生存状态，是否推动了人的环境与人的素质的进步。

当代中国人的最重要的，关乎民族生死存亡、强弱兴衰的关键任务是转型与改革，即通过改革，完成政治、经济、文化、社会向着现代化的转型；而整个社会也正处于转型与改革是否成功的关键时期。

掌握这样的一个大背景，就使我们能够在纷纭复杂的文化景观中梳理出它的基本脉络和走向。这就是非现代文化的基因依然存在并且强大，它能够顺应并且利用转型与改革中的现实条件，变换包装，卷土重来；它不仅阻挡改革的进展，还能在"崭新的口号"下实现倒退。而新的为改革开放呐喊扬威、推波助澜的现代文化，势不可当，成为创造改革开放新局面、奠定改革开放基础的关键因素；而另一方面则是困难重重，步履维艰；它被阻扼，被扭曲，被篡改；在某些时段甚至处于下风和逆境。

应该说，1978 年开展的真理标准的大讨论，即全国人民重新学习具有常识性的马克思主义的认识论的基本原理：实践是检验真理的唯一标准，为现代文化观念进入媒介领域打开了大门。中国共产党领导的改革开放大业的每一个进展，如从小岗村开创的农村改革，如从"以阶级斗争为纲"到"以经济建设为中心"，从计划经济体制到社会主义市场经济体制的大转变，从以经济改革为重心到"五位一体"，即经济、政治、社会、文化、生态文明的全面改革，从邓小平理论、"三个代表"重要思想，到以人为本、和谐社会、科学发展观、中国梦，都在媒介产品中得到最大覆盖率的宣传与展示。

但是，恰如法国文化学者提出的"长时段"文化理论所展示的观念：文化进步的总过程是不平衡的。文化是一个多层的系统，各层的进步有极大的快慢之分别。文化中的物质层相对最快，文化中的制度层要慢一些，而最慢的是作为"文化之魂"的精神层，即价值观、道德观、审美观等。所谓"长时段"的文化理论指的就是这个层面的文化。它慢到什么程度呢？它的时间的最小量度不是秒、分、时、日、周、月、年，而是世纪。也就是说，往往要多少个世纪，"文化之魂"才能发生根本性的变化。文艺复兴以来的现代价值观念，一直到今天还是很多国家尚需普及和有待启蒙的文化观念。

文化之魂的进步之慢，常被用"超稳定"三个字来予以形容；而更重要的是这种缓慢还表现为它的超强的适应性，不管经济、政治发生了多大的变化，它能改头换面、重新包装，而又"万变不离其宗"地存活下来，并发挥着阻挡历史进步的巨大作用。我们在种种的"革命的年代"，都能看到这种奇特的文化现象。同样，在当今的改革开放的大潮中，各种媒介产品和媒介现象，仍能发现古老的文化之魂常以时尚的包装闪烁其中，有时甚至是难以辨别的。这正说明了媒介文化评论的历史任务的艰难和重要。

就此，我们可以作一次简要的"巡视"。

一个重头戏是时政新闻中如何处理政治性与真实性的关系问题。

中国特色的社会主义的一个核心的政治内涵是坚持与维护中国共产党的领导。因此，传媒人必须自觉地认识到，中国共产党是一个以马克思主义的科学社会主义学说为宗旨的政党，它的执政理念渗透着高度科学、高度民主的政治精髓。因此，在时政新闻的报道中，坚持政治性和真实性的统一，是党的宗旨在新闻报道中的实现。长期以来，人们有一个历史性的误解，即把展示成绩的所谓"正面报道"，与反映工作中的失误与缺点的所谓"负面新闻"对立起来；把所谓"歌颂"与"暴露"对立起来，以为前者是"维护党的威望"，是"坚持党的领导"，后者是"损害党的形象"，甚至是"否定党的领导"。这既扭曲了新闻的本质功能，扼杀了新闻的监督作用，并且在实质上歪曲了党的性质、抹黑了党的形象，否定了党的为人民服务的宗旨。历史一再证明，每当中国共产党虚心接受不同意见，直面自身的问题，自觉纠正自身的错误，如党的十一届三中全会，都是党的威信最高，事业发展最快的时期。因此，作为党领导的新闻事业，真实性和政治性的统一，是一个根本的原则。应该看到的是，由于传统文化中"为尊者讳"的惯性十分强大，这又是一条容易被忽略、被抹杀的原则；以至于由于违背真实性的原则，而损伤了政治健康的新闻事件常有发生。关心新闻报道中真实性与政治性的关系的种种文化现象，是媒介文化评论的重要任务。

电视剧是当代媒介的一个影响极大的品种，我国拥有全世界任何国家所不可能有的数量极大的观众群体。但，恰是在这个媒介品种中，存在着严重的文化问题。如下，只能择其要而论之，以引起传媒学子的关注。

中国是一个皇权专制主义的文化传统悠久而深厚的国家。循序渐进、有条不紊地肃清皇权专制主义的文化影响，是现代媒介当仁不让的历史任务。

历史题材不恰当地占有了电视剧的"大片土地"。其中，宫廷戏尤其是清宫戏，占有极大的比例。这当然不是一个数量问题，而是价值体系；突出的展示是：皇权专制主义的代表人物，"明君""清官""大侠"以楷模的形象铺天盖地涌入电视剧的屏幕；其中，"忠君"仍然是基本的、正面的政治价值观；在大量观众的心中爱憎善恶的标准仍然是以是否"忠君"来予以界定。

在历史题材的电视剧中，几乎看不到历史进步的代表人物的悲剧，消解了先进与落后的斗争。最有市场的戏剧冲突是宫廷争权夺利和后宫争宠夺爱的斗争。在这里，人物的智慧表现平台，不是先进与落后的矛盾，而是弄权玩术的技巧。而斗争双方（或多方）所持的基础价值观是完全一致的——不可动摇的皇权专制主义。

历史题材的电视剧还有一个重点，即抗日战争题材的电视剧；用"多如牛毛"来形容，实不为过。但，文化上的不足与缺陷也十分明显。

几乎绝大多数（不敢说"100%"）的抗日电视剧，突出的内容是两个：一是"控诉"，即控诉日本帝国主义侵略的残酷暴行；二是"复仇"，即激发"人若犯我，我必犯人"的复仇精神。这无疑是正确和需要的。但，拘泥于此是可怜的：即缺少把握历史深度的主动性。抗日题材的重心应当是进入深层的历史文化领域，勇敢地提出一个震撼全民族的历史课题：为什么日本帝国主义可以在战争初期长驱直入中国的腹地，烧杀奸掠而没有遇到有效的抵抗，为什么可以长期占领中国达八年之久，为什么我们的抵抗必须从战略撤退开始，才能逐渐进入相持，再转入战略反攻；为什么我们所有的战术，如游击战、地道战、麻雀战等等，只能在我们的国土上进行，而必须付出焦土的代价？辩证法告诉我们，外因不管怎样强大，只有通过内因，才能发生作用。对一场巨大战争的认识，只有对敌人的控诉和揭露，而没有对自身的深刻的反省，就无法产生现代民族意识，无法培养现代公民的素质，无法快速地转向民族的复兴。抗日战争胜利后，中国先是内战，后是接二连三的政治运动，"文革"十年更是一场史无前例的民族灾难；而此时的日本已成为世界第二大经济体；我国进入改革开放，第一批进入中国市场的高科技产品，来自日本。如何认识日本，如何认识我们自己，使抗日题材的电视剧达到一个新的文化高度，从而深化我们的爱国主义的内涵，有力地推进现代公民的成长，是媒介文化评论的一大重任。

再看我们的当代生活题材的电视剧，也存在一个贴近什么生活、如何贴近生活的文化问题。

所谓当代生活，特指新中国成立以来这六十多年的生活。正如习近平主席所说，这是辉煌的六十年。但，并不是平平坦坦的六十年，而是大风大浪，在曲曲折折、颠颠簸簸之中创辉煌的六十年。其间有多少闪光的经验、沉痛的教训，需要总结，需要认识。尤其是在我们面对改革"深水区"的时刻，这些经验与教训更是弥足珍贵。电视剧作为一种最贴近群众的媒介产品，是万不能与此项历史任务分离的。所谓"贴近"，首先是要贴近与此相关的生活。

但是，恕我直言，面对这个最需要反映的伟大现实，电视剧显得躲躲闪闪、左右支绌；重一点说，几乎交了一张白卷；轻一点说，或是打打边鼓（这可能是最好的），或是避重就轻，或是避而不谈。反映当代生活的大多数电视剧的惯常选择是"牛奶杯中的风暴"；最走红的是婆媳对仗，妇姑勃谿，男帅女靓，鳏哀寡怨；其中所涉及的社会问题是最表浅的，所开掘的价值理念是最凡俗的，它无法成为这个伟大转型期所需要的文化支撑。

当代媒介还有极为重要的一块就是娱乐节目。从道理上说，娱乐不是说教，它的直接的诉求不是教育；它满足人类休闲的需要、感官快乐的需要、情感调节的需要；但，同样它也是人性优化的组成部分；在这个意义上说，它同样具有教育的功能，中国传统的"寓教于乐"是真理，我们找不到一个对人性的优或劣完全没有影响的娱乐元素。在市场经济成为娱乐生存的必需条件的时候，娱乐的教育功能的走向面对尖锐的选择。正面与负面的现象同时存在。

为了取得商业效应，有两种情况已如洪水泛滥。

性感是人类审美的一个组成部分，适度地展示人体的性感有利于审美愉悦的健康发展。但把它变成过度的感官刺激化为纵欲的生理激素，则是人类社会的灾祸。各种犯罪行为，都与此有关。而它恰是片面追求商业效果的利器。书刊报章的发行量，电影戏剧的上座率，电视节目的收视率，包括红地毯上女星的走秀所追求的眼球吸引率，常与此紧紧相连。我在一篇文章中指出，鲁迅当年以一个三角形的图案调侃娱乐界热衷于三角恋爱（包括婚外恋等）的渲染，我们今天有过之而无不及，"三角"已进化为"三点"，诸如渲染"低胸装""透明装""大尺度暴露""惊人走光"等视听展示、文字展示，都属于"三点"展示。这种文化现象的泛滥，正在干扰着人类健康发展所需要的肉体与灵魂的平衡，造成兽性失控的文化灾难。

人类的文明依赖于人类个性的健康发展，尊重隐私，保护隐私，已成为人类道德的要求和法律的约束。但在商业效应的诱惑和驱动下，娱乐与隐私的展示已结下"不解之缘"；甚至，窥探隐私，收购隐私，出售隐私，展示隐私，已成为一种形成产业链的文化产业，它的投入与产出已属天文数字。如何对待隐私，是一个社会文明程度的标识之一。应该说，目前在这个问题上的现状，正在恶化着我们的人文环境，如何有效地净化这种污浊的文化空气，是媒介文化评论义不容辞必须介入的课题。

新媒体在近几年的广泛运用，正在改变着人的生活方式、行为方式和思维方式，其中包含着执政者的执政理念和执政方式。显然，它带来了新的、需要重新探讨和研究的文化问题。一个最突出的变化是，一台电脑、一部手机，就可以铸就一个在无限领域进行公共传播的主体。有一点是无法否定的，它推动着整个社会的科学意识与民主自觉的成长，于此，它的推动作用是无可比拟的。

但，它作为一种新的传播方式和公共生活，必然需要一个新的相适应的管理模式。最容易解决的问题是明当当的犯罪行为，诸如损害国家利益和个人利益，搅乱社会生活的造谣、诽谤，泄露国家机密、企业经济机密等触犯刑律的犯罪行为，这只要查明事实，绳之以法即可。难的是意识形态的纷争如何解决，监督机制如何有序。这里有两种基本途径：一是"堵"，包括禁令、删除、屏蔽等强制性的手段。历史已经证明，首先是无效，说到底"心灵"是管不住的，何况如专家指出，"禁"的速度在新媒体时代，无法超过传播的速度。其次则是损害上下关系，因为真正的坏人永远是少数，用对待少数的办法来对待大多数自然是不合适的；而最大的损害是影响执政能力的真正强大。二是"疏"，即真正遵从马克思关于"武器的批判"与"批判的武器"两种不同的手段的严格区别。这两种手段针对两种不同的对象，前者是物质的对象，后者是精神的对象；由于对象不同决定了手段的不同。所谓"武器的批判"，是指改变物质只能用物质的手段，如对待敌人的武器、暴力只能以武器，暴力来回应；所谓"批判的武器"，是指在精神领域，对于错误以至可能是反动的东西，只能用"批判"即说理来予以对待。纵观历史，凡以"武器的批判"替代"批判的武器"的种种措施、运动，实践证明一无效，二有害。教训沉重，代价巨大，万不可重蹈覆辙。

【思考题】

1. 审视当代媒介文化的核心标准是什么？
2. 各种媒介产品存在着哪些主要的文化问题？

现代文化与现代人

沈敏特

[关键词]　现代文化　现代人　文化基因　文化演变

一、"真""假"现代人

你很年轻，但可能是一个"年轻的古代人"；我年纪比你大，也许是一个"年老的现代人"。年轻与否和是否现代，不是必然的正相关关系。

今天要讲的这个题目比较大，它可以铺陈出一本厚厚的书。我要在两个小时之内和大家讨论这个问题，必须"投机取巧"，找一个角度，切入关键或者说核心，力求使大家多少能获得一点点启发。

我首先要和大家确立一个前提，即文化的内涵和价值标准。今天和大家探讨的是整体文化，或者说大文化，它是人类为了生存和发展所创造的物质财富和精神财富的总和。一棵自然生成的树，一块藏之于地下的煤，不是文化，当人们去认识它们、利用它们，和人类的生存与发展搭界，就成了文化。所以有人说，文化的本质就是"人化"。由此，它的价值标准也就十分明确：凡是有利于人类生存与发展的就是好的或比较好的文化；反之，就是不健康的、有害的文化。

既然文化就是"人化"，自然就涉及每一个人，包括在座的各位。所以我想先有点唐突地向大家提出一个关乎每个人的问题：你是现代人吗？在座的大部分人很年轻，"80 后""90 后"居多，而且穿着打扮都很时尚。不用说，你们生活起居所用的器物，如手机、电脑以至于私家车，也在不断地、快速地更新换代。也许有人会说：我们不现代，谁现代？我要毫不客气地说：未必！你很年轻，但可能是一个"年轻的古代人"；我年纪比你大，也许是一个"年老的现代人"。年轻与否和是否现代，不是必然的正相关关系。

举一个例子。我们去参加一个大会，会上来了一位上级领导，主持会议的人通常会说："非常荣幸，今天某某领导在百忙之中，亲临我们的大会，让我们热烈鼓掌，欢迎某某领导作指示！"这一段话你们一定很熟悉了，我要问：听这段话你习惯吗？我要告诉大家，"习惯"是一个古代人的反应，"不习惯"是一个现代人的反应。为什么？领导参加一个下属机构的会议，是他的工作职责，他要通过会议上传下达，完成他的任务。这就像一个清洁工要扫地、一个司机要开车一样。可我们从来没有见过，有人对清洁工说："某某师傅，你今天在百忙之中，亲自来扫地，我们非常荣幸！"对司机说："某某师傅，你今天在百忙之中，亲自来开车，我们非常荣幸！"可对领导为什么却要这样说呢？因为，我们根深蒂固的文化心理是"官本位"文化。

还有一桩小得很的事儿，也反映了文化差异。当年有一个记者在采访后搞了个插曲，他问小布什总统："你平时自己会去买东西吗？"小布什把裤袋拉出来调皮地说："看，我身无分文。"同时拉出来的是一块手绢。有几位很时髦的女士脱口而出："多土，怎么还用手绢啊！"我的第一反应是："是小布什土，还是你们土？"请问：你们的答案是什么？我听到有很多人说："小布什不土！"对啦！21 世纪应该是绿色世纪、环保世纪、节约木材、保护森林，用手绢不用餐巾纸才是真时尚，是真现代人的选择。

由此可见，我们每日每时所选择的思维方式、生活方式、行为方式，都在展示着我们作为一个人，是现代的，还是非现代的，或者是古今杂糅的。

我们要认识、维护、创造有利于人类的文化，对中国人来说，有利于中华民族生存与发展的文化，需要一种文化自觉。而这种必不可少的文化自觉总是要付出很大的代价才能换得。近现代以来，中国有两次文化自觉，一次是五四新文化运动，一次是改革开放。这两次现代文化自觉都带来了民族的新生、进步和发展。

二、需要怎样的文化自觉

我们对很多事物的感知、认识和判断，不是靠大家来探索、来讨论，靠实践来检验，而是靠个别人的拍板。这样的文化基因让我们付出了巨大的代价。

那么，在文化反思中，我们究竟找到了什么样的文化基因？那就是：以皇权专制主义为中心的等级观念、等级制度。我不得不佩服鲁迅，80 多年前，他就明确地指出了这个文化基因。他说："我们自己是早已布置妥帖了有贵贱，有大小，有上下。自己被人凌虐，但也可以凌虐别人；自己被人吃，但也可以吃别人。一级一级地制驭着，不能动弹，也不想动弹了。"鲁迅还引用了《左传》中的一段话，告诉我们这样一种观念和制度早已有之，深入人心："天有十日，人有十等。下所以事上，上所以共神也。故王臣公，公臣大夫，大夫臣士，士臣皂，皂臣舆，舆臣隶，隶臣僚，僚臣仆，仆臣台。"接着，鲁迅还作了一点发挥："但是'台'没有臣，不是太苦了么？无须担心的，有比他更卑的妻，更弱的子在。而且其子也很有希望，他日长大，升而为'台'，便又有更卑更弱的妻子，供他驱使了。如此连环，各得其所，有敢非议者，其罪名曰不安分！"

按照鲁迅提供的线索，我们审视历史和现实，不难发现，这样一种文化基因深深地渗透在我们的文化心理中，形成一个民族难以更改的思维、人格、行为，左右着历史行进的速度和方向。在一定的历史条件下，这种文化基因便会泛滥成灾，酿成浩劫。对此，我们需要展开，以便加深认识，升华自觉。

这基因形成了中国特有的真理观：按等级分配真理。一个人从小到大、由点到面，受到的教育是：在家听长辈的话，上学听老师的话，工作听领导的话。这基因也形成为中国特有的人格模式，用鲁迅的话来说就是：见了狼像羊，见了羊像狼。在《红楼梦》中丫头也是分等级的，有所谓大丫头、小丫头、陪房丫头、粗使丫头等，这种奴隶中的等级制，同样影响着丫头们的人格模式。如晴雯被认为是一个具有反抗性的丫头，但因为她是地位较高的大丫头，对待那些小丫头，同样流露出"狼"相。

这基因也形成了中国特有的认知途径。我概括为三句话：大小高于真假；上下重于是非（善恶）；贵贱胜于美丑。

通俗地说，我们对很多事物的感知、认识和判断，不是靠大家来探索、来讨论，靠实践来检验，而是靠个别人的拍板。这样的文化基因让我们付出了巨大的代价。而后通过逐步深入的民族反思，迎来了近现代的第二次文化自觉，奠定了改革开放的文化基础。这个文化自觉的标志就是真理标准的大讨论，这个讨论开始普及中华民族新的文化基因，这就是"实践是检验真理的唯一标准"。它的内涵与以皇权专制主义为中心的等级观念、等级制度恰恰相反，宣告的是新的真理观，即"真理面前人人平等"；它的直接后果是诱发了新的人格模式和新的认知途径，这就是"独立的人格，自由的思想"。我们设想，没有这样的文化自觉，怎么可能揭开改革开放的序幕，怎么可能有社会主义市场经济，怎么可能创造出 GDP 世界第二的经济奇迹，怎么可能有深化改革开放、实现全面建成小康社会的目标和创造和谐社会的前景？

三、文化演变的关键视角

真正称得上是我们民族文化的，是那些渗透在千百万国民心中的价值观、道德观、审美观，进而潜移默化地影响他们的思维方式、生活方式和行为方式，并转化为一种能够推动或阻碍民族进步的现实力量的文化。因此，文化的建设和改革，需要足够的估计、足够的耐心、足够的坚韧。

为了讲得更透彻，我还得和大家探讨几个问题。

第一个问题是，文化演变的关键视角在哪里？

前几年有四位我很敬重的学术界前辈，在报上发表了关于文化问题的"四人谈"。其中有很多精彩的论说，让我叹服，但我以为，他们对几千年流传下来的文化只作了笼而统之的高度评价，而缺少一个区分，失落了一个关键的视角。

我在前面说过，文化是人类为了生存与发展而创造的全部的物质财富和精神财富。既然我们的民族文化那么深厚而精彩，为什么100多年来，我们的了不得的文化却保证不了我们的独立、民主和富强，以及我们的生存与发展呢？因此，必须确立这样一个关键的视角，即明确要从哪里去把握我们的民族文化。真正称得上是我们民族文化的，是那些渗透在千百万国民心中的价值观、道德观、审美观，进而潜移默化地影响他们的思维方式、生活方式和行为方式，并转化为一种能够推动或阻碍民族进步的现实力量的文化。概而言之，文化在活生生的人中，人是文化的第一载体。有了这样一个视角，我们才知道文化的核心在哪里，功能在哪里，要扬弃或发扬的文化在哪里，文化建设的落脚点在哪里。鲁迅为什么成为新文化建设的楷模，因为，他一生的文化运作，可以概括为五个字：改造国民性。

如果我们离开这个视角，把所有发生过的文化现象，都纳入民族文化，殊不知有的尽管先进，但并没有进入民族文化，如"民贵君轻""和为贵""天下为公"等，都是很珍贵的文化思想，但几千年来，民何时"贵"过，君何时"轻"过；中国内战最多，包括争夺皇权的厮杀，又何曾"和为贵"过；中国几千年封建时代都是"家天下"，天下又何时"公"过！这些好思想，还没有进入千百万国民心中，变为推动历史前进的力量，我把这种文化现象定名为"历史文本文化"。要把他们转化为民族文化，需要经过漫长的启蒙和教育，以及改革实践的过程。而鲁迅恰恰是把这个过程所需要的努力，作为自己终身的责任和事业。

那么，如何认识这个过程的艰巨性呢？

文化是一个包含着多个层面和子系统的整体，由外到里，它有三个基本层面。最外层称之为物质层，它是人类为了生存所必需的衣食住行的器物与生产这些器物的工具。中间层称之为制度层，这是为了在生产过程中组织人类，协调人与人之间关系所必需的各种制度，大如国家制度，小如家庭制度，以及变得愈来愈需要的协调国与国关系的国际制度，等等。最里层，也是最核心的层面，是文化之魂，即人类的价值观、道德观、审美观等精神现象。这三个层面互相促进，互相制约，牵一发而动全身，而又缺一不可。

而在这里，我要强调的是，或者说特别需要大家关注的是，这三个层面的变化的速度是极不平衡的。物质层的变化最快，在一定条件下可以日新月异。制度层次之，特别是政治制度，从转型到成熟至少也得几十年。而最慢的是核心层的文化之魂，所以法国学者创造了一个文化概念，叫"长时段概念"。它是指文化之魂的变化，要以"长时段概念"来审视。也就是说，它的时间计量的最小单位，不是分、时、日、月、年，而是世纪。西方现代文化观念，从文艺复兴，经历启蒙运动，落实到人们的心中，转化为创造现代性的力量，请大家算算，经历了多少个世纪？

由此，我们还要看到文化之魂不仅具有超稳定性，而且具有超适应性，具有返祖能力。一种传统观念遭到新思想的冲击之后，好像元气大伤、奄奄一息。殊不知它在一定的气候下，又会原封不动或是改头换面地卷土重来。返祖是遗传学涉及的一个生理现象，譬如人来之于猿的进化，当猿变成人之后，猿的很多生理现象消失了，如臂短了，尾巴没了，很多身体部位的毛不见了。可若干代以后，某个孕妇忽然生下个满身长毛、拖着短尾的孩子，这在遗传学上就叫返祖。而文化之魂也会出现以为没了却又重来的返祖现象。譬如，辛亥革命推翻清朝的统治，成立了中华民国，立国之本是三民主义，可在蒋介石国民政府的统治下，却一步步走向专制独裁。

文化之魂的超稳定性、超适应性以及返祖能力告诉我们，文化的建设和改革，需要有足够的估计、足够的耐心、足够的坚韧。所以鲁迅提倡的韧性战斗精神，绝没有过时，而仍是我们的榜样和座右铭。

四、文化进步需四个"直面"

虽然文化的改革与进步是持久的、艰难的，但不能悲观。三十多年来，在改革开放的大气候下，文化面貌还是大有进步的。以皇权专制主义为中心的等级观念，反映在民族文化心理中，就形成了这样一个核心意义的心理病状：由于个人丧失了认识主体的权利，也就养成了不敢直面客观世界的勇气和能力，不敢睁眼、指鹿为马，成了普泛性的心理的病态习惯。鲁迅大声疾呼、痛斥历来的中国文艺为"瞒和骗"的文艺，希望国人"睁开双眼""直面人生"。而中国人之不敢直面是深入骨髓的。中国的语言具有很大的弹性，能用来模糊事物的本相；中国的习俗，多的是"忌讳"，用来无视现实。要过年了，除夕夜，长辈要对孩子千叮万嘱，要孩子禁口，万不能说些"不吉利之言"，叮嘱之后还不放心，于是有一个化解之妙法，等孩子睡着之后，用草纸擦擦孩子的嘴巴，寓意是孩子讲的话是不作数的，可见回避现实的病态心理已无所不在。而由于真理标准的大讨论，带来了上世纪80年代的思想解放，使国人的文化心理进入了一个相对加快的调整期，直面客观事物的健康元素有所增大。我概括为四个"直面"：

一是直面世界。随着改革开放的逐步深入，我们渐渐能够以一种客观平实的心态去认识和评价国外的实情，甚至开始承认在经济、道德、教育等各方面和外国特别是发达国家之间的差距。在谈到加入世贸组织时，高层领导坦诚说明，加入的原因之一是外力的推动有助于国内的改革需要。这种敢于直面世界的开放的心态，勇于承认自己的不足，客观评价他国的长处，是三十多年来中国高速发展的文化保证。

二是直面变异。在中国固有的文化心理中，最忌讳的是"变"和"异"。中国有一句惯用语："这事儿，我从来没见过！""这种人，我从来没见过！""从来没见过"，是最高级的否定。我们细想一下，所谓"新事物""新发明""新制度"等的"新"，不就在于它是"没见过"的吗？这种文化心理扼杀个性、压制创新，使社会丧失进步的动力。而人的本质是个性的张扬、创新的追求。"喜新厌旧""见异思迁"，排除男女关系问题，是人的心理优势。考古学家在波罗的海海边发现一块蚂蚁的化石，对我们认识人的本质极有参考的价值。这块化石告诉我们，几千万年前的蚂蚁的生活方式和今天的蚂蚁毫无不同，而人的生活方式，在几千年甚至几百年、几十年中，都有翻天覆地的变化。为什么？因为，蚂蚁没有个性，而人，是有个性的动物群体。今天我站在这个讲台上往下一看，在座各位的音容笑貌，穿着打扮千姿百态、各不相同，让我感受到人类的生机勃勃。如果往下一看，人头攒动，却又一模一样，毫无差别，这是非常可怕的景象。而今天，不用多说，容忍"不同"、追求"变革"，已在国民的心灵世界中成倍成倍地增量了。这是改革开放的文化基础。

三是直面利益。生存与发展本身就是人类的根本利益。但我们的文化传统中有一个怪胎，就是"义"与"利"的对立。损人利己是不义，但维护和不断加大每个人的利益，这本身就是大义；"毫不利己"是不可能的，维护个人合法权益，是一种公民的自觉，是一个社会健康发展的文化基础。钱是双刃剑，它既可以用来实现每个公民的合法权益，也可以是狂征暴敛、如虎苛政、贪污腐化追求的目标。古代士大夫的清高守义，常以"口不言钱"为洁身自好的一种高雅。晋朝有个士大夫王彦，以"口不言钱"为节操。有一次朋友们戏弄他，故意在他睡着之后，把一串串制钱堆在他的床前。醒来他下不了床，却又不能喊"把钱拿走"，只得说了一句文绉绉的话："举却阿堵物！"（"举却"即拿走，"阿堵"是俗语"这个"的意思）；他果然做到了"口不言钱"。但具有讽刺意味的是，后人把"阿堵物"解释为"钱的同义词"。王彦终于摆脱不了"钱"字。今天，直面利益，维护个人合法权益，包括个人财产，已成为公民教育应有的内容。

四是直面自身。这里所说的"自身"，特指人的性需求。在旧的主流文化中，性是污秽的，不能放到阳光下予以审视的事情。在"左"的思潮中，更是把"男女关系"看成是暗含贬义的政治上的失足。而性是人类正常生活的一个组成部分，用恩格斯的话来说，是人类为了生存、发展必须进行的两种生产中的一种。从历史上看，禁欲是专制主义统治百姓的一种手段。因此，争取性的自由与合法，也常常成为思想解放的一个方面军。

这四个"直面"，反映了文化心理的健康化，当然还是浅层次的进步。我们在"直面"上还有很大的发展空间，这要在改革开放的深化中进一步实现。

【思考题】
1. 文化演变的关键视角在哪里？
2. 如何理解本文提出的四个"直面"？

传统民族文化与现代民族文化

沈敏特

[关键词] 传统 现代 民族 文化

一、确立文化价值判断的根本标准

对于中华民族文化传统的价值判断，历来众说纷纭，莫衷一是。大而言之，有三派。一是否定派；一是肯定派；一是有所否定有所肯定派。

有意思的是，各派都能摆出大量的事实来支撑自己的结论。这些事实来自于大量的典籍、文物与出土文物、口头流传的故事传说、各种各样的乡风民俗……沿着各派的思路去考察，应该说，各有各的根据和道理，并非完全的胡说八道。更有意思的是，随着时间的流逝，否定与肯定两派，好像轮流做庄，你唱罢了我来唱。十年"文革"，当然是否定派红极一时，摆出与传统文化"彻底决裂"的超级革命的姿态，横扫传统文化。最近几年，面对信仰缺失、道德滑坡的现状，国学几乎成了拯救末世的救星，担当着"大国崛起"的文化方面军的角色。孔子、老子、庄子纷纷出使国外，与此相映成趣的是"东方文化将取代西方文化，引领21世纪世界文化主潮"的欢歌。我遇到过一位民企的老板，意满志得地告诉我，他的企业管理的妙法就是全体职工熟读《弟子规》，现金奖励背诵烂熟的职工。他如数家珍地述说效果显著的事例；而我的感觉是，这些事例的基本内容就是所有职工成了他一呼百应的"听话"的乖宝宝。

多年来我思考一个问题：五千年的文明成为我们的文化骄傲，可为什么一百多年来，中华民族备受列强欺凌，丧权辱国的条约一个接着一个，然后是内战，又是一个接着一个；好不容易，出了个除港、澳、台的空前统一的共和国，满以为从此可以全力以赴投身一个民主、自由、富强的新中国的建设，不料却是政治运动愈演愈烈，终于引出了破坏性的、史无前例的"文化大革命"；万幸的是有了一个标志转机的粉碎"四人帮"，让我们转入了改革开放的航道，社会尤其是经济获得了前所未有的进步；但是，还未进入发达国家的行列，人均收入仍在世界排行的百名之后，而新阶段有新的矛盾、新的危机，需要进行深层的改革开放，起动却是困难重重、举步维艰。一个现代化的民族、国家仍是一个距今甚远的目标。为什么骄人的民族文化，却不能给我们提供一个发达国家的文化基础？难道文化只是一种无关是非、优劣、利害的摆设，而无补于民族、国家、社会的进步？

　　因此，用一个什么样的标准来衡量文化的价值，成了我们重新认识民族文化的重中之重。

　　一个民族的文化渗透在这个民族的肌体之中，是这个民族整体状况的体现。这里首先要推出一个整体文化的定义（据不完全统计，各种各样的文化定义有近200之多）：文化是人类为了生存与发展，创造的物质财富与精神财富的总和。这个定义很完整，它包含了整体文化的基本元素。一是它确定了文化创造的主体：人；二是它揭示了文化创造的根本目的：人类的生存与发展；三是它指明了文化创造的落脚点：物质财富与精神财富；四是它包含了文化价值判定的标准：利于人类生存与发展的就是优良的文化，反之则是劣质或病态的文化。

　　于是，我们可以从生存与发展的总体上，从根本上判断，中华民族文化进入17世纪之后逐渐显出衰老、落后和病态；19世纪中叶，帝国主义的侵入，完全暴露了它和现代文化遥远的距离。不作如是观，我们就无法解释中国沦为半殖民、半封建社会的根本原因；不敢正视这个文化原因，我们就无法痛下决心，弃旧图新，去创造利于民族发展与进步的崭新的文化。

　　作出这样一个令人痛心的判断，是否等于否定几千年来在中华大地没有优秀的文化呢？回答是：不！在我们的民族遗留下来的文化中，有很多优秀的文化元素，有的堪称现代文化的萌芽和先声。那么，怎样解释我上面的结论（与现代文化距离遥远）呢？

二、把握民族的文化传统的视角

　　我们有一个长久的误解，即以为凡是过去发生在中华大地上的所有的文化现象，都是中华民族的传统文化；那些今天看来很优秀、很进步的文化现象代表着我们的民族文化的优良传统。

　　我以为，审视文化传统的这个视角错了。

　　我要明确指出的是，并不是过去发生在中华大地上的文化现象都属于我们的民族文化；只有那些渗透在大多数民众心中的价值观、道德观、审美观，以此形成了他们的生活方式、思维方式、行为方式，并转化为实实在在的物质力量，或推动历史进步，或阻碍历史进步；这部分的文化才是真正的这个民族的民族文化。

这里展示了民族文化的几个标准：第一，它不是个别精英人物的理念和言论，而是渗透到了大多数民众心中的文化元素。第二，它集中凝结在文化的核心部位——价值观、道德观、审美观，所以称之为"文化之魂"。第三，它支配着大多数民众的生活方式、思维方式、行为方式。第四，它转化为影响民族命运的物质力量，每当历史的关键时刻，它或推动历史前进，或阻碍历史进步。

这才是我们审视、衡定民族文化的基本视角。从这个视角出发，我们就能认识，在我们这片土地上发生过很多优质的文化现象，但并不能都成为我们的民族文化。它们没有达到上述的标准。

譬如，孟子的"民贵君轻"以及他的一系列对于皇权大不敬的言论，都被誉之为"民主性的精华"，是我们"民族文化的骄傲"。但试问：几千年来，我们的"民"何时"贵"过，而"君"又何时"轻"过？几千年来只有皇权改姓，没有民权伸张。这一点鲁迅说得最为透彻。他说，我们只有"做稳了奴隶的时代"和"想做稳奴隶而不得的时代"；他感叹，我们还没有"第三个时代"——这就是人民"贵"为主人的时代。时至今日，这还只是个追求的目标。虽然宪法具备了人民当家做主的权利条款，但一个公开的秘密是：从宪法到宪政，还有一个彼长此消的曲曲折折的过程。

再譬如孔子的"和为贵"不仅被誉为"中华民族的文化骄傲"，甚至被看成是可以推广到全球的"代表东方的文化杰作"。但历史实践的回答，恰恰是相反的："和为贵"在中国属于"稀缺文化资源"，与"斗争哲学""仇杀心理"之深厚广泛几乎不成比例。从公元前两千多年到发生辛亥革命的 1911 年，中国大大小小的战争不下 3800 多次，当我们躺在靠椅上欣赏代表"中国智慧"的《三国演义》的时候，我们可知道这"智慧"消耗的人口是多少吗？尽管具体数字有争议，如有的说：从作为三国之战开端的东汉恒帝时（公元 156 年）到三国之战结束——晋武帝统一中国，总人口从5600 多万降至 1600 多万；但死多活少却是大家的共识。可以这么说，每一次曹操"眉头一皱"，诸葛亮"羽扇一摇"，而"计上心来"，让大家击节叫好的时候，都是以多少人的死亡为代价的；中国大实话中最真的实话就是：一将功成万骨枯。我不得不提到的是"文化大革命"，这样一个持续十年之久，在一个没有内外战争的时代，而以花样百出的"斗争"方式造成了大量人口的非正常死亡，创造了史无前例的纪录；其文化特征就是空前地张扬了中国的"斗争哲学"，把"仇恨心理"渗入一切人际关系之中，包括了父子、兄弟、夫妻，而扫荡了本非主流的一个"和"字。所有这些都无可辩驳地印证了一个结论："和"是中国的稀缺的文化资源。

还有一个出自《礼记》的文化概念，历来也被推崇为中华民族的文化骄傲，那就是"天下为公"，这同样是中华民族最稀缺的文化资源。"普天之下，莫非王土"是先秦最主流的政治文化观念。其后，备受赞扬的秦始皇统一中国，他"始"了什么呢？历史事实作了回答：一个又一个的"家天下"；汉、唐、宋、元、明、清，哪个不是某一个家族的天下！袁世凯当上总统，其时宪政不实，总统的权力已不亚于皇帝，却仍然心有不甘，一定要把"袁"字做成国家的牌号。而一代代的农民革命的理想目标，不过是"彼可取而代之"的又一个"家天下"，就像阿Q，革命的梦想是未庄的天下就是"我"的，包括秀才家娘子的宁式床，还有吴妈和小尼姑。此后的革命家们经受了五四新文化的洗礼，"家天下"的观念遭到冲击，却未清洗；"家天下"仍然阴魂不散，"家天下"在另一个派生的观念中复活并且活跃，那就是"打天下，坐天下"。显然，"天下为公"还不能"挤"进中华民族文化之中。

那么，这些生长在中国的先进文化，应该如何定名，它们的历史意义何在，在中华民族文化的发展中它们有无实际的作用？

我把这一部分的文化称为历史文本文化。而划出它们和民族文化的区别和界限，不是轻视和忽略，而恰是为了突出它们在民族文化发展和进步中的重大作用。这个作用就是启蒙，启蒙就是要把这些先进的文化元素，逐步渗入最大多数的民众的心中，改变并丰富他们的价值观、道德观、审美观，从而更新他们的生活方式、思维方式、行为方式，转化为崭新的物质力量，达到推动历史进步的目的。即使在"文化大革命"中，中国也有个别的精英具备了先进的文化元素，如顾准、遇罗克、张志新的思想。他们的思想当然还没有融入我们民族的思想文化，如是，"文革"不能发生，更不能持续。如今，我们需要通过启蒙，把他们的思想转化成大多数民众的思想，民族文化由此更新，而杜绝"文革"的重演，从而壮大推动改革开放的物质力量。可见，发现和阐明历史文本文化与民族文化的区别和联系，是多么的重要。

三、直面民族文化核心的消极因素

无论是传统民族文化还是现代民族文化，都是庞大复杂的系统。无论是批判地继承传统民族文化还是建设发展现代民族文化，首先要结合历史和现实的实践，弄清两者核心的文化因素。

关于这一点，鲁迅有过言简意赅的描述。我最不喜欢引章摘句，但鲁迅的这段话，我已不止一次地全文照录。

但我们自己是早已布置妥帖了，有贵贱，有大小，有上下。自己被人凌虐，但也可以凌虐别人，自己被人吃，但也可以吃别人。一级一级的制驭着，不能动弹，也不想动弹了。因为，倘一动弹，虽或有利，然而也有弊。我们且看古人的良法美意罢——

"天有十日，人有十等。下所以事上，上所以共神也。故王臣公，公臣大夫，大夫臣士，士臣皂，皂臣舆，舆臣隶，隶臣僚，僚臣仆，仆臣台。"（《左传》昭公七年）

但是"台"没有臣，不是太苦了么？无须担心的，有比他更卑的妻，更弱的子在。而且其子也很有希望，他日长大，升而为"台"，便又有更卑更弱的妻子，供他驱使了。如此连环，各得其所，有敢非议者，其罪名曰不安分！（《灯下漫笔》，收入杂文集《坟》。）

这个重要的发现，在杰出的学者白盾（注：他杰出但不很有名气；杰出未必著名，著名未必杰出，是"中国特色"）的著作《历史的磨道——论中华帝制》（安徽人民出版社出版）中，给予了全面、系统、精辟的阐述。有助于读懂中国，是这本书的重大价值。我在此再次郑重地向广大读者推广。

秦朝之后的历朝历代，都承袭这个以皇权专制主义为中心的等级观念与等级制度，即所谓"秦制"，据此施行刚柔相济、恩威并用的统治术，培养了一代又一代的"听话"的顺民，成为皇权专制主义牢固的基础。他们共同的文化心理特征是：

其一，按等级分配真理的真理观。真理的源头是实践，是人类在实践中对客观规律的科学把握。而以皇权专制主义的等级观念与等级制度则把最高统治者皇帝，说成是受命于天的代言人，几千年来圣旨照例以"奉天承运"四个字起首。圣旨成了不容批评、不容怀疑甚至不容"腹诽"的最高真理。由此出发，从上到下，一级一级地把这个"真理"灌输下去，一直渗透到每一个家庭中；父母对于孩子也有一个"官衔"，称之为"家长"。在英文中没有相应的专有名词，硬要翻译，只能很啰嗦地硬翻成 the head of a family；反过来再翻成中文就是"一个家庭的头儿"。于是形成了一个覆盖全社会的人际关系的准则，那就是上对于下的管辖权，下对于上的臣服；通俗的说法，上对于下就是"我说了算"，下对于上就是"听话"，即把上一级的话，奉为真理。这既是政治关系，也是道德和伦理关系；并且形成了水银泻地、无所不在的评价人的基本标准：听话；听不听话，是好与坏、优与劣的界限。

听话，也就成了"文化大革命"的基本纲领，由林彪给予了权威的表述："读毛主席的书，听毛主席的话，按毛主席的指示办事。"并且强令："理解的要执行，不理解的也要执行，在执行中理解。"而毛泽东的每一句话，定位为不容怀疑的"最高指示"。执行还是违背，坚信还是怀疑，用刑律予以处置，这就是造成旷世之灾的《公安六条》。为了深入人心，还借鉴了宗教仪式，既有人手一册类似于圣经的小红书《毛主席语录》，还有与早祈祷晚祈祷一样的仪式——早请示晚汇报。真理按等级来分配的准则达到了无所不在、无远弗届的境地。

其二，谄上压下的人格模式。以皇权专制主义为中心的等级观念与等级制度的长期全面的统治，也熏染出民族特色的人格模式，鲁迅作了入木三分的描述：见了狼像羊，见了羊像狼。

这种人格模式不仅在宫廷、官场成了求生存必备的本能，在民间、下层也成了司空见惯的处世之本。在《红楼梦》的贾府里，不仅主子层有上下之别，仆人、丫头也有大小之分。晴雯被看成是一个有一点"犯上"性格的丫头，但她是大丫头、陪房丫头，在比她地位更低的小丫头面前，她依然难免"见了羊像狼"的人格元素，骂起小丫头来照样有着居高临下的口气。那个在未庄最底层的阿Q，见了假洋鬼子的"哭丧棒"，"赶紧抽紧筋骨，耸了肩膀等候着"，如"羊"般的驯服，可见了小尼姑、小D这些比他更弱的弱者，他马上会露出"狼"的气势；摸摸小尼姑的光头，得意非凡。

在"文革"中，我常见这种很有"民族性格"的人物。譬如在一个"学习班"中，大家都是"地、富、反、坏、右"或和这五种人有瓜葛的"审查对象"。其中有的人被定为"检查深刻""悔过心切"的"积极分子"，甚至得赏，封为学习班的"小组长"；这种人对那些被定为"死不改悔"的"顽固分子"，展露凶狠往往超过了"根正苗红"的"革命派"，更具有羊狼两面的人格。

其三，"紧跟权势"的认知途径。实践、总结、再实践、再总结，循环往复，持续不断，是人类认识世界的科学的路线。而中国特色的认知途径则是"紧跟权势"；细而言之：大小高于真假，上下重于善恶（是非），贵贱胜于美丑。是真是假，是善是恶（是对是错），是美是丑，如何认识如何判断，不靠实践，不靠独立思考，靠的是皇帝的圣谕、大人的表态、上峰的拍板。

这就是几千年来，以皇权专制主义为中心的等级观念与等级制度的政治文化长期孕育、培植、熏陶而成的民族文化心理的核心特征。没有这种渗透于心的民族文化心理，"文革"不能发生，更不能持续。对此，只有敢于直面，敢于解析，敢于颠覆，才有民族文化的新生。

其四，民族文化新生的契机。我一直坚信，中国现代史可与五四新文化运动比肩的思想大解放，是"文化大革命"后的真理标准的讨论。它的基本特征正是针锋相对，直面了中华传统文化核心的消极的文化因素——经过重新包装而万变不离其宗的以皇权专制主义为中心的等级观念和等级制度。这次的思想解放，是民族文化新生的契机，开辟了中华民族现代文化发展的前景。它的突出的成果是：

实践是检验真理的唯一标准，从根本上动摇了按等级分配真理的真理观，构成了民主政治的哲学基础；

实践是检验真理的唯一标准，从根本上恢复了在真理面前人人平等的人格尊严，体现了民主政治的人际关系；

实践是检验真理的唯一标准，从根本上指明了人类认识世界的科学的途径，保证了民主政治的公民权利。

这三大成果为中国现代公民的生存与发展创造了新的文化土壤；在这个文化土壤上，千千万万具有"独立的人格，自由的思想"的现代公民，一定是改革开放、民族复兴的无可替代的正能量。鲁迅开创的以"改造国民性"为中心的民族新文化建设的传统，在这次真理标准的讨论中继承了，发展了，打开了共和国改革开放前30年的通衢大道。

我敢断言，能不能坚持和发扬这三大成果，对改革开放的后30年至关重要；因为它是现代民族文化的灵魂和基石，它决定一个民族的生存和发展。

【思考题】

1. 应该用一个什么样的标准来衡定文化的价值？
2. 中华传统文化核心中有哪些消极的文化因素？

面对媒介新格局的文艺评论

沈敏特

[关键词]　　文化　　媒介　　新格局　　文艺批评

在整个社会形态发生变化、物质欲求突飞猛进的情况下，文学的阅读进入了相对边缘的状态；而作为文学一个部分的文艺评论，由于它是理论形态的文学，自然也显得有些冷落。然而，在文艺评论最兴盛的别车杜（俄罗斯的别林斯基、车尔尼雪夫斯基、杜勃罗留波夫）时代，文学评论却是培养了一代呼唤新时代的革命民主主义者，文艺评论生存在评论家之外的广阔的领域之中，曾经成为一个民族孕育新思维的温床。

如今，由于新的传播媒介的出现，一些普通的图书读者、影视观众，开始在网上、在博客、在微博，用电脑，用手机，发表他们的读后感、观后感，以快速的方式迅速地传播，在更大的范围内交流。

读者与观众的读后感、观后感自有业余的粗糙，加之整个社会风气的滑坡和文化的过度娱乐化，这部分的"圈外评论"五光十色、良莠不齐，其中有思想的闪光，但毋庸讳言，多数的评论呈平面化、碎片化。

我以为，如果能换一个角度来审视新媒体上非专业的文艺评论，我们应当肯定总体上的一个崭新的因素：普通读者、普通观众和文艺评论的关系发生了意义深刻的变化，它将是文艺评论的复苏，业余文艺评论者和专业评论家一起获得可以一展身手的新天地。

这个深刻的变化是：普通读者、普通观众从文艺评论的被动的受体，甚至是不搭界的圈外人，进入圈子，成为主动的参与者、实践者。

新媒介的出现，突然成为一个新的推动力。这时候，不是专业的文艺评论要走出圈子的问题，而是范围更大的普通人创造了一个更大的评论圈子，专业的文艺评论家应当主动地投入这个新的圈子，在这个圈子里找到自己的位置，在这个圈子里发掘出文艺评论的话题，在这个圈子里优化自己的思维方式、传播方式。当然，在普通人成为文艺评论主动参与者的时候，专业的文艺评论家不是随之而变成一个被动地去适应这个圈子的普通人，而是如鱼得水，在这个大圈子里，更有针对性、更有效地发挥专业评论家的作用；这个作用的学术性的表述就是：精英文化与大众文化的融合。

普通的读者和普通的观众，可以坦率地发表自己的意见，并且在交流与碰撞中，深化对自己的认识，提高自己的素养。而对于专业的评论家而言，展示在他面前的是一个新的空间，这里有最丰富的营养，你可以梳理，可以选择，可以生发；于是，你的评论是最有针对性的、最切合读者需要的、对他们最有帮助的，自然也是最受欢迎的。精英文化与大众文化，不是灌输者与被灌输者的关系，而是在互学互补的过程中共同提高的关系。

【思考题】

1. 如何看待当代新媒体出现的大众文艺批评？
2. 在当今，如何更有效应地发挥专业评论家的作用？

电视全球化与大众文化

裘新江

[关键词]　　全球化与民族化　大众文化　电视全球化　电视文化

全球化概念及其理论萌芽于"地球村"理论。"地球村"一词是加拿大传播学家 M. 麦克卢汉 1967 年在他的《理解媒介：人的延伸》一书中首次使用。随着现代传媒（广播、电视、互联网和其他电子媒介手段）与现代交通方式的飞速发展，人与人之间的时空距离骤然缩短，整个世界紧缩成一个"村落"，变成"地球村"（global village）。在麦克卢汉看来，时空紧缩这种新兴的世界感知模式将会把人类带入一种新的和谐融洽的环境之中，将会消除地域的界限和文化的差异，摧毁旧的价值体系，把人类大家庭结为一体。毋庸置疑，麦克卢汉预言的地球村在今天已经变成现实。全球化的核心就在于，时空被压缩，社会关系得以延展，一个地方发生的事情会在其他地方产生回响，世界变得越来越紧密。全球化的概念由经济领域波及文化领域，意指文化流动的增加以及一个全球性文化的形成。这里便涉及文化全球化和民族化的讨论。

文化全球化，主要是指文化的全球交融与全球接受，文化内容的延伸与文化受众的扩大，文化观念的更新与文化审美的泛化，以及文化载体与文化形式的多样化，文化创造机制的科学化与开放化，文化生产的产业化与市场化趋向等。关于文化全球化的认识中，有两种截然不同观点。一种观点是建立在文化帝国主义观念基础上的。所谓文化帝国主义是指以美国文化为主导的西方强势文化，通过对其他国家人民生活的系统渗透和文化控制，将自己的价值观和信仰强加于他国人民头上，以达到重塑其价值观、行为方式、社会制度和身份的目的。在新马克思主义理论中，它通常被表述为第一世界的资本主义国家把自己的价值观和信仰强加给第三世界的发展中国家。这种观点认为全球化只不过是全球文化受到西方或美国文化主导的委婉说法，实际上是西方文化将其他民族文化同化，因而主张与全球化保持一定的距离，发展中国家在文化政策上应强调自主性。另一个观点则比较开放,认为全球化不仅不可避免,而且合乎社会的需要,甚至把文化全球化看作是资本主义民主制度和文化扩张策略在世界范围内的胜利,东欧共产主义政权解体之后,更是强化了这一观点。无论哪种观点都承认世界文化的日益合流是不可避免的大趋势。

其实,文化的全球化与民族化是辩证统一的关系。一方面全球化为民族化提供了丰富与强化自身的机遇与条件,只要能抓住这个机遇,利用这个条件,就能为民族文化注入新的营养,赋予它新的厚重的民族特质;另一方面民族化是真正实现文化全球化的前提。文化全球化只不过是各民族文化的一种重新融合,各民族文化以一定的同质文化为基础,在新的国际环境中共生共存、扬长避短、共同发展,不必过分担心会被吃掉或被同化。若某民族文化传统越古老,其文化深层结构就越稳定,就越不必有这种担心,相反,应当以更积极乐观的态度去迎接文化全球化时代的到来。

一、电视全球化与电视文化普及化

文化全球化离不开电视全球化的推波助澜,主要包括电视节目的全球流通和电视文化的普及等。因为电视是最具全球化特征的国际性媒体,正如英国兰开斯特大学尼古拉斯·阿伯克龙比教授《电视与社会》一书所说:"在所有的媒体形式中,最突出地表现全球化意识的是电视。电视在有些方面的范围和影响真正是有了国际性。"① 电视受众增长已成为国际性趋势,电视已成为全球性生活方式的重要载体,成为跨国媒介集团全球扩张战略的主要目标,电视节目产品市场的全球化进一步突出,与此相关的电视全球化传播策略与制度也在形成。电视全球化的表现也是多样的,包括媒介集团的合并、电视节目的贸易、电视规制方式的趋同、节目形式和管理文化的转移、节目传送范围的扩大和节目消费口味的趋近。电视全球化其实也是一个媒介国际化的过程,是指传媒的所有权、结构、生产、发行和内容等受到外国传媒集团、文化和市场的影响的过程。

电视文化世界范围内的流通以至合流已成为必然趋势,这难免引起各国的高度注意。因为每个国家都需要自己的文化认同,而保持独特的本土文化则是维护自己的文化认同所必需的。由于电视文化产品是价值观和意识形态

---

① 【英】尼古拉斯·阿伯克龙比:《电视与社会》,张永喜等译,南京大学出版社 2001 年版,第 110 页。

的载体，因而政府对外来的电视节目总是难免要保持高度的戒备。但商业化和去管制是电视全球化并生的现象，可以看作是针对外来电视竞争压力所采取的一种政策反应。所谓传媒的商业化是指传媒经营由一向主要依靠政府补贴或特许费用转变为对广告收入和订阅费的依赖。传媒的去管制是指政策控制放松，趋于自由化，主要是鼓励电视或其他传播形式之间有更多的竞争。去管制与商业化导致了电视频道的增加，使电视组织与政府保持较大距离，并使电视运作的自主性增强，减少它们对意识形态和发展功能的承担。另外信息技术的进步，对于传播政策的制定和执行也有着重要的影响。过去，只要一个国家的政府有足够的政治意志，它就能够禁止外国的电视节目入口。但是，信息技术的进步大大减弱了这项控制能力。

随着电视全球化的步伐加快，人们能够更多地接触到外国的电视节目或受到外国电视文化的影响。其中最重要的文化影响之一就是促成大众文化的形成。按照法兰克福学派的观点，对大众文化的形成起重要作用的就是电视、广播、报纸、杂志、电影、网络等大众媒介因素，而电视毫无悬念地成为这些因素中最重要的助推器，促使以娱乐性、商业性、消遣性为特征的大众文化开始取代经典文化、严肃文化的地位，成为现代社会的流行文化、主导文化。

二、电视全球化与电视文化娱乐化

电视文化因具有消费文化、娱乐文化的特征，被公认是大众文化的代表。美国文化研究学者约翰·费斯克认为："大众文本是被使用、被消费、被弃置的，因为其功能在于它们是使意义和快感在社会中加以流通的中介，作为对象本身，它们是贫乏的。"[①] 电视文化接受的日常性、家庭性、随意性，必然导致其传播内容的通俗性、娱乐性、消遣性。美国社会学家波斯特曼（1986）认为："电视淡化并有效地作为政治教育和公共领域一切活动之基础的公共交流。印刷物反映并促成了特定的思维习惯，而电视破坏了这些思维习惯。因为电视主要是娱乐媒体。电视助长了无条理性和琐碎性……电视正把我们的文化蜕变为娱乐的大舞台。"[②] 摆脱工作烦恼的大众回到家中

---

① 【美】约翰·费斯克：《理解大众文化》，王晓珏、宋伟杰译，中央编译出版社 2001 年版，第 149 页。

② 转引自【英】尼古拉斯·阿伯克龙比：《电视与社会》，张永喜等译，南京大学出版社 2001 年版，第 6 页。

打开电视机，或是为了获取信息，或是为了消遣娱乐，即使在消遣娱乐中偶尔进入到一种审美境界，获得了一次思想升华，也只是一种可遇而不可求的偶然行为。因此，电视文化文本大多是不需要深度的、消遣性的文本，它们存在的意义同样是作为"快感"流通的"中介"，至于它们本身，同大众文化文本一样是无深度的、平面的文化存在①。

当今的电视文化不大喜欢沉重的话题，而乐于制造轻松与热烈刺激的内容。普遍流行的重视感官娱乐而非思想价值和文化意义的制作原则，使众多电视节目在热烈场面、喧哗笑声、物质诱惑和明星作秀中给人们的情绪带来酣畅的宣泄和强烈的刺激。在这个意义上，电视文化与大众文化具有同质性。电视文化角色定位于大众文化，意味着其生产与传播要围绕着大众的普遍情感心理诉求进行。电视文化在发挥娱乐性方面拥有自己的天然优势，视频、音频信号结合的传达方式使得电视具有声画同步的特点，能够将信息以一种较为浅显和形象化的方式传递给受众。电视观众是消费群体，符合大众口味的电视节目才最有生命力。电视所具备的大众共同欣赏的文化模式，使电视观众不能容忍在家庭里播放自己无兴趣或无法参与的电视节目。而观众对于娱乐轻松节目的接受程度更是远远大于严肃类的电视节目②。就国内而言，从早期出现的娱乐资讯节目《娱乐现场》（原名《中国娱乐报道》，1999 年始播）开始，短短几年时间，此类型的节目已经遍地开花了，各大电视台、影视制作公司，都相继推出此类节目。近年来国内电视相亲交友类节目的火爆也证明了这一点。根据 2010 年央视索福瑞 34 城市收视率调查统计，江苏卫视交友相亲节目《非诚勿扰》收视率最高达到了 2.82%，而日网络搜索量的数据超过 22 万，排名第一，是排名第二节目搜索量的将近四倍，该节目 3 月 27 日全国平均收视率为 2.48%，曾超过收视老大湖南卫视的《快乐大本营》（2.08%），成为全国卫视综艺节目冠军。从整体上看，娱乐类节目也最能吸引观众眼球，通过娱乐节目，进入一个虚幻的空间，可以获得暂时的轻松感，减轻和缓释现实生活所带来的心理压力，进而在虚幻空间和现实空间的比较中获得某种相对的优越感、替代性的满足和虚幻的英雄感或成就感，最后达成内心颠覆的欲望的实现。据央视—索富瑞媒介研究有限公司发布的数据，2004—2005 年全国四大类型电视节目收视比重，娱乐类电视节目始终位居第一，远远超过其他类型节目（见图 1）。

电视文化娱乐化、趣味化倾向，就连本来比较严肃的电视栏目也不能幸

---

① 参见隋岩：《当代电视文化的大众文化表征》，《内蒙古师范大学学报》2002 年第 5 期。
② 参见纪淑田：《浅析大众文化背景下的电视文化》，《中国广播电视学刊》2007 年第 2 期。

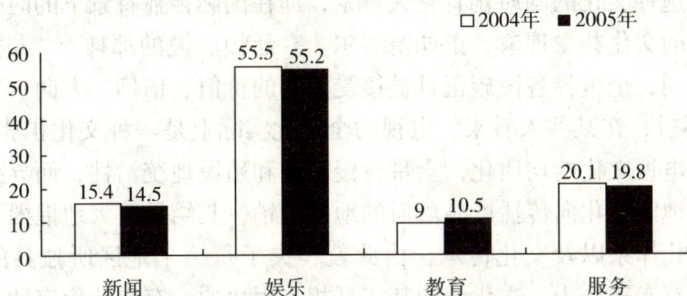

□2004年　■2005年

图1　2004—2005 年全国四大类型电视节目收视比重对比图

免，央视《百家讲坛》所走过的历程便是一个明证。2001 年央视十套开播
了《百家讲坛》。该栏目最初将观众群定位在受教育程度较高、欣赏品位不
俗的知识阶层，主讲人选也瞄准了最有名的学者、教授。第一个在《百家
讲坛》亮相的就是诺贝尔奖获得者杨振宁，之后有李政道、丁肇中等学术
名流，但是收视率却并不理想。通过对受众心理的揣摩，《百家讲坛》抓住
了现代人在文化上的危机感以及对信息需求的短、平、快等心理诉求，寻求
到了节目与受众的契合点。选择主讲人也不再强调某个专业学科领域的顶尖
学者，而注重学者的口才以及与观众之间的亲和力，即走大众路线，于是有
了刘心武、易中天、于丹、康震等一批知名主讲人，用讲故事、说评书等方
法把主讲内容进行人物化、事件化、个性化的处理，向不同文化层次观众传
达富于传奇性或雅俗共赏的知识，去充分满足现代受众的心理需求与收视需
求。例如刘心武揭秘《红楼梦》注意抓住秦可卿之死的谜团，运用原型方
法去尽量还原小说背后的历史真实，虽然牵强附会，不够科学，却能抓住观
众好奇窥探的心理而受到欢迎。易中天品读《三国》模糊小说与历史的界
限，好像在说评书，配之以现代时尚语言的生动讲解，诸如"那时的周瑜，
24 岁，真是职场、战场、情场，三场丰收啊""孔明会 K 歌，关羽是爱神"
之类，一下子就拉近了与观众的距离。准确的定位使《百家讲坛》迅速蹿
红，由此成为央视十套的品牌栏目。

三、电视全球化与电视文化趋同化

电视全球化不可避免会促使世界性电视文化的出现。电视文化对于当代
人生活的影响和介入，使得人们在通过电视扩散开来的文化样态、文化意
识、生活方式、生活意识等逐渐趋向于统一，从而摆脱了某种地方性和独特
性，与整个社会文化动向协调一致，形成了某种文化变迁与趋向，即文化的

均质化。这种文化的均质化有它大背景，即在国际传播背景下的时代出现了从未有过的文化共融现象，正如塞缪尔·亨廷顿所说的那样：“人类在文化上正在趋同，全世界各民族正日益接受共同的价值、信仰、方向、实践和体制。”① 不过，在某些人看来，电视的全球化实际上是一种文化扩张的过程，从而担心电视文化的均质化，会带有侵略性和殖民地统治性，而导致传播产品发达的地区文化向传播产品落后的地区倾销，其结果极大地摧毁了发展中国家的文化体系以及文化传承，由此就丧失了每一个地区所独具的文化魅力。但也有专家认为，文化认同其实是相当固执的，有它的稳定性，因而不应高估电视全球化对文化认同带来的冲击。至于文化认同的稳定性则是跟以下这些因素相连的：本地节目最终的吸引力、文本的多义性、民族国家的根本意义和电视本土化与全球化的辩证关系。本土电视的终极吸引力与文本的多义性决定人们是否会转看外国电视节目的重要因素是本土电视的竞争力。一般观众对本土电视节目总是有所偏爱的，只有当他们发觉外国的电视节目比本国的电视节目在技术上更加高超、内容上更为有趣和形式更加多样时，观众才可能弃本土节目而选外来的电视节目。只要制作质量相当的话，本国的文化产品总是更具吸引力。本土文化产品的竞争优势在于它们拥有文化相近性——熟悉的语言及文化背景，使本土传媒产品更容易被受众理解和产生共鸣②。

以我国为例，根据中国政府 1994 年发布的《关于引进、播出境外电视节目的管理规定》，我国“各电视台每天所播出的每套节目中，境外电视剧不得超过电视剧总播出时间的百分之二十五”，在境外电视节目市场准入方面只是给予部分开放。到 2003 年经国家广电总局批准的有限度落地的境外卫星电视频道达 30 家，这就意味着中国大陆将有更多观众能看到国外节目。2001 年 12 月全球传媒巨头新闻集团的全资子公司 STAR 集团，与中国中央电视台、中国国际电视总公司、广东有线电视网络公司签署相关协议，STAR 集团将于 2002 年初通过有线系统，向广东地区播放一个全新的二十四小时包括娱乐、音乐和影视剧的综艺频道；作为对等条件，STAR 集团的姊妹公司福克斯有线网将安排中央电视台的英语频道 CCTV-9 在美国播出。这是中国首次将有线电视网落地权授予一个境外全新频道。此前，STAR 集

① 【美】塞缪尔·亨廷顿：《文明的冲突与世界秩序的重建》，新华出版社 1998 年版，第 43 页。

② 参见陈韬文：《电视全球化与文化认同：亚洲背景下的理论思考》，载郭镇之编：《全球化与文化间传播》，北京广播学院出版社 2004 年 5 月版。

团参股的凤凰卫视中文频道已获准在广东落地。境外媒体巨头的到来加剧了中国传媒业的人才危机，使中国传媒空壳化，即中国负责编播、把关，境外公司利用中国人才创作，提供节目、素材，并使境外媒体的强势模式成为中国人选择节目的标准，加速了中国媒体的全球化进程。

中国最终向外国传媒发放通行证，是伴随 WTO 一起到来、顺应全球化趋势更加自信开放的表现，但也加剧了国内媒体的危机感和不少人对文化入侵的担心。如国外动画片、韩剧、日剧充斥国内电视荧屏，以至广电总局发布禁令，自 2006 年 9 月 1 日起，全国各级电视台所有频道在每天 17 时—20 时之间，均不得播出境外动画片和介绍境外动画片的资讯节目或展示境外动画片的栏目。韩剧的流行，也使媒体界有"寒流"之感。但事实证明这种担心是多余的，并不会动摇中国民族文化之根，反而会让国内媒体人更能看到自己在节目制作水平上存在的差距，激发出他们迎头赶上的热情和信心。2005 年 8 月，由广东原创动力文化传播有限公司出品的电视动画片《喜羊羊与灰太狼》在杭州少儿频道首播，并迅速风靡全国。在北京、上海、杭州、南京、广州、福州等城市，该剧最高收视率达 17.3%，大大超过了同时段播出的国外动画片。截至目前，该剧已在全国 50 余家电视频道播出 600 余集，在中国香港、台湾以及东南亚等地也拥有众多粉丝。近年来的国产电视剧也是好戏连台，如《士兵突击》《新结婚时代》《北风那个吹》《潜伏》《大生活》《夜幕下的哈尔滨》《我的青春谁做主》《亮剑》《闯关东》《武林外传》《金婚》《铁梨花》等，虽然这些电视剧有模仿美剧、韩剧之嫌疑或雷同化倾向，有的在文化深广度上还存在着欠缺，但总体上看还是制作精良的，足以吸引大陆观众的眼球，掀起收视狂潮，以至有媒体称中国电视产业正步入一个"最好的时代"，国产电视剧节节升高的收视率，正承载着文化软实力风向标的职能。

【思考题】
1. 何谓文化全球化？文化全球化与民族化的关系如何？
2. 电视全球化对文化全球化有何促进作用？
3. 如何理解电视文化的娱乐化和趋同化？

电视文化评论如何顺应大众文化趋势

裘新江

[关键词] 电视　文化评论　大众文化　审美快感　商业社会

一、电视文化评论对大众文化的尊重

　　大众文化是大众社会的产物，是依赖工业社会市场经济发展并伴随着大众传媒全球化推广而形成的现代文化，具有商品性、通俗性、流行性、娱乐性、日常性、媒体依赖性等特征，它以自我发现、自我享用、自我创造、娱乐休闲的方式来对付自我人性中无法遏制的欲求、性格弱点以及人生的困惑、无奈与痛苦。大众文化强调与人们的日常生活紧密结合，强调即时的审美快感，不追求意义的深刻性。大众文化的概念是相对于精英文化而言的。所谓精英文化是以受教育程度或文化素质较高的少数知识分子或文化人为受众，旨在表达他们的审美趣味、价值判断和社会责任的文化。漫长的历史文化积淀中，精英文化是其中的主要形态，其内容常常被赋予道义、理想和使命，是统治阶级"开启民智"的工具，肩负传播重任的是官员、学者等所谓社会精英。自古以来，文化权力都牢牢地掌控在少数文化精英们手中，"度人济世"是他们始终追求的人文理想，他们始终希冀通过自身的文化"关照"发挥一种引导、规范和教化作用，实现社会关爱的终极价值。从这一意义上说，无论是在传统社会文化独裁的背景下，还是在新文化运动文化普及的追求中，广大知识分子都义不容辞地将自己归位于所谓引导社会大众的"疗救者"角色。然而，大众文化则颠覆了这一结构。它排斥所谓的权威和中心，表现出强烈的反叛性和戏谑性。

　　不少人把"精英文化"与"高雅文化""主流文化""经典文化""正统文化"画等号，而把"大众文化"与"通俗文化""娱乐文化""流行文化""草根文化"等画等号。这虽接触到了两种文化类型的不同特质，有它一定的道理，但不全面。历史地看，文化的雅俗之辩、精英与草根的阶层划分就一直存在，缘何在今天"大众文化"受到学界如此高度的关注？究其原因，"大众文化"只能是一个历史的概念，是工业化与传媒时代的产物，故而有人把它看成现代文化的典型代表。而与现代文化相对应的概念是传统文化。传统文化中虽也存在着大众文化，但在文化主体上或者说本质上属于精英文化，其突出特质就是文化的经典化与高雅化，而让文化素养平平的普通大众难以亲近。然而时代的进步，打破了这两种文化类型的不平衡。大众传媒的发达与商业属性为更多的普通大众争取到了话语权，不像过去基于传统社会政治与传播技术的限制，媒体往往会和社会特定精英阶层的利益捆绑在一起，并因此而成为精英阶层在公共领域的沟通渠道和工具。精英文化越来越逼仄的生存空间以及固守的传统文化价值观念，使之陷入进退两难的尴尬境地，面对大众商业社会的狂躁与"娱乐至死"的媒介文化传播，是迎合大众趣味还是固守精神家园？很多人在思考。然而，思考不如行动。既然大众时代无法选择与改变，那么与其坐以待毙，不如主动出击。大众文化的滋养土壤是现代工业社会市场经济，注重物质文化消费，解决的是人类生存的基本需要问题；而精英文化则更多解决的是人类生存的高级需求问题，即精神提升和美的建构，亦即人类如何实现自身价值、发掘自身潜力、实现对人性的终极关怀。这两种文化实际上具有很强的互补性，并非水火不相容。以深度、抽象、严肃等为特征的精英文化应当去寻求走入大众的最佳途径。

二、电视文化评论对大众文化的融入

从某种意义上说，西方大众文化思潮是一场反叛主流意识形态的思想运动。它是建立在西方经济高度发达的基础之上，工业文明发展到一定进程，大众的自由意识、思想解放达到某种高度之后产生的。所以，大众文化在本质上是一种以最广大人民群众的生存、享受、发展需要为出发点、归宿点和最高价值目标的文化形态。有学者概括新媒体文化精神是：强调互动，追求平权；回归"本我"，崇尚自由；标榜"草根"，抗拒精英；高扬感性，尊重个性。虽然这是侧重于从网络文化和手机文化方面来谈，其实也适用于整个当代大众文化精神价值判断①。从人类精神文化发展大的方向看，人类文化需求最终还是应当贴近大众文化生活、满足大众文化需要、尊重大众文化

---

① 参见宫承波：《新媒体文化精神论析》，《山东社会科学》2010年第5期。

权利、反映大众文化理想和提升大众文化人格。在这个意义上，精英文化不应排斥大众文化，而应引导大众文化向人类更高的精神需求迈进。"大众文化的现实性、通俗性与精英文化的理想性、高雅性之间是有差别和矛盾的，但同时又是相互依存与衬托、相辅相成与转化的。大众文化需要精英文化的思想指导、学术喂养与智力支持；同时，精英文化也需要大众文化提供思想资料、刺激动力和应用市场"①。诚如中央电视台《百家讲坛》主讲人邱紫华教授在长江大学所作的《后现代的大众文化特征》演讲中所指出的那样，后现代的大众文化虽是比较浅薄的，但却是一股不容忽视的重要文化力量，它有不少值得肯定的价值。如"超级女声"节目的平等、民主思想；模仿秀中推崇的"模仿"是人自我提升的一种手段，例如"某某的歌唱得像宋祖英""某某的画有莫奈的风格"，这些都是大众文化在模仿精英文化、向精英文化看齐的表现。另外，后现代认识论推崇不确定性，不唯书，不唯上，也使得文化丰富多彩。所以盲目地批判"山寨"文化、"超女"现象和"模仿秀"等大众文化是不可取的。精英文化通过各种方式和渠道向大众文化靠拢，才能避免曲高和寡的尴尬；大众文化要不断地向高处提升，才能避免落入低俗。一个民族文化要发展进步，大众文化必须向精英文化靠拢，精英文化势必影响大众文化。"当下的大众文化社会是浅薄的，就像从水桶里带出来的水一样，面积大但没有深度，但只要从精英文化、正统文化中吸取养料，水就会积聚成水池"②。

当然，精英文化要想融入大众社会并非易事。仅以媒体而言，后现代大众社会的迷乱助长一些传媒沦为低俗落后文化的狂欢者与吹捧者而非先进思想文化的助推器。其中虽有媒体来自生存压力的苦衷，但媒体人其实也是文化人，只是在商业利益诱惑下忘记了自己作为一个文化人的神圣职责。电视文化评论的任务之一就是要帮助电视媒体认识自己节目的得失，多出精品。如江苏卫视《非诚勿扰》栏目开播以来，以其持续攀高的收视率成为其他电视台效仿的"榜样"。类似的节目有湖南卫视的《我们约会吧》，浙江卫视的《为爱向前冲》，东方卫视的《百里挑一》。据说《非诚勿扰》火爆的原因，无非是节目现场女嘉宾类似"宁可坐在宝马里哭"挑战公众道德的"拜金"语录以及男嘉宾的炫富，以至于引发了该节目该不该被停播的争论，国家广电总局还针对此类节目特地下发了《关于进一步规范婚恋交友类电视节目的管理通知》。《非诚勿扰》虽没有被停播，但确实根据《通知》

---

① 徐冬先：《多元文化背景与社会主义先进文化的构建》，《商业经济》2010 年第 6 期。

② 参见长江大学文学院网：http://zhongwen.yangtzeu.edu.cn/main/news1_view.asp? id=30

精神与舆论批评作了整改，进一步强化了引导功能和服务功能，在嘉宾选择、身份确认、讨论话题选择、录制过程审查等方面采取了一系列措施，以保证节目严谨可信。通过整改，该节目少了一些刻薄偏激、拜金炫富的言论和低俗、轻薄的作秀，多了些对爱情、婚姻的憧憬和向往以及人与人之间的包容、谦和。值得注意的是，节目现场点评专家除了原先邀请的心理点评专家，后又特地邀请江苏省委党校的一位女教授参与，负责现场话题引导，这也不失为精英文化融入大众文化的一次有益尝试。

三、电视文化评论对大众文化的扬弃

当代大众文化是以当代社会大众为消费对象和主体，通过现代传媒传播、按照市场规律批量生产的集中满足人们感性娱乐需求的文化形态，其市场化、世俗化、平面化、形象化、游戏化、批量复制等特点所带来的负面作用，是显而易见的。大众文化的平面化、批量复制是以消解文化个性和创造性为目的的，物质追求的丰富多样性与文化追求的简单标准化显然构成了一个人类生存的悖论。

法兰克福学派学者霍克海默（Horkheimer. M.）、阿多诺（Adorno. T.）、马尔库塞（Marcuse. H.）等，把大众文化（他们称为文化工业）看成是意识形态霸权的美国形式，认为美国不是用恐怖和高压实行统治，而在很大程度上是通过以大众传媒为途径的大众文化来实现权威主义的，所以他们倾向于使用批判的词句来谈论美国的大众社会和大众传媒[①]。较早致力于传播研究的政治学家拉斯韦尔（lasswell. H.）曾提出大众传媒三大功能的理论，即监视环境、联系社会和传递遗产，后来社会学家赖特（Wright. C.）又在其中增加一项功能——提供娱乐，这还都是对媒介正面功能的考察。而另两位对传播学贡献突出的社会学家拉扎斯菲尔德（Lazarsfeld. P.）和默顿（Merton. R.），则分析了媒介的四种负面功能：把人变成丧失辨别力和顺从现状的单面人、导致审美情趣及文化素养的普遍平庸化、廉价占用人的自由与时间、使人处于虚幻的满足状态从而丧失行动能力[②]。其中以电视文化为代表的视觉文化表现尤为突出，当代文化正在经历视觉文化代替印刷文化的时代，当代人特别是普通大众用于看书的时间远远低于看电视，而视觉文化在当代文化比重中的增加，实际上在瓦解着文化的聚合力，视觉文化虽比印

---

① 参见殷晓蓉：《法兰克福学派与美国传播学》，《学术月刊》1999 年第 2 期。
② 参见李彬：《传播学引论》，新华出版社 1993 年版，第 134—141 页。

刷文化更能迎合大众的感官需要，从文化意义上来说却枯竭得更快。

如何在尊重大众电视文化审美趣味的前提下提高大众的文化素养与高尚情趣，除了引导他们回归书桌，还必须在提升电视文化产品的文化品位上下功夫。过去有句老话，叫"寓教于乐"，不妨成为电视文化产品的基本设计思路，尽管实际操作起来是有一定困难的，但作为有良知的媒体人应当知难而进，而不能简单迎合电视大众的口味。其实，普通电视观众也不全是情趣低下的被动接受者，那些有着健康进步的人文意识、新颖和谐的表现形式、完善精致的制作质量的电视节目精品，必将受到大多数观众的喜爱与推崇。当然，观众对节目的喜爱或厌恶未必能说出一个所以然来，电视文化评论员可以通过自己的理性分析帮助观众提高自己的认识水平，同时也是在帮助电视节目制作人去进一步提高自己的节目质量。以中央电视台的春节联欢晚会为例，1982年10月下旬央视召开"节目栏目化"专题研究讨论会，同时开始筹备新的春节晚会，紧接着1983年央视春节联欢晚会获得成功，开创了电视综艺节目的先河，并成为全世界收视率最高的节目之一，且引发了中国电视传媒表达内容、表达方式等方面的重大变革。随着央视春晚走过十多年的历程，观众口味越来越高，如何走出多年演出模式重复的困境，中央电视台研究室于1996年进行了专项课题研究，从而确定了春晚必须朝着民族化、娱乐化、大众化、品格化方向发展的基本思路。如今的央视春晚虽不像以前那样为观众热捧，但作为国家级文艺大餐或者说是一种具有特定文化意味的过年仪式，对中国人来说仍然具有一定的吸引力，从而形成"年年骂春晚，年年看春晚"的怪圈。而在这怪圈的背后实际上有中国人传统文化心理作为支撑，一家人大年三十团圆守夜，总需要一个文化性的维系，春晚便承担了这样一个角色，它与包饺子、吃团圆饭、写春联、放鞭炮等传统习俗一样成为过年的一部分，故著名作家冯骥才才会说"除夕夜看'春晚'已成为中国人的新年俗"。实事求是地讲，绝大多数央视春晚节目，都是有一定艺术水准的，毕竟这是国家级的制作。观众不满意，固然有众口难调的苦处，文化接受层次的差异，但如何使节目更加贴近大众生活是不可忽视的因素。当春晚为观众增添喜庆气氛的原始义务替代为代表观众表演快乐的权力，其由权力表演出的快乐必定高调而空洞。现在春晚节目越来越重于形式、越来越豪华而忽略了内容，把一种意识、信息强加给观众，越来越失去当时办春晚的初衷和基本诉求，不像早年的春晚相对比较真实、朴实，接近观众的心理状态。央视春晚究竟要何去何从？现在争论很多，甚至有五位学者联名在网上发表《新春节文化宣言》，反对春节联欢晚会这种电视伪民俗，声称正是春节晚会这种工具化的方式，扭曲了春节这个人类文明节日的纯朴和自由，亵渎了中华民族的传统文明，提出抵制"春晚"陋习，倡导春节文化多元化。不管是何种观点，都是对春晚有益的，但前提是中国大众要不要春晚，这才是最重要的。春晚制作人所应关注的是如何让节目更贴近普通观众的心理而又不失国家级的文化水准。

【思考题】

1. 电视文化评论应当如何去尊重大众文化？

2. 电视文化评论对大众文化的融入需掌握怎样的原则？

3. 如何在尊重大众电视文化审美趣味的前提下提高大众的文化素养与高尚情趣？

电视文化评论应准确把握大众文化心理

裘新江

[关键词]　电视文化评论　电视创作　观众的收视心理　客观公正

从观众收视心理出发考察电视节目的优劣，应是电视文化评论关注的一个重要命题。

一、准确把握电视观众收视心理状态，是电视文化评论的重要切入口

研究电视观众收视心理，是电视批评的重要基础。各电视媒介都十分注意了解观众的收视情况。如果某个栏目、某个节目，观众收视率低，那就意味着这个栏目或节目有被淘汰的可能。我们看看央视 2003 年月收视率排行榜情况：

中央电视台收视率排行榜

（2003 年 9 月 14 日—2003 年 10 月 11 日）

中央电视台第一套节目全国收视率排名

排名	节目名称	收视率（%）	占有率（%）	万人
1	新闻联播	25.72	58.14	28678
2	焦点访谈	15.20	33.17	16948
3	电视剧：军歌嘹亮（19）	11.81	22.68	13168
4	电视剧：归途如虹（17）	9.06	17.40	10101
5	特别节目：花儿唱祖国	8.95	18.48	9979
6	电视剧：大染坊（5）	8.36	15.95	9321
7	特别节目：记忆中的歌声	7.97	15.99	8888

（续表）

排名	节目名称	收视率（%）	占有率（%）	万人
8	特别节目：香江明月夜	7.71	16.23	8597
9	电视剧：郭秀明（8）	7.59	14.70	8463
10	特别节目：2003年国庆音乐会	7.07	14.42	7883
11	国际大专辩论会A组决赛暨联欢晚会	6.21	12.71	6924
12	科技博览（2003—257）	5.04	14.13	5620
13	今日说法（2003—254）	4.73	25.27	5274
14	新闻会客厅	4.64	11.26	5174
15	新闻30分	4.24	23.37	4728
16	动画片：哪吒传奇（15）	2.31	13.89	2576
17	人与自然：南美野生世界	2.19	8.75	2442
18	晚间新闻	2.16	7.93	2408
19	动画城（2003—244）	1.72	11.34	1918
20	大风车（2003—284）	1.63	6.39	1817

（中央电视台观联处）

由排行情况看，《新闻联播》稳居第一，并长期保持着50%以上的高收视率，这不仅与节目在黄金时段播出和各级电视台同时转播因素有关，其实也与普通大众对时事的权威发布比较关心有关。紧随其后的是"用事实说话"的《焦点访谈》，它与观众对时事焦点问题的深度关注有关，当然安排在《新闻联播》之后黄金时段播出也是它高收视率的重要保证。据了解，《焦点访谈》前身是《东方时空》四个板块之一的《焦点时刻》，由于节目时间短，播出时间又被安排在上午的非黄金时段，故而没有产生理想的舆论影响力，后台里领导提议放在黄金时间播出，由此产生强烈的反响。当然，《焦点访谈》舆论监督的特色也是它能抓住观众的地方。除此，排行榜上排前的主要就是电视剧了，因为电视剧更能满足观众家庭审美娱乐的心理需求。很多家庭购买电视的原动力未必是获取新闻（这通过广播报纸足可以满足了），恰恰是可以免费地观赏电视剧。一部好的电视剧所掀起的收视狂潮是任何电视媒体人都不可小视的，这也就不难理解许多电视台不惜重金投资或引进电视剧的原因。电视剧对普通大众的思想文化灌输不容忽视，加强对电视剧的电视文化批评，是电视文化评论员的一项重要任务。

当然影响电视节目收视率因素比较复杂，但最终还是要归结到观众收视心理上。有专家提出影响观众收视行为的重要因素有八个方面：观众收看某个频道某种栏目的习惯、电视节目的预告、观众个人的欣赏口味、节目内容、节目播出时间、节假日对观众收视行为的影响、闲暇活动对观众收视行为的影响、技术设备对收视行为的影响。可见，电视创作的价值和作用，不是由创作者单方面来决定的，只有依靠观众，其价值和作用才会显露出来，才会产生良好的效果。同样，那种不符合观众的收视心理、过多追求感官刺激的节目也只会带来负面效应。曾担任过美国总统高级顾问的布热津斯基在《大失控与大混乱》一书中，对一些电视不符合观众收视心理曾提出批评，他认为"西方电视逐步地越来越成为感官的、性的和轰动性的"，"电视在破坏代代继承的传统和价值观念方面起到特别大的作用。电视娱乐节目——甚至新闻性节目——都拼命渲染现实，使之产生脱离道德、支柱的有新奇节目感的刺激，同时把物质或性欲的自我满足描绘成正当的甚至是值得赞扬的行为"。"电视对美国价值观念形成所起到的特别消极的作用"。"结果是出现一种被牟取暴利者所驱动的大众文化，他们正是利用廉俗、色情以至野蛮的行为的渴求心理。伤风败俗和享乐主义在文化中占了这么大的优势，就必然对社会价值观起到涣散的作用，并损伤和破坏曾经被人们笃信的信念"。另一位文化学者丹尼尔·贝尔在其所著的《资本主义文化矛盾》书中也说："电视新闻强调灾难和人类悲剧时，引起的不是净化和理解，而是滥情和怜悯，即很快被耗尽的感情和一种假冒身临其境的虚假仪式。由于这种方式不可避免地是一种过头的戏剧化方式，观众反应很快不是变得矫揉造作，就是厌倦透顶。"这些批评尽管有些过头，但基本点还是十分注重观众的收视心理状况的。

我国有世界上数量最大的电视收视群体。在这一群体里，年龄、知识、职业、价值观念和所处社会环境的差异，造成观众结构的多层次性。据有关调查和专家分析，各年龄段观众在收视行为和心理上存在着不同程度的差异。60 岁以上老人看电视时间长，平均每天 147 分钟；青少年看电视时间最短，平均每天 110 分钟，其他年龄段的观众看电视时间平均每天为 130 分钟左右。不同年龄段，不同职业，由于各方面的差异，其收视心理不同，对电视节目的需求也不同，针对目前我国电视观众平均文化水平不高的情况，电视节目要照顾广大文化水准较低的观众，为他们提供大量通俗易懂的节目，同时也要有意识地通过电视节目向人们传授文化知识，增强电视的教化功能，为提高全民族的科学文化素质服务。当然，文化程度较高的观众也不仅仅是爱看知识含量高的节目。一些娱乐性节目在文化程度高的观众中也有一定的市场，对于工作节奏日益加快的现代人来讲，文化娱乐性节目可以起到调节放松的作用。从这一客观情况出发，可以看出电视观众尽管存在差异性，但都有着共同心理，这就是求新心理、求真心理、求近心理、求知心理、娱乐心理。运用心理学原理，正确分析观众的收视特点，有助于更好地开展电视批评活动①。

安徽卫视 1999 年 4 月 23 日开播的《超级大赢家》，作为安徽卫视上星两周年后第一档王牌娱乐节目，在各电视台娱乐潮流泛滥的背景下，不到半年就稳居全国收视之冠，并且有 10 年的播龄（2008 年 9 月 19 日停播），培养出李彬、周群、郭德纲等一批安徽主持界名嘴。《超级大赢家》与湖南电视台《快乐大本营》、北京电视台《欢乐总动员》一起，曾被权威媒体称为国内综艺娱乐栏目的"三驾马车"。究其获得成功的原因，除了大众娱乐文化的大背景以外，与它独特的栏目设计贴合大众的心理需要密切相关。整个栏目由"一字千金""小鬼当家""谁是大头王""婆婆妈妈踢踢乐""超级偶像""超级新人秀""疯狂节奏王""爱要怎么说出口"等一系列独创单元组成，可以贴合观众的各种心理。一是贴合各个年龄段观众的欣赏心理。如后来改版板块"人小星大"是国内首个全方位展示儿童风采的精彩单元，设计闯关环节扣人心弦，可让儿童与大人（特别是家庭主妇）共同关注。二是强调观众互动的心理。如"一字千金""超级游戏王"板块最大限度地满足观众参与互动与游戏的心理。三是满足观众平民化求近心理与偶像崇拜式的追星心理。如"明星到你家"最让普通百姓关注，"明星零距离"可以让你和心中的偶像明星零距离接触，而"大牌看招"更是汇聚娱乐界大牌明星与当红人气偶像（如蔡依林、林俊杰、魏晨、张杰、李易峰、何洁、安又琪、5566、183CLUB、五月天、飞轮海、何润东、阿牛、伊能静、许茹芸、吕良伟、马天宇、王啸坤、谭维维、徐怀钰、花儿乐队、周海媚、伍佰、庾澄庆、迪克牛仔、张娜拉、陶喆、信乐团、许慧欣、许茹芸、林心如、苏有朋、王心凌、古巨基、赵薇、李湘、何炅、水木年华等），从而为栏目赢得了超人的人气。当然，这种一味迎合观众娱乐心理的做法未必可取，如节目的宗旨就是要打造属于安徽卫视领地的"民星"偶像，犹如湖南卫视拥有自己的"超女""快男"一样，但栏目制作人的节目创意还是值得肯定的。

---

① 以上均参见欧阳宏生著《电视批评论》，中国广播电视出版社 2000 年 6 月，第 282 页、第 283 页、第 284 页、第 286 页。

二、敏锐感受时代变迁与收视环境变化给电视观众心理所带来的变化

随着时代的变迁和收视环境的变化，电视观众的结构层次与审美欣赏心理也会随之发生相应的变化，电视文化评论要能够敏锐捕捉到这种变化，进而对电视节目作出客观公正的评判。

首先，观众的收视心理会随着时代的变化而发生微妙的变化。中国电视由无到有、由弱到强，最终发展成为"第一媒体"，见证了中国改革开放的历史变迁。最初电视在中国是一件稀罕物，其声画同步、活灵活现的媒介优势，让封闭的中国人惊奇，所以那时只要有电视看就是一件非常幸福的事，若哪个家庭能拥有一台电视机，那简直被看成过上了天堂般的生活，因而电视上播什么节目，观众都不会挑剔，就像饿肚子的人只要有吃的就行。所以那时电视屏幕一再上演高收视率的奇迹。如电视连续剧《大西洋底来的人》《血疑》《女奴》《排球女将》《加里森敢死队》《霍元甲》《上海滩》《渴望》《几度夕阳红》《红楼梦》等让电视观众痴迷。一些电视栏目如中央电视台的《动物世界》《正大综艺》《综艺大观》《曲苑杂坛》等也是异常火爆。就是纪录片也受到观众的热捧，许多纪录片专栏连续播出许多年（如中央电视台 1978 年 9 月 30 日开播的《祖国各地》、1983 年 10 月开播的《兄弟民族》播龄均在 10 年以上）。有些纪录片精品，如《话说长江》（25集，1983 年 8 月 7 日开播）、《话说运河》（35 集，1986 年 7 月 5 日开播），收视率达到 30% 以上，几乎与同时播出的电视连续剧《四世同堂》《红楼梦》不相上下。《话说长江》节目曾向观众征集主题歌歌词，短短的 13 天里，观众来稿即达到 5000 多份，稿件来自祖国四面八方，从 14 岁的小学生到 90 高龄的老者，还有卧床不起的癌症患者，最终确定了现在还广泛传唱的《长江之歌》歌词，这恐怕也是早期电视创作与观众互动的有益尝试吧。如此火爆的原因何在？就在于改革开放初期，封闭已久的国门才打开，精神饥渴的中国人急于想了解外部的世界，对外界充满了好奇心。《正大综艺》的火爆就在于它所展示的"花花世界"和"西洋镜"正好击中观众的兴奋点。而《综艺大观》的热播，则弥补了还不富裕的中国老百姓在文化娱乐生活方面的严重匮乏。但上世纪 90 年代以后，特别是迈入 21 世纪，伴随着"全球化"时代的到来，中国人的眼界更开阔，文化生活的选择渠道更丰富，因而不会只依赖电视为他们打开一扇了解世界的窗口。像《正大综艺》《综艺大观》这类套路陈旧、节目单调的栏目也就逐渐失去了他们在观众中的吸引力，而不得不退出历史舞台。其他栏目也有类似的命运，例如央视从

1981 年 12 月 31 日开播的《动物世界》，曾以新奇的内容、强烈的视觉冲击力和赵忠祥极有人情味的配音，获得观众赞誉。1994 年中央电视台编委会提议，在《动物世界》的基础上，衍生出一个更符合世界环境与发展理念的杂志性专题的栏目——《人与自然》，虽然风格依旧，但显然已没有当初《动物世界》的热度。1993 年 5 月 1 日开播的电视杂志《东方时空》改变了中国大众早间不看电视的习惯，被誉为"中国新闻晨报""开创了中国电视改革的先河"，其以直播方式将新闻、实用资讯、新闻专题等诸多内容有机串联，"真诚面对观众"，更加突出了信息的时效性和服务性，而受到观众追捧，并捧红白岩松、水均益、敬一丹等一批著名主持人。如今的《东方时空》虽经过 2000 年、2001 年、2004 年、2009 年多次改版，但已很难再现昔日的辉煌。同样，以"曝光"见长的《焦点访谈》、以深度报道见长的《新闻调查》，也都是经历了狂热一时归于平静的阶段。电视的成长与观众的成长是相辅相成的，面对成熟的观众，电视栏目与节目的创新更增加了难度，对电视传播者提出了更高的要求①。

其次，电视节目的可复制性对观众心理的影响也不可忽视。一档品牌栏目或节目可能被大量模仿而失去其吸引力。如超级女声、模仿秀、快乐大本营等节目，因迎合了当代青少年追星心理和娱乐心理，而能将他们吸引到电视机前，由此获得了极高的收视率，而不像过去青少年看电视除了少儿节目，似乎没有什么栏目、节目能让他们喜欢看。湖南卫视播出的《超级女声》收视率曾在全国省级卫视拔得头筹，广告收入超过 6 亿元，巨额的经济回报引发了娱乐选秀类节目在中国各电视台泛滥，可这些节目大多命题老套、题材趋同、风格单一，并没有出现多元化、创新性的元素，只是对已经成功的真人秀节目制作策略和方法的简单模仿，选秀类节目由此陷入了同质化和低层次的竞争之中。湖南卫视此后举办的"超级女声""快乐男声"，就已没有最初举办"超级女声"时的火爆。央视春晚令许多人感到不如以前，与它自身的复制性不能说毫无关联，它让观众失去了当初的新鲜感，总感到是老一套的东西。因此，任何电视节目创作者都要有不断挑战自我的意识和危机意识，在电视这个纷繁的舞台上，若只是不断重复自己或模仿他人，只会遭到观众的抛弃，求新总是电视节目获胜的法宝。

---

① 参见赵先权：《观众收视心理变迁与电视栏目及节目创新》一文，载中国新闻传播学评论网 http://www.zjol.com.cn/05cjr/system/2007/08/09/008684681.shtml。

三、理性认识多元媒体时代电视节目的不同定位与受众群体

由中国传播学会、北京大学新闻与传播学院和中国社会科学院新闻与传播研究所联合主办的第十一届中国传播学大会，于 2010 年 7 月 9 日至 10 日在北京大学举行，本次会议以"新媒体/多元文化/全球传播：挑战与应变"为主题，共同研讨全球化与网络化对社会文化带来的影响与挑战。的确，由多元媒体所营造的媒体环境以其高度的媒体融合性、文化多元性、交往互动性、空间虚拟性、内容的教育性和娱乐性，深刻地影响着每一位社会公民。电视媒体"话语霸权"的时代已像明日黄花一样风光不再，一档电视栏目或节目可以包打天下、一劳永逸的理想只能是幻想。中国大众已经走出了文化需求饥渴的年代，多元媒体环境下特别是新媒体的出现，为大众提供了更多的文化选择。因此，作为电视媒体人不能再沉浸在过去已有的成绩中而沾沾自喜或一味感叹昔日辉煌的褪色，而要根据观众的收视心理为自己的栏目或节目准确定位。因为不同的电视栏目/节目具有不同的受众群体，其思想内容、艺术特点决定它的受众；反过来说，不同的受众群体、观众的文化参差不齐也决定了一个电视栏目/节目的文化定位。例如，娱乐性栏目主要面对青少年（如安徽卫视《超级大赢家》），学术讲座或知识访谈性的栏目主要面对文化知识水平较高的群体（如央视《百家讲坛》），而电视服务性栏目主要面对广大的老百姓（如央视经济频道《为你服务》）。从中央台到各省台及地方电视台，不同的电视栏目有不同的观众群体。

再比如电视剧的创作，其实也是萝卜青菜，各有所爱。在韩剧特别流行的年代，照样有一批观众喜欢看红色经典剧。中国电视剧已迎来它多元化时代，考察 2010 年以来热播的电视剧，有主打和谐温馨的家庭亲情剧（如《媳妇的美好时代》《老大的幸福》《金婚风雨情》《养父》），有抒发家国情怀的家族剧（如《新安家族》），有重新解读经典的古典名著改编剧（如新版《红楼梦》《三国》），有反省中国女性境遇的女性剧（如《铁梨花》），有重温红色记忆的红色经典剧（如《江姐》《桥隆飙》《洪湖赤卫队》），有比拼智慧、充满悬念的谍战剧（如《黎明之前》《延安锄奸》《战后之战》《风语》），有充满浓郁乡土气息的乡村剧（如《乡村爱情故事 3》），有凸显职场精神的职场剧（如《杜拉拉升职记》《一一向前冲》《女主播的故事》《无懈可击之美女如云》），有演绎人间善恶的童话剧（如《灰姑娘的姐姐》），有时尚幻想的游戏改编剧（如《仙剑奇侠传 3》），有别样情怀的军旅情感剧（如《决战黎明》）……每一种类型的电视剧都对应着它特定的受

众群体，呈现出百花齐放的局面。不过，这里还需要注意的是新媒体时代电视剧载体和受众融合的趋势。电视载体将不再是电视剧唯一收看媒介，收看载体正呈现出多元化状况，主要表现为电视与新媒体的融合，如数字电视与互动电视的发展、电视与手机的融合，此外网上广播影视、IP 电视、移动多媒体广播、手机电视等多种新的媒体形式也持续涌现并快速发展。未来的电视剧收看载体将显现为以数字媒体为核心的融合式媒体，即传统媒体与新媒体融合、三网融合、有线网与无线宽带网融合，媒介载体之间互相借鉴传播方式，从而实现"媒介功能的融合和相互渗透"。电视观众和网民也将合二为一，成为电视剧的共同受众。美国莱希特曼公司调查发现，约有8%的美国成年人每周至少上网观看一次电视节目，而一年前的比例为6%。一个时期内收看网络电视剧的受众多，相对收看传统电视剧的受众就少。易观国际发布的《2008 年第三季度中国网络视频市场季度监测》数据显示，中国网络视频市场总体用户规模达到 1.91 亿人，其中视频分享市场用户规模为 1.67 亿人，P2P 直播市场用户规模为 1.09 亿人。众多网民逐渐习惯于借助网络视频来替代传统电视。在如此严峻的多元媒体与多元文化的形势下，电视节目要立足于不败之地，必须对自己进行准确定位，不断创新，以满足电视观众不同的收视心理，培养自己的相对固定的受众群体。

目前关于电视节目类型的划分没有统一标准，大致可以按照电视节目形态划分为：电视新闻节目、电视文艺节目、电视娱乐节目、电视谈话节目、电视评论节目、电视纪录片、电视特别节目（包括新闻现场直播）、影视节目等；也有的简单把它归为五大类，即资讯类节目、杂志类节目、专题类节目、评论类节目、综艺类节目；另外，还可以按照电视节目的收视对象划分为：少儿节目、青年节目、成年节目、老年节目、女性节目等；按照电视节目的题材来源划分为：政治类、经济类、文艺类、娱乐类、体育类、军事类、生活类、法制类、教育类、科技类等。不管哪种划分，都对应着特定的受众群体，有着与之相适应的收视心理（如从众、认同、逆反、怀旧、求证、求异、求知、求乐等心理）。"不同类别的电视节目能够解决观众不同的心理危机。比如某些人会潜意识地感觉到信息的稀缺，感到世界的分裂，为此，他们比较倾向于收看新闻节目，了解各地信息，保持自己与世界的联系；又如有人感觉自身的情感生活沉闷、缺乏乐趣，为此，他们很愿意收看各种各样的电视剧节目，与剧中的角色一起感受喜怒哀乐，体会激情和活力。由于不同类别的电视节目被制作人赋予了特定的内容和特点，人们在长期的收视过程中，逐步培养出了类别意识。当他们有特定需求的时候，他们就会选择收看特定的电视节目来满足自己的心理需求"①。

当然，具体到每一类型节目观众收视心理的变化也是比较微妙的，需要电视文化评论者准确把握，以便对电视产品准确定位。如《新闻联播》《焦点访谈》《东方时空》等新闻资讯类栏目定位于满足观众的求真、求证、求近心理；《艺术人生》《大家》等人物访谈节目则满足观众的崇拜、激励、好奇乃至窥探等心理；《开心辞典》《幸运52》《星光大道》《快乐大本营》等则主要满足观众的娱乐心理和表现欲，不过《开心辞典》《幸运52》是把知识作为娱乐手段，《星光大道》把表演作为娱乐手段，《快乐大本营》把游戏作为娱乐手段；《百家讲坛》《人与自然》之类节目主要满足观众的求知欲望；现在火爆的电视相亲交友节目则基于现代人情感需求；等等。再比如电视剧，红色经典剧至今仍有它的观众市场，主要基于观众的怀旧心理与信仰危机；家庭亲情剧基于接近心理而走平民化道路；谍战剧主要基于观众对智慧与英雄的崇拜之情以及冒险、窥秘、怀旧心理；武侠剧则通过沟通观众宣泄、代入、补偿、松弛等接受心理，去实现表层的娱乐功能；青春偶像剧则基于青年人青春焦躁与偶像认同心理；等等。2008年湖南卫视黄金强档曾首播一部电视剧叫《丑女无敌》，不仅女一号长相"无敌"，收视更是无敌。央视-索福瑞数据显示，该剧在国庆七天以平均收视率6.96%稳居同时段节目的全国收视第一名，是继《还珠格格》后最让湖南卫视喜笑颜开的"吸金剧"。该剧抓住观众逆反性的审丑心理和求异心理，去激发他们的兴奋点。可能荧屏上充斥着太多的美女造成大家审美上的疲劳，当以丑为美的形象出现时，反而会让人眼前一亮。当然，也不可忽视观众认同心理所起的作用，据统计，《丑女无敌》的观众中女性占了65%，而正如女主角林无敌的饰演者李欣汝所说："我觉得长成我这样的人，大概有50%。就像《丑女无敌》主题曲开篇唱的，我们都是天使所说的大多数。"

【思考题】
1. 电视文化评论为什么要把握大众文化心理？
2. 电视文化评论怎样才能够准确把握大众文化心理？
3. 联系实际谈谈多元媒体时代电视节目的不同定位。

① 张海潮著：《中国电视节目分类体系》，中国传媒大学出版社2007年版，第9页。

媒介文化评论的视角

马缘园

[关键词] 文化　大众文化　媒介文化　文化自省

　　"文化"一词可谓古往今来被反复定义的复杂概念之一，一番查阅下来，多达数百种的定义令人眼花缭乱。从哲学、艺术、教育、心理学、历史学、人类学、社会学到生态学，乃至生物学等众多领域都有关于"文化"一词的定义。"文化"一词在西方最初指耕种、开掘、居住、动植物培养等与物质生活相关的意义，在中国的文化典籍《周易·贲卦》"观乎天文，以察时变。观乎人文，以化成天下"中则包含了文明教化这一精神层面的深刻内涵。今日人们对于文化的广义定义包含了人类所创造的物质和精神成果的总和。"文化是人的文化"，凡是打上人类实践烙印的成果都隶属于文化的范畴。

　　然而在历史的长河中，"传统的文化概念主要被定为在艺术和美学方面，它的特征是创造力，它的功能是潜移默化中道德价值的实现。但是文化研究认为这个传统里有精英意识作祟。"① 这种精英意识呈现出一种贵族文化观。20世纪60年代，英国伯明翰大学对当代文化的研究拉开了新兴文化研究的序幕，正如美国文化批评家杰姆逊所认为的那种，"日常生活中的吟诗、绘画、看戏、看电影之类"的娱乐活动也被归类到文化中来，消费文化成为当代文化的一种时代特点。自此，以大众媒介传播的都市文化产业与公众日常消费文化形态即所谓的"popular culture"颠覆了传统精英文化、高雅文化的范畴，无论是因其商业性、模式化而备受批判，还是因其现代性、创造性、平民主义而备受推崇，大众文化都成为当代文化研究的一大核心。

---

① 陆杨、王毅著：《文化研究导论》，复旦大学出版社2006年1月版，第13页。

　　大众文化是伴随着工业文明而出现的，它"以赢利目的批量生产、以大众传媒为手段、旨在使普通大众获得日常感性愉悦的文化商品"①。这就回答了"电视作品、电影、流行音乐、甚至商业广告里是否有文化"的问题。北京师范大学教授王一川在《大众文化导论》一书中将大众文化定义为："以大众媒介为手段、按照商品规律运作、旨在使普通市民获得日常感性预约的体验过程，包括通俗诗、通俗报刊、流行音乐、电视剧、电影和广告等形态。"② 我们所言的媒介文化，正是以大众传播媒介所传播的所有产品、各种媒介现象作为观照的对象，并进行文化层面的评论。

　　在我国，电视是拥有最多受众的第一媒介，电视文化与电视媒介产品可谓如影随形，同时诞生而又同步发展，对电视文化的研究无论是对于媒介文化的研究还是社会文化的发展都具有举足轻重的作用。郑征予在《电视文化传播导论》一书中写道："电视文化是指电视传播出现后，由完全不同的电视传播符号、传播内容、传播速度、传播效果所造成的一种新质文化"③。对于电视文化的定义还有从电视传播法令规范、体制层面定义的组织文化，从电视传播技术定义的技术文化等。对于电视文化的众多定义可从电视物质文化、精神文化和制度文化这三大角度进行归类。

　　目前国内对于电视文化进行理论研究的角度包括：有从文化哲学视野研究电视文化的多种功能的《电视文化学》（陈默著，北京大学出版社2001年版）；有从电视事业发展的战略角度研究的如《电视文化战略》（蔡尚伟著，中国市场出版社，2007年版）、《21世纪电视文化生存》（高鑫、贾秀清著，中国国际广播出版社，2006年版）等；有从文化人类学角度研究的诸如《电视文化传播导论》（郑征予著，复旦大学出版社，2003年版）、《中国电视文化的理性重构》（李晓枫、邹定宾著，中国广播电视出版社，2007年版）。也有视角综合的诸如欧阳宏生的《电视文化学》（四川大学出版社，2006年版）、祈林的《电视文化的观念》（复旦大学出版社，2006年版）等。

　　本书研究的媒介文化在对于电视文化的研究范畴主要针对电视传播内容所包含的思想观念和价值取向，"以及由电视传播带来的社会、民族、国家中成员个人的价值观、思维方式、伦理规范、思想品德、种族信仰等深刻的

---

① 孙英春著：《大众文化：全球传播的范式》，中国传媒大学出版社，2005年版，第31页。
② 王一川著：《大众文化导论》，高等教育出版社，2004年版，第8页。
③ 郑征予著：《电视文化传播导论》，复旦大学出版社，2003年版，第3、49页。

变革，由此形成的意识形态层面的电视精神文化"①。以先进的现代文化观念和价值标准去审视和评价当代中国的电视节目类型、内容和电视现象，剖析社会文化心理，在价值观念、审美情趣、思维方式上进行全方位的文化评论，以帮助传媒人和受众逐步厘清现代文化观念与非现代文化观念的界限，促进现代公民意识、现代价值观、道德观、审美观的普及和生长。

当下，当数字化的电视已开始进入千家万户时，它承载的文化内涵还在旧向新的艰难转型的过程之中。中国市场经济在完善和成熟的过程中，不可避免有很多负面的因素，以及面对世界的开放；不可避免有极其复杂的文化选择，给电视以巨大的文化冲击，又加剧了文化转型的艰难。这种现状更加印证了从文化学对于电视产品进行文化评论的必要性和重要意义。

除开电视文化，媒介文化所观照的对象还包括传统的纸媒介和新兴的移动新媒介。例如：我们会关注快餐文化侵蚀下的中国人对于读书的态度和认知，评论读书文化现象；我们会关注中国人如何看待和使用微博，对微博文化进行评论等。

从文化学的角度考察，物质文化的变化快于精神文化（特别是其中的核心价值观念）的变化，而精神文化的变化又从根本上制约着物质文化的变化，因此精神文化必须具有自我批判、自我完善的机制，才能创造出物质文化与精神文化互动互促的良性循环，这是一条普遍规律，而媒介文化评论正是从大众文化这一精神产品中不断进行文化反思、文化自省的积极成果。

【思考题】

1. 当代对文化的理解和传统意义上对文化的理解有何差异？
2. 媒介文化评论的对象、视角分别是什么？
3. 进行媒介文化评论的必要性是什么？

---

① 王长潇著：《当代中国电视文化传播论纲》，山东人民出版社，2005 年版，第 28 页。

多元的美学思想

王国杰

[关键词]　美　轻柔　崇高　悲剧　喜剧

电视文化的丰富多彩，决定了评论员的美学思想必须具备多元化的特性。美的形态主要有以下几种：优美、崇高、喜剧和悲剧。在分析美的形态之前，我们有必要先区分一下美与美感的区别。俗话说萝卜青菜各有所爱，其含义是指不同人会对不同的事物感兴趣，如对追星族来说，各有自己的偶像；即使在日常生活中，人们的兴趣爱好也各不相同。但这并不是说美的形态便是千变万化的，它只能说明不同人对不同的事物产生美感，即不同主体（审美主体）和不同的客体（审美对象）构成美学关系，而美的基本形态丝毫不受影响，人在世间万物上投射的美感，大致属于几种共同的美学形态。

一、优美

1. 关于优美的论述

中国最早提到优美这种美学形态的典籍是《易传》，它称之为阴柔美："地道之美贵在阴与柔，天道之美贵在阳与刚。"此论述最早对美的类型进行划分，即阳刚美与阴柔美。到魏晋时期，刘勰与司空图的著作中也有论述。刘勰将文章风格分为八种：典雅、远奥、精约、显附、繁缛、壮丽、新奇、轻靡。其中的典雅也即优美。司空图将诗的风格分为二十四品，其中的典雅、含蓄、飘逸等，都属于优美的范畴。清代的姚鼐将文章风格明确地定为阳刚与阴柔两类："其得于阴与柔之美者，则其文如升初日，如清风，如云，如霞，如烟，如幽林曲涧，如沦，如漾，如珠玉光辉，如鸿鹄之鸣而入寥廓；其于人也，謬乎其如有思，暖乎其如喜，愀乎其如悲。"姚鼐的论述，是古人对优美的典型描述。在西方，18 世纪的英国美学家柏克对优美的几种形式进行了描述："第一，比较小；第二，光滑；第三，各部分见出变化；第四，这些部分不棱角，彼此像熔成一片；第五，身材娇弱，不是突出地现出威武有力的样子；第六，颜色鲜明，但不强烈刺眼；第七，如果有刺眼的颜色，也要配上其他颜色，使它在变化中得到冲淡。"

2. 优美的特征

优美在形式上具有千变万化的区别，或者表现为精致、轻盈、柔和，或者表现为安静、温柔、圆润、清新等等，如闪烁的星空、青青的春草、淡淡的哀愁、绵绵的思念、纯洁的感情等等，但是在内在构造原则上，都要达到一个要求：轻柔。不同的事物之间的关系，必须是融洽相处，不能构成矛盾冲突或者悖反，如同《尚书·尧典》中所说的"八音克谐，无相夺伦"。如朱自清《荷塘月色》中对月色照在荷塘上，达到光与影的和谐："月光如流水一般，静静地泻在这一片叶子和花上。薄薄的青雾浮起在荷塘里。叶子和花仿佛在牛乳中洗过一样；又像是笼着轻纱的梦。虽然是满月，天上却有一层淡淡的云，所以不能朗照；但我以为这恰是到了好处——酣眠固不可少，小睡也别有风味的。月光是隔了树照过来的，高处丛生的灌木，落下参差的斑驳的黑影，峭楞楞如鬼一般；弯弯的杨柳的稀疏的倩影，却又像是画在荷叶上。塘中的月色并不均匀；但光与影有着和谐的旋律，如梵婀铃上奏着的名曲。"又如戴望舒的《雨巷》："撑着油纸伞，独自/彷徨在悠长、悠长/又寂寥的雨巷，/我希望逢着/一个丁香一样地/结着愁怨的姑娘。"正如这两部作品所显示的，优美中不能具有某种与整体结构的匀称相冲突的元素，各部分之间构成一种相对的平衡状态。

二、崇高

西方现存史料中最早论述崇高的是罗马时代的朗吉诺斯的《论崇高》，他认为"崇高是伟大心灵的回声"，因于琐事中的人绝不能获得崇高的感受，"把整个生活浪费在琐屑的、狭窄的思想和习惯中的人是决不能产生什么值得人类永久尊敬的作品的"。他从人与宇宙的关系中来认识崇高感的存在，"大自然把人放到宇宙这个生命大会场里，让人不仅来观赏这全部宇宙壮观，而且还热烈地参加其中的竞赛，它就不是把人当成一种卑微的动物；从生命一开始，大自然就向我们人类心灵里灌注进去一种不可克服的永恒的爱，即对于凡是真正伟大的，比我们自己更神圣的东西的爱。因此，这整个宇宙还不够满足人的观赏和思索的要求，人往往还要游心驰思于八极之外。一个人如果四面八方把生命谛视一番，看出一切事物中凡是不平凡的、伟大的和优美的都巍然高耸着，他就会马上体会到我们人是为什么生在世间的。

因此，仿佛是按照一种自然规律，我们所欣赏的不是小溪小涧，尽管溪涧也很明媚而且有用，而是尼罗河、多瑙河、莱茵河，尤其是海洋。"

现代的爱迪生在《论想象的快乐》中提到了"宏伟"一词，他说："所谓宏伟，不是指某种单一物体之大小，而是巨大的整体的景观。例如漫漫无边的广阔的平原，辽阔的未开发的沙漠，连绵不尽的群山，层峦叠嶂，悬崖绝壁。这些大自然界的产品，它们使我们感动的不是新奇或美丽，而是它们那种惊人的粗犷和壮丽。我们的想象喜欢为对象所充塞，喜欢攫取那些超越吾人能力的巨大的东西。我们是以欢乐的惊奇投入这无边无垠的壮观，从而陷入了一种惊骇的喜悦。"到了博克才明确提出"崇高"一词，把它作为美学范畴加以研究，他说："凡能以某种方式适宜于引起苦痛或危险观念的事物，即凡是能以某种令人恐怖，涉及可恐怖的对象的，或类似恐怖那样发挥作用的事物，就是崇高的一个来源。"

把崇高上升到哲学高度进行研究的是康德。他把崇高分为数学的崇高和力学的崇高。数学的崇高是指体积和数量的庞大，超出人的感受所能包容的范围。力学的崇高主要指力量的惊人强大，他说："粗犷的、威胁着人的陡峭悬崖，密布苍穹、挟带着闪电惊雷的乌云，带有巨大毁灭力量的火山，席卷一切、摧毁一切的狂飙，涛呼潮啸、汹涌澎湃的无边无际的汪洋，以及长江大河所投下来的巨瀑，还有其他诸如此类的东西它们那巨大的威力使得我们抗拒的力量相形见绌，渺不足道。但是，只要我们在安全之境，那么，它们的面目愈是狰狞可怕，就对我们愈是具有吸引力。我们欣然把他们称为崇高，那就因为它们把我们灵魂的力量提升到了那样一种高度，远远地超出了庸俗的平凡，并在我们的内心里发现了另外一种完全不同的抵抗力量，它使我们有勇气去和自然这种看来好像是全能的力量，进行较量。"

崇高的事物在形式上，往往具有庞大的特征，或者是体积，或者是数量，或者是精神人格等其他方面，这种巨大的程度往往超过人的感受能力和想象能力。从心理上的反应来看，人在巨大形体的物体面前，感觉到自身的渺小，但不会由此产生惊骇或恐惧，此物体不能对人造成危害后果，因而人才能以审美的姿态去欣赏它，同时感受到一种震撼，这种震撼给人心理上的洗礼作用，使人向着更高的善的境界靠近。

三、悲剧

悲剧不同于悲伤，悲伤往往是凄苦的遭遇而导致心理的痛苦，常常与哭的情感表达形式相伴随，悲剧是哲学意义上的审美形态，它要求从精神境界上对人的心灵产生震撼效果，人所感受到的不是痛苦，而是被震撼后的心灵净化，是一种轰然倒塌之痛后的快感。

西方悲剧观念也在不断演变。在古希腊神话中，悲剧内容主要是命运悲剧，如西西弗斯被惩罚推石头上山，石头又不断滚下来，这是人生的无意义的单调重复悲剧；俄狄浦斯被注定杀父娶母，一次次地试图逃脱命运，但却又都应验了，反映了人与神主宰的命运对抗的失败性悲剧。文艺复兴之后，神的权力被否定，人的自我价值被肯定，此时的悲剧形式主要是性格悲剧，即人自身不可摆脱的弱点。如莎士比亚的四大悲剧的主人公都是性格缺点导致的悲剧：麦克白贪婪的野心、奥赛罗的妒忌、李尔王的轻信和暴躁、哈姆雷特的犹豫不决。十八世纪开始出现了社会悲剧，这是与资产阶级的启蒙运动相伴随兴起的，个人与社会的矛盾成为时代主题。如席勒的《强盗》、巴尔扎克的《高老头》、托尔斯泰的《安娜·卡列尼娜》和易卜生《玩偶之家》等等。社会悲剧主要是讲述真善美如何在不公平的社会中走向毁灭。到了叔本华，他把悲剧从重大的社会矛盾推向了普通人的日常生活，他认为普通人在日常生活中，由于相互间的误会所造成的悲剧非常普遍。二十世纪之后，科技迅猛发展，经济发达所带来的物质的极大丰富与人内心要求的被压抑成为新的悲剧的主要来源，现代主义文学应运而生，卡夫卡《变形记》中讲述一个小职员的生存价值就在于工作，当他早晨起来发现自己变成一只甲壳虫时，还要想着如何去上班；家人见他无法挣钱了，也就厌弃他，终于在他死后松了一口气。还有卓别林的《摩登时代》对机械文明社会的讽刺，人被机器化，科技发展，人文关怀丧失，感情被漠视、心灵空虚，成为现代人的悲剧。

正如鲁迅先生所说，"悲剧将人生的有价值的东西毁灭给人看"，悲剧并不在于表面的悲伤、死亡或哭泣，而是内在的真善美的被毁灭，这种毁灭对人的精神产生震撼效果，从而体现出一种悲壮激越的情调，使人在悲剧本身所引起的悲悯或畏惧心情中产生精神洗礼的快感，得到心灵的净化。

四、喜剧

喜剧给人心灵上的愉悦感，往往会令人发笑，但笑未必就是喜剧。康德说笑是一种心理的瞬间的巨大转化，"笑是一种从紧张的期待突然转化为虚无的感情"。例如《唐伯虎点秋香》中，情节叙述唐伯虎爬上假山取风筝之后，接着便是唐伯虎跌下来之后与秋香的温馨场面，但是突然镜头拉开，原来这只是唐伯虎自我陶醉的幻想，秋香等人莫名其妙地看他大笑，于是可笑的效果也就出来了。滑稽也会令人发笑，它是形式与内容的"自相矛盾"。如《阿Q正传》中的阿Q丢钱之后打自己嘴巴解气，作者又偏把他这样做的理由说得很"充分"，便产生了鲜明的滑稽效果；马克·吐温《竞选州长》中让几个黑色孩子围着白人喊爸爸，鲜明的颜色差异也造成了滑稽效果；安徒生的《皇帝的新衣》中让脱光衣服的皇帝自我感觉良好地招摇过市，更是让人哭笑不得。但滑稽和喜剧也不是同一概念，喜剧更强调内在的精神的提升，滑稽更强调形式上的可笑。

正如鲁迅所说，喜剧的内在结构特征是"将那些无价值的撕破给人看"，喜剧与悲剧相同之处在于它们都是要破坏，悲剧是毁坏有价值的真善美，而喜剧是撕去虚伪的假面具，让真善美得以展现。

【思考题】
1. 美与美感的区别。
2. 优美的特征是什么？

电视文化评论员知识准备分析

杨庆国

[关键词]　电视文化评论员　知识准备　技术驱动　媒介融合　产业融合

一、电视文化评论员有做好知识准备的必要

电视文化评论作为一个新兴职业，对其从业人员有着严格而又特殊的要求。说其严格是因为电视文化评论员作为新闻工作者，肩负着社会监督和舆论导向的职责，是党和政府的喉舌。其特殊性在于：电视文化评论员不同于一般的新闻评论员，不仅需要有渊博的综合知识，还需要电视节目主持人的相关素养。因此，要想成为一名优秀的电视文化评论员，就要做好充分的知识准备。具体来说，主要有以下几点原因。

（一）电视文化评论的自身特性

1. 多种符号的融合传播，是形象性与思辨性的高度结合

一方面，电视文化评论具有非常强的宽容性。它以电视媒介为传播平台，以电视文化为载体，融合了文字、声音、图像、动画、视频等多种传播符号；同时，还借鉴了报纸、广播、文学等各种评论经验和技巧，加以融会贯通，形成全新的评论形态，构成对受众视觉、听觉和理性思考的多重冲击，并以形象性引发关注。

另一方面，电视文化评论从受众的理性思维出发，立足于社会层面，深入分析电视文化现象，以达到引导电视文化发展方向、推动电视文化转型、净化电视文化空间、监督社会舆论的目的。它是电视文化评论人员思维的结晶，具有极强的思辨性。

多种符号的融合传播及形象性与思辨性的高度结合是为了实现观点的有效传输，从而达到理论的深入浅出式的讲解，便于受众的接受。

2. 渠道面向的受众层次与需求多样性

电视文化评论以电视为传播平台，以电视节目为传播形式，因此就有着和电视节目相类似的特点。其面向各个层面的受众进行传播，受众面广，存在一定的差异性。因此，是面向小部分受众的窄播还是面向全体受众的广播就成为编写电视文化评论的首要问题。

根据受众进行选择就要首先分清电视文化的分类，根据受众的审美目的，电视文化可以基本分为电视大众文化、电视主导文化和电视高雅文化。

与市场经济相伴而生的当代中国大众文化，虽然在某种程度上满足了大众不同层次的文化需要，具有一定的大众性。但必须认识到，这种文化形态并非"大众的文化"，也不是"文化的大众"，更与延安时期所谓的"文艺大众化""大众文艺"大相径庭，而是一种与西方"文化工业"同质的商业文化。电视大众文化中的商业文化正与大众媒体、技术传播共同制造"神话"，而电视主导文化则是以维护国家政治目标、表达国家意识形态为主要目的，电视高雅文化是以审美独创、思想启蒙为主要目的。这三种文化形态的相互交织、相互渗透、多元共存，构成了当代电视文化的主要风貌。

电视文化的不同分类意味着电视文化评论种类的多样性，随着电视各种类型的文化之间的相互杂糅、相互渗透，电视文化评论节目的制作也就趋于复杂。这对于电视文化评论员来说，更是一种挑战。首先要明确电视文化划分的依据——审美的目的不同；其次要了解电视文化的杂糅和渗透出现的原因——市场经济的发展、受众需求的转变、国际环境的风云变幻和文化自身的发展规律；最后还要熟知不同种类的电视文化，并根据当时的经济基础和上层建筑的变化，有选择、有目地进行新闻评论。

3. 显著的互动性与双向性

电视文化评论具有显著的互动性、双向性，电视文化评论员充当桥梁作用，应具备较高的素质。电视文化评论不是评论员个人的一种展现，它不仅需要准确地传达评论员对于电视文化的看法、观点，而且需要站在整个社会大众的角度；既要兼顾社会上层建筑的客观制约性，也要兼顾到受众的主观需求性。因此，在主导政策不变的基础上，电视文化评论要为受众提供多种互动方式，使之具有互动性。例如，评论员对受众关注较多的某种电视文化进行评论，获得受众提供参与评论的心理亲近性从而至现实参与渠道等，都是电视文化评论的互动性体现。

有了互动性，就必然涉及双向性，而电视文化评论员就是这个双向中的桥梁。这就要求电视文化评论员要具备这种"上承下达"的中介素质。所谓"上承"就是指能够从受众中了解情况，了解受众所关心的，了解受众所需要的，并及时反馈，从而使评论不至于模式化。所谓"下达"就是在充分反映受众意愿的基础上，将有效的信息传递给受众，从而引导和监督社会舆论，反映社会现象。

4. 产生广泛的社会效应，对中国电视文化的发展起重要作用

电视文化评论借助媒介的平台，产生广泛的社会效应，对中国电视文化的发展进步起重要作用。毋庸置疑，电视是目前世界上最强势的媒体。虽然电视传播在互动性、针对性等方面不及网络传播，但是电视在普及率、覆盖面及信号传输的稳定性上都远远胜过网络。这些都决定了电视在当前乃至在未来的相当一个时期，都会稳坐最强势媒体的宝座。因此，电视文化评论坐拥电视这个传播媒介，其所能引起的影响和社会效应可想而知。

随着社会经济的发展，电视文化不断变化。因为收视率的必然要求，电视文化中的大众文化、主导文化和高雅文化的界限似乎也越来越模糊，但中国电视文化的格局却越来越复杂。单纯的以满足受众直接感官刺激为目的的电视娱乐节目越来越多。这些娱乐节目确实能通过对受众视觉听觉的双重刺激来吸引观众，提高收视率，进而在一定程度上影响整个电视文化产业的发展。但这仅仅是在一定程度上的影响。任何一种国家制度下的电视格局都必须基于电视文化的健康和谐的发展，才能够进步。而作为国家软实力的文化中的一种重要组成部分——电视文化，在一定程度上能够引导整个国家文化的发展方向，从而影响到一国的综合实力。此时，电视文化评论就起到了一个很好的引导作用，它可以从一个客观全面的角度，对当前的电视文化作出正确的评论：为过热的电视文化泼点冷水，为不该冷的电视文化调节火候，均衡调整文化格局，引导中国电视文化向着正确的方向发展。

5. 电视文化本身的复杂性

电视文化作为文化的一个部分，都属于社会意识范畴。根据马克思主义哲学原理，社会存在决定社会意识。因此作为社会存在的经济基础决定着作为社会意识的上层建筑，因而随着科技的不断进步、市场经济的不断发展、国际环境的风云变幻和网络时代的到来，以及电视文化本身出现了前所未有的复杂性。具体表现在电视大众文化和电视主导文化的杂糅，电视高雅文化向电视大众文化的嬗变。而社会意识又反映社会存在并对社会存在具有能动的反作用，因而电视文化本身通过影响人们的价值观念和行为规范，间接地又影响着经济基础，更加突出了电视文化评论和电视文化评论员的突出地位。而正是因为电视文化的这种复杂性，使得电视文化评论员难以把握。

（二）内外的竞争需要

电视文化评论作为一档电视节目，就不可避免地面临收视率、广告以及

利润的问题。而解决这些问题的根本途径就是竞争，通过电视文化评论节目的内部竞争，提高自身的节目质量，提高电视文化评论员的业务素质；同时，通过与相关节目的外部竞争，提高收视率，实现差异化竞争，吸引广告商。

1. 外部竞争

纵观整个评论行业，竞争还是十分激烈的，就电视行业来说，各种类型的评论节目精彩纷呈，例如财经类电视评论节目，聚焦财富人生，对投资型人士有较强的吸引力；体育类电视评论节目，点评运动激情，对广大体育爱好者有较强的吸引力；社会类评论节目，涉及街头巷尾，对家庭妇女有较强的吸引力。在这种情况下，电视文化评论节目就应该明确自己与这些专业性评论的不同。专业性评论仅仅是就其专业领域制作的节目进行评论，而电视文化评论就可以综合各个领域各个方面，成板块形式，以一个选题为中心，综合全面地加以评论。

除了电视行业的竞争，还有来自报纸、广播、网络的竞争。这就要求电视文化评论要充分发挥电视媒介的强势作用，利用电视特有的作用，并且在主导方针不变的情况下，最大限度地迎合电视观众的喜好。

2. 内部竞争

作为一款评论性节目，要想在当今电视文化纷繁复杂、娱乐民生节目层出不穷的局面中赢得一席之地，就必须提高节目的含金量。含金量具体表现在以下几方面：

（1）评论员自己修养、素质的提高

世界品牌实验室专家组成员、世界经理人资讯有限公司 CEO 丁海森先生曾经说过："主持人是电视节目的核心竞争力"。同样的，电视文化评论员就是电视文化评论节目的核心竞争力。首先，一名优秀的电视文化评论员既要有较强的电视文化敏感性，能准确地抓住当前主流文化的发展趋势，又要能有深度有思想地将自己、受众和社会的观点倾注成评论，制作成节目，并且最好还要有可能透过镜头，通过主持或直接参与电视节目的方式与受众作直接交流。一个集多种素质于一身并且有高度的社会责任感的电视文化评论员，能够直接提高电视文化节目的质量，拉动其收视率。

（2）评论选题的出发点和立意

一个好的评论节目必须有一个好的有吸引力的选题。作为一个好的选题，有以下几个要素。第一，选题要新。任何人对新的事物、新的现象都有强烈的好奇感，这在电视文化评论上也同样适用。因此，评论员在日常生活中应努力挖掘电视文化在受众中引起的新现象新潮流，在此基础上，结合政治舆论导向，若能独辟蹊径自然更好。第二，要紧紧跟随党和国家的政治路线。电视文化作为我国社会主义文化建设和精神文明建设的一个重要组成部分，是党和政府的喉舌，因此，即使是宣传评论大众文化，也要在主导文化坚持不变的基础上进行评论。第三，选题切入点要小，以小角度反映大现象。泛泛而谈是评论员的大忌，只有广度没有深度的评论甚至不可能称之为评论。只有从小角度入手，才能将一篇评论做得精致而深刻，才能在吸引受众的同时又不至于造成受众的审美疲劳。

（3）主持风格

作为电视文化评论节目，评论员理性的主持思维和个性化的主持风格是成功的关键，而这一切又同深厚的文化底蕴和内涵分不开。

比如，曾经有评论说，杨澜是中国的华莱士。但事实上，她认为自己"（有时）问问题显得有些生硬"。杨澜认为自己向来的重点不在风格，而在内涵："风格是你在具备一定内涵后才体现出来的东西。"《杨澜访谈录》目前走的路线，是"温和的深刻型"。用杨澜自己的话来形容自己的主持风格就是："绵里藏针"——"观众要看的是内容，而不是两个人吵架。"

（三）受众的需求变化

随着人们主体意识的增强和精神生活的不断丰富，电视也不再是人们娱乐休闲的唯一途径。由于社会地位、文化水平、个人观念的不同，受众分层的现状一直没有改变，变的是在专业化程度越来越高的当代社会，不同层次的受众对电视节目的专业性要求越来越高。同时，由于网络的竞争，年轻观众的流失越来越严重。目前有受众转化为分众，受众的碎片化给电视文化评论带来了前所未有的挑战。所谓众口难调，如何能够使电视文化评论尽可能地满足大多数受众的需要，也成了当前电视文化评论员需要考虑的首要问题之一。

二、电视文化评论员知识准备的具体内容

电视文化作为一种新质的文化，诞生于新媒体环境的新文化在展现新时代特征的同时，对广播电视从业人带来了比以往能更充分发挥自己多方面综合才能的机会，也对他们提出了更高的要求。电视文化评论员就是在这种情况下应运而生的一种新的媒介人。面对市场经济条件下的新挑战，电视文化评论员所处的环境是新闻媒体迅速增多，传播手段日益先进，同质竞争日益激烈，这就要求电视文化评论员十八般武艺样样精通。此外，市场经济浪潮的袭来，利益的渗透和诱惑，对电视文化评论员也容易产生负面影响。从某

种程度上讲，我国新闻队伍的整体素质已经经历了一场空前的道德危机。整顿队伍、提高素质是广播电视事业发展过程中的一项长期任务。

（一）强烈的政治意识

我国新闻工作者对于学习党的方针政策一直是比较重视的，因为宣传党的方针政策是我国新闻事业的重要任务之一。党的方针政策是我们搞好宣传报道的一个重要依据。不熟悉方针政策，新闻工作者将寸步难行。对于电视文化评论员这种言论性质的媒介工作者来说，理论修养则是重中之重了。"共产党记者最宝贵的知识是，理论知识。"这是刘少奇同志在《对华北记者团的谈话》中的一句名言。运用在电视文化评论员的知识准备中也是十分合适的。

我国新闻事业的性质决定了我国新闻事业工作者要指导人民群众的思想、工作，给人们以前进的方向，必须以科学的先进理论的光辉思想统领全局。他们对电视文化的理解和评判要做到：不但要把事实原原本本地传达给受众，还要使受众在思想上得到启发，在错综复杂的现象中能豁然开朗，得出自己的结论。这就要求电视文化评论员要善于从理论上来分析，有自己独到的见解。要做到这一点，没有一定的理论水准是办不到的。

电视文化评论员天天面对着不断变化的电视栏目、电视形态、电视内容等，研究电视文化的方方面面，并不是靠几个现成的模板就能立刻分清好坏的。这就使电视文化评论员容易犯错误，但容易犯错误并不等于可以原谅自己，可以让错误继续。我们认识到电视文化评论工作容易犯错误，就要研究避免犯错误、如何少犯错误、不犯大错误的办法。办法之一或最重要的就是以马克思主义的立场观点方法去观察问题、解决问题。

党的正确的路线方针政策都是马列主义普遍真理和中国具体实际相结合的产物。我们要依据党的方针政策对电视文化做出正确的评论，不但要在实践中考察它与受众的相互影响、作用，而且要从理论上去正确理解它，才能恰如其分地分析它、宣传它。在进行电视文化评论的过程中，有的评论员出现了片面性、简单化的问题。其重要的原因就是缺乏马列主义的理论修养，在宣传过程中犯了主观主义和形而上学的错误。

（二）准确的角色定位

在电视文化不断得到大众关注的形势下，它的重要性也日益凸显。而电视文化评论员无疑是电视文化这个系统中的重要构成要素。在很多人眼中，电视文化评论员的观点看法就等同于电视文化本身，因而对电视文化研究的进展带来了一系列的问题和困扰。这就要求电视文化评论员对自身的角色定位提出更严格的标准。其作为传媒人、电视人的职业身份和作为社会人的个人修养，均会以文字和评论展现在广大受众面前。这种广泛的大众传播方式，不仅对电视文化评论员的个人综合素质和能力提出了较之其他评论员更高、更严格、更细致的要求，而且媒介人和社会人两种角色在不同状况和情景下，会产生不同程度的矛盾和差异，给电视文化评论员的工作带来极大的困扰。因此，评论员对于上述传媒电视人与社会人的关系如果把握不当，往往会影响到电视文化评论的质量。在国内广播电视领域，已有学者意识到媒介的职业人与社会人关系的重要性，并对广播电视从业者的角色定位进行了充分的论述，提出了一些有价值的观点。

在西方传统的新闻理论中，新闻工作者的角色往往被定为一个客观实践的观察者和一个以客观真实的态度向受众传递信息的传播中介者。而评论的言论宣传作用若要在传播中得以充分发挥，以便增强受众身临其境之感和真实可信度，往往需要评论者具有高度的自我在场意识。但是，一旦评论者置身于评论对象内部，是否还能保持现场观看的客观态度，而并非真正在实质上介入评论对象当中而成为表现它的一部分，进而影响改变对象的本质，则是难以定论的。一方面，电视文化传播影响之大、范围之广，是众所周知的。因而评论员一旦亲身深入其内部，便极有可能给电视文化事业的发展带来影响。另一方面，和其他媒介从业者一样，电视文化评论员也首先是人，然后才是具有某种职业特征和素养的评论员，一旦面对评论对象，则在相当程度上有可能流露出自身对这一对象的好恶与情感态度。这种倾向性若把握不当，往往有可能影响到对待评论对象的总体态度，进而推动评论向评论者所偏向的某个方向发展。

例如，北京时间 2006 年 6 月 27 日凌晨，意大利队在德国世界杯 1/8 决赛凭借临近终场的点球以 1∶0 淘汰澳大利亚队，进入八强。央视著名主持人、有着十几年解说经验的黄健翔在最后的三分钟再也克制不住澎湃的情感，高吼着"意大利万岁"，向中国球迷进行极具激情也极具争议的解说。从未听过如此激情解说的观众立刻被点燃，一时间，圈内外纷纷就此发表评论；而黄健翔随即在央视的《豪门盛宴》栏目里向观众致歉，对自己没有把握好分寸和尺度的解说予以解释，央视也因此而处罚他。虽然表面平息，但就此引发的波澜却短时间内难以退去。"解说门"事件的出现，其根源在于社会角色的失衡，黄健翔在事件中出现严重的角色冲突，具体说就是记者身份与球迷身份的冲突。

（三）扎实的理论知识和熟练的专业操作技能

理论知识是指概括性强、抽象度高的知识体系。理论知识不是分散的、零星的知识，不是个别性的、具体性的知识，而是系统的、有普遍意义的知识。理论知识中往往包含了一般知识和专业知识。专项的理论知识是某项工作长期实践的成功经验和失败教训的融汇提炼，具有极高的学习价值。

区别于其他的评论工作理论性较强的特性，电视文化评论并不是经验特征的总结宣扬，而是一种对实效和时间都有很高要求的贴近大众、面向大众的评论，是以最新的电视文化现象为对象、以促使受众形成预期的观点见解为目的的评论。受众的广泛性和不确定性直接导致评论工作的技巧性和高实践性。所以电视文化评论员的专业知识和技能，直接作用于文化评论工作的方方面面。尤其是专业技能，是我们在处理评论工作时的通行证，是进行评论工作的可靠保证。主要包括评论员的文字能力、口头表达能力，对问题和观点的分析和表达既有细致缜密的逻辑思维，又有对大众舆论的引导能力以及对时机的把握能力等。

理论联系实际一直是我们工作的基本方法，只有在充分掌握理论知识和技能，并把它充分用来指导实际工作的前提下，我们才能做好自己的工作。

（四）深厚的文化积累：文化嗅觉、文化理解和个性化的文化审视

放眼华夏大地，各类评论员成千上万，专业化程度却参差不齐。针对这样的现象，学界普遍认为丰富的文化知识积累是评论员应有的素质和修养，作为一名电视文化评论员应全面提高自己的文化素质。

作为媒体工作者的电视文化评论员的智慧，是一种基于高尚人格、历史观和文化底蕴基础上的领悟能力、判断能力、批判精神和表达中的沟通能力、亲和能力。智慧不是天生的，也不能以投机取巧、东拼西凑来代替，而是需要人们经历学习探索、修炼历练、反思等一次次的循环过程。电视文化评论员应该具有较高的综合文化素质，这样才能适应各种类型的电视文化表现方式，在电视文化不断发展的进程中始终处于主动地位。电视文化评论员经常要评判各种节目形态和内容，他们提出问题的深度、对问题的分析和见解，都体现评论者文化素质的高低。文化素质较高的评论者，能在评论中侃侃而谈，能同各界人士、专家学者以及普通大众进行畅快的沟通，能以自己渊博的知识与受众者产生某种共鸣，不仅把电视文化的相关内容说出来，而且能够说得妙趣横生、人人爱听。这就要求评论者充分认识自己所处的位置，不断地提高自身的文化修养和知识水平。

素质的形成来源于长时间的积淀和广泛的积累。基于文化这种评论对象的特殊性，对文化的掌握、敏锐的文化嗅觉和理解特殊的电视文化，就成为文化知识储备中必不可少的重要组成部分。中华五千年丰富多彩的文化是电视文化取之不尽、用之不竭的珍贵宝藏。无论是节目形式、节目内容，还是主持人的语言，无一不是受到中国传统文化潜移默化的影响。同时，从受众

层面看，观众更倾向于观看一场能够很好地融合传统文化与现代社会特征的电视盛宴。这就要求电视文化评论员既要做到对中国传统文化有胸有成竹的了解把握，准确地嗅出各类节目中折射和反映出的传统文化因素，又要紧握现代社会奔腾不息的脉搏，做到通晓古今、厚积薄发，向受众娓娓道来，回味无穷。另外，评论员自身所处的社会地位要求他们既要以一名知识分子的身份面对受众，又必须以知识分子固有的人文关怀和社会情怀去进行评论。

（五）旺盛的求知欲望

当今社会是一个信息爆炸的社会。信息爆炸是指人类创造的知识（主要是自然科学知识）在短时期内以极高的速度增长起来。信息爆炸尽管是人们对当前大量出现并飞速发展的各种知识现象所作的夸张和描述，却生动地体现了我们所面对的信息量之多。作为电视文化评论员一定要有旺盛的求知欲望，积极获取对自己有用的信息和知识，学会知识的迁移，即"一种学习对另一种学习的影响"。在不断追寻和吸收知识的连续过程中，任何学习都是学习者在已经具有的知识经验和认知结构、已获得的动作技能、习得的态度等基础上进行的，从而运用已有的知识同化、理解新知识，使其在头脑中储存，并用于解决有关问题，形成某种意义上的知识创新。

知识创新往往发生在评论员不断探索和交流体验、共享彼此成果的过程中，持之以恒地追求新的知识、新的观点、新的认识，在实现自身素质提高的同时，能够避免知识的重复利用和老化僵硬，从而将有限的精力时间等资源投入对旧知识的巩固转化以及对新知识的创新与生产活动中；促成新旧知识的广泛交流与融合，从而推进评论员自身整体知识水平的飞跃。评论员只有通过不断地追寻和学习，才有可能到达利用某种特定知识指导其社会实践、提高其社会生产实践效益和效率的效果。只有知识这条长河的水涨起来，电视文化评论这只船才能高起来。

（六）良好的职业道德修养

所谓职业道德修养，是指从事各种职业活动的人员，按照职业道德基本原则和规范，在职业活动中所进行的自我教育、自我改造、自我完善，使自己形成良好的职业道德品质和达到一定的职业道德境界。任何一个从业人员，职业道德素质的提高，一方面靠他律，即社会的培养和组织的教育；另一方面就取决于自己的主观努力，即自我修养。两个方面是缺一不可的，而且后者更加重要。

正是由于这种特点，电视文化评论员必须随时随地认真培养自己的道德情感，充分发挥思想道德上正确方面的主导作用，促使"为他"的职业道德观念去战胜"为己"的职业道德观念，认真检查自己的言行，才能提高职业道德水平。具体内容主要有：文明礼貌、爱岗敬业、诚实守信、办事公道、勤劳节俭、遵纪守法、、团结互助、开拓创新。

职业道德是社会道德体系的重要组成部分，它一方面具有社会道德的一般作用，另一方面又具有自身的特殊作用。职业道德具体表现在四方面：第一，调节职业交往中从业人员内部以及从业人员与服务对象间的关系；第二，有助于维护和提高本行业的信誉；第三，促进本行业的发展；第四，有助于提高全社会的道德水平。综上所述，电视文化评论员必须具备良好的职业道德修养。

（七）创新能力

创新是一切工作任务取得成功的法宝。任何一种职业都是要经过从低级到高级、从简单到复杂、从原始到现代的进化历程，这是一个不断创新的过程。我国古代教育家早就提出"前辈谓学贵为疑，小疑则小进，大疑则大进"以及"学从疑生，疑解则学成"等教育思想。一项工作完成质量的好坏和水平的高低，很大程度上取决于工作者创新能力的强弱。实践是创新的根本所在，因此，我们在日常工作中，要始终持有质疑的精神。电视文化评论员要积极发挥自身的主体作用，积极参与工作的进程中，做工作的掌控人，开启创新思维的闸门。要努力做到自主创新、原始创新、集成创新、引进消化吸收再创新的有机结合，在充分利用前人工作成果和发挥自身主观能动性的基础上，取得良好的工作效果和较大的社会影响。

三、如何做好知识准备

古人云：凡事预则立，不预则废。既然作为一名电视文化评论员，除了要切实提高业务素质，还需要认真做好评论的准备工作。评论员对评论对象的认识应从评论之前就开始，这种认识来自评论前的准备。评论准备越充分，评论员与评论对象的距离就越接近，就更容易深入了解评论对象，从而可以更好地挖掘深层次的内涵和意义，深化评论内容，提高评论的质量和水平。比如评论对象的性质、现状、影响、发展趋势等，都应该从有关资料或熟悉了解评论对象等方面作一些初步了解。这样评论起来就会有理有据、条理分明、态度明确、观点清晰。由此可见，做好知识准备是十分的重要。

电视评论进行得成功与否，或者说精彩与否，是对评论员理论、政策、知识、经验以及各方面能力的综合检验，是衡量电视文化评论员业务水平的标准。尤其是电视文化，涉及很多知识领域，信息来源多样、文化内容复杂、结构形态多变，如果评论员准备得不够充分，会使整个评论效果大打折扣。因此，电视文化评论员做好知识准备通常需要把握平时准备和临时准备两方面，既要"平时多烧香"，又要"临时抱佛脚"，把平时准备和临时准备相结合，在准备中不断地完善自己，从而在评论时达到最佳的效果。

（一）平时准备

工欲善其事，必先利其器。评论活动要有深度和价值，得依赖评论员平时各方面的准备和积累。俗话说"磨刀不误砍柴工"，评论员只有有了充足的准备，手中的工具才会锋利，下手才会快、准、精。

一个电视文化评论员的知识储备，更重要的是靠平时持之以恒的积累。所谓"台上三分钟，台下十年功"也就是这个意思。为此，他们要多读书，广泛涉猎各个学科的知识，注意收集和追踪新知识、新信息；还要时时关心国内外大事和社会上各种各样的事物，提高自身的文化敏感性；同时，要加强和同行之间的经验交流，不断丰富自己的知识积累。只有这样，才能缩短评论前的准备时间，才能做到"来之能战、战之能胜"，即使遇到突发性评论任务也能应付自如，做到游刃有余。

1. 政策理论准备

要随时关注党和国家最新的方针、政策，学习有关文件。新闻工作者是党和政府的"喉舌"，是在党和政府各级职能部门的领导下从事新闻工作，必须坚持正确的舆论导向。

2. 熟练掌握专业知识和技能

电视文化评论是一种新闻体裁，它是针对电视文化的现象，具有普遍意义的电视文化行为和迫切需要解决的问题所发表的议论、评述。作为文化评论员的一种，要按照文化评论员的要求培养三种能力：文字表达能力、口头表达能力以及把电视文化评论制作成电视节目的能力。

电视文化评论员在审视当代电视节目、电视现象时，应具有现代的文化眼力和文化敏感，具有现代的文化质疑精神和文化批判精神，对我国电视事业具有高度的文化使命感和责任感。

3. 广泛涉猎各领域知识，完善知识结构

电视文化观念不是抽象的存在，它渗透在各种生活知识、社会知识、科学知识之中。这就决定了我们必须培养综合运用知识的能力，拥有深厚的知识储备。评论员在学习各个领域知识的同时，应将其同电视文化联系在一起，并培养终生学习的习惯。

电视文化评论员需要用语言去表达，语言学无疑是评论员最基本的必备知识之一，具备良好的语言素养，能更加简明扼要地表达出评论员的观点，做到形象生动。语言的学习重在平时的积累，主要包括四个方面内容：一是

语言材料的积累，如掌握最基本的文字符号，积累大量的词汇；二是语言规律的积累；三是语言典范的引用，如记诵古今中外精彩的诗歌、语段、篇章等；四是新语言的发现与使用。尤其是当下网络语言的快速出现，极大地改变了传统的语言规律和习惯，作为电视文化评论人员要快速地捕捉、合理地使用。

哲学素养能令观察、分析、判断更准确深刻。"要学会用发展的眼光对待评论对象，而不是追求定论；学会多角度、多侧面看待事物，而不是只从一个方面进行评论；学会用多面、多向、立体的思维代替单向、单面思维；要善于在评论过程中揭示出评论对象的本质，要通过对评论对象中典型形象的评论来代替抽象的、概念化的、模式化的评论方式"。

逻辑学素养有助于对电视文化评论的角度进行准确的选择和切入。要培养逻辑思维能力，就要在平时有意识地养成缜密的思维习惯，勤于思考、判断和推理，同时学习必要的逻辑学知识。

一定的社会学、心理学知识有助于了解电视观众的心理和接受状况，以便根据受众的心理特征制订特有的评论方案。

电视文化具有非常高的包容度，可以把各种大众传播媒介和文化艺术门类中的文化知识有选择地融汇到电视文化中去，以至于电视文化评论员在评论时会遇到各个领域的知识。广泛涉猎知识有助于评论员提高自己的文化素养，更好地表达出评论员的思想，提高评论内容的饱和度。

如果对这些领域的专业知识不了解，在评论时直接引用专家的原话或生搬硬套，很容易造成评论员与受众之间的理解差异。这样的评论不仅不能准确地表达出评论员的思想和观点，同时给受众造成了理解上的困难，更达不到评论的预期效果和目标。只有了解这些领域的相关知识，将那些晦涩难懂的专业术语简单化，将评论做得深入浅出、通俗易懂，才不至于说外行话。

4. 锻炼思维能力

锻炼思维能力是评论员首先需要长期锻炼的一项基本功。艾丰认为，思维能力能使我们在千变万化的现实生活中分析出最有新闻价值的题目和要点。电视文化评论员不仅是对客观事实的报道，更重要的是对客观事实的认识和思考，以及对客观事实的深度挖掘。电视文化的评论也是人脑对客观事物的反映，是评论员用表象和概念对事物进行分析、判断、综合、推理的结果。所以评论员的思维形式对电视文化的判定、剖析、评论都有着重要的影响。评论员有意识地培养、锻炼自己的思维能力，可以对电视文化评论从片面、老套中跳出来，趋向准确、深刻、透彻。为此，要借助思维学的研究成果，掌握思维的层次性。要博采众长，集思广益。在学习其他领域的文化知识时，注意发散思维，就是要触类旁通、由此及彼、兼收并蓄其他学科的思维方式。

5. 与时俱进，关注变化

时代是处于不断发展中的，尤其是在当今时代，社会高速发展、瞬息万变，稍有懈怠便可能被时代所抛弃。一个好的评论，要体现时代特征，要富有时代气息，因此，评论员要及时了解国内外的重大事件和社会情况，对电视文化的变化发展做出及时反应。

当今社会，媒介多元化，传播方式多渠道，人们通过书籍、网络、电视、广播、报纸、杂志等都可以获取知识。作为一名电视文化评论员，要善于利用科技成果，根据自身的需要灵活运用多重渠道获取相关知识，实现多种传播媒介的融合使用，从而关注变化更加容易。

（二）临时准备

电视文化评论作为一种复杂的意志行动，还包括对评论对象相关材料的收集、熟悉，评论活动计划的拟订等复杂的活动过程，不经历这一过程，评论的力度和深度都会欠缺。再则，评论对象的情况是千差万别的，角度和方法是多种多样的，要求评论员作出准确的判定和权衡，选择和制订对实现评论目的最为有利、适宜的计划和方法。因此，在重视并做好平时准备的同时，临时准备也必须认真施行。

临时准备又叫专题准备和专项准备，具体有以下几方面。

1. 对近期政策方针、舆论导向的准确理解与把握

一方面，我们要关注理解当前的政策方针；另一方面，也要分析研究舆论导向。了解近期关于评论对象的思想动态，对关系到评论对象的舆论导向进行分析掌握，确定自己的评论中心思想。

2. 做好评论内容、对象的相关背景材料的收集与掌握的工作

（1）研究评论对象

对评论对象的性质、现状、影响、发展趋势等，都应该从有关资料中或从熟悉了解评论对象的角度作一些初步了解。

查询了解与评论对象相关的知识，把评论对象放入大的背景中进行分析，联系周围的相关人和事，综合加以分析和把握。

（2）搜集背景材料

在了解了评论对象的基本情况和相关知识后，评论员要做的事就是着手搜集评论对象有关的背景材料。"有的背景材料在评论时加以引用，可充实内容，增强评论员的评论内容的真实性以及厚度和立体感，给听众以丰富的知识，增强评论的可听性。有的背景材料不直接引用，只是供评论员分析参

考，明确某一事物在整体中的地位和作用，做到心中有数。有经验的评论员，都十分重视采访前对有关背景材料的掌握和搜集"。

（3）制订评论计划

它是评论准备工作中最核心的内容，上述各项准备内容都将最终体现、落实在评论计划之中。

计划的主要内容包括：

① 明确本次评论的目的和要求；

② 明确自己的观点；

③ 评论的角度和选题；

④ 评论的方式和形态；

⑤ 评论的条理。

有时随着评论的深入和评论对象的发展变化，对评论对象的认识也产生不断变化，可能会改变原来的计划。所以，应根据实际情况及时作出反应，在评论中做到有的放矢。

四、媒介融合下电视文化评论员知识准备的机遇与挑战

（一）新时期电视文化媒介的生态环境

"媒介融合"这一概念最早由美国马萨诸塞州理工大学的浦尔教授提出，其本来是指各种媒介呈现出多功能一体化的趋势；后续的学者将其定义为"印刷的、音频的、视频的、互动性数字媒体组织之间的战略的、操作的、文化的联盟"，强调的"媒介融合"更多是指各个媒介之间的合作和联盟。

1. 政策环境优化

针对媒介融合的趋势，各国为了媒介市场的有效竞争及媒体产业的更加繁荣，纷纷制定、出台或修改广播及电信法规和政策。

在我国，目前广电和电信的互相渗透、融合的潮流已经开始，在移动电视、手机电视等业务上，不少企业已经在不违反政策的前提下，做了一些前瞻性的试验和探索。在不远的将来，将有更多有利于媒介融合的政策出台，以期在技术、革新、协作、市场走向、资源合理配置方面对媒介融合产生积极的影响。

2. 技术驱动

当今时代，各种数字化高科技电子技术设备（如数字摄像机、线性编辑等）都广泛地运用于媒介的内容制作、演播分配、传送及接收等各个关

键环节。新的技术力量正改变着媒介的现有特性。以电视媒体为例，在高科技数字技术的推动下，电视正由模拟信号转为数字信号，由单方面传输转为交互双方传播，由区域化业务转为全国化乃至全球化的业务。传统的单一属性的媒介终端设备也向视听多媒体终端设备转化；以往只有单一服务的网络正努力尝试不同程度地承担其他网络的职责。

当前，技术问题的瓶颈已经被一个个肃清，在这种状态下，媒介产业组织的发展空间及市场机会也相应增长，媒介融合的势头将会进一步增强。

3. 受众市场的细分

随着数字化技术、卫星技术和网络技术的发展，以及这些高科技技术在广播电视、移动通信等领域的全方位、深层次的渗透与应用，传统媒介间的界限渐渐模糊，新媒体的形式层出不穷，媒介终端可实现功能逐步增强和增多，受众拥有更多选择的机会。

同时社会经济的蓬勃势头以及现代文化潮流的发展与进步，触发社会阶层划分的"碎片化"及社会阶层需求的"碎片化"，并由此延伸到市场服务的"碎片化"和受众需求的"碎片化"，大众传播时代过渡为分众传播时代。

从受众方面来看，媒介受众由以往的单向接收信息的角色转变为为满足自身需求而为自己量身定制娱乐、资讯服务的角色。传统的诸如"魔弹论"中的被动接受的受众已不复存在。媒介与消费者之间的互动更加充分，传媒产业正以日益丰富的信息元素满足消费者不断变化的需求。

4. 产业融合

媒介融合涉及广播、电视、电影产业、信息通信产业、电子制造产业、出版产业等多个新兴产业，各个产业的规模大小、组织结构、市场划分及组织的市场行为规则都在不同的层面上促进了媒介的融合，媒介融合又在技术渗透、产业内外的延伸等方面促进了产业融合。

目前对媒介融合影响最大的主要是广播电视产业和电信产业。这两个产业控制着庞大的信息内容、传输网络及受众和用户，媒介融合"无处不在""无所不能"的特性，需要在业务、网络等领域冲破上述产业间的壁垒，逐步走向产业融合。

（二）新媒体环境对电视文化评论员知识准备提出的新要求

1. 网络环境下对新硬件终端和新业务能力的掌握

（1）熟练地掌握和使用新硬件终端

媒介融合一开始的时候，人们对于媒介融合的认识还只是停留在媒体之间的整合这个层面上。但是，媒介融合使电视评论业受到了前所未有的来自外部力量的影响。随着数字技术和媒介融合带来的业务形态的丰富，以及新硬件终端的复杂化与多样化，传统的电视文化评论方式受到了极大的压力。

在媒介融合时代，作为一名电视文化评论员，在新媒介融合的浪潮中要加强对新硬件终端的掌握和熟练使用，例如计算机等硬件的操作和使用，确保适应新媒介融合这个大的环境。

（2）多媒体手段获取信息和综合运用的能力

在信息复综错杂的今天，信息的来源也多，通过不同的渠道可以获得各类不同的信息。学会运多媒体手段可以扩展信息的来源，扩大自己掌握的信息面，以便更好地对信息进行掌握并加以运用。

2. 新媒体环境下文化现象

（1）电视文化评论员对新文化现象的了解

随着新媒体的不断发展，文化也处于不断的更新中。一个好的电视文化评论员要随时关注并了解新媒体环境下出现的新的文化现象，这对做好电视文化评论的准备工作有着至关重要的意义。比如网络中的"迷文化""群文化""亚文化"等等。

（2）科学对待与处理日趋显著的文化同质化现象

随着全球一体化的发展潮流，不同国家与民族的文化业出现越来越接近的趋向，加之新技术环境下的媒介融合，当今文化的同质化现象日趋显著。同质化的出现，自然有着深刻的政治与经济背景。

每个国家都有自己的民族文化认同问题，电视文化评论员在进行电视评论时，要结合实际的文化背景进行评论。评论一方面不能一味地推崇文化同质化，要防止其他国家外来文化通过文化输出对本民族文化进行侵蚀；另一方面要融合外来文化的有益成分，对文化进行整合重组，既要维护本国的民族文化，又要保证文化的先进性。

（3）客观了解和评论新的大众文化形式和新兴亚文化

在电视文化评论中，评论员的评论往往在一定程度上起到议程设置的作用，评论赋予各种"议题"不同程度的显著性，影响着人们对周围显著事件及其重要性的判断，影响着人们对这些事件的态度和观念的形成。大众文化是依赖大众社会产生的，通过现代传播媒介尤其是电子媒介为载体进行传播。随着新媒介技术的发展和融合，大众文化出现了一些新的形式。因此，对于新的大众文化形式和新兴的亚文化，电视文化评论员要在评论前及时了解认识，以确保评论的准确客观，从而正确引导受众对新兴文化的认识，避免受众认识产生误区。

（4）在跨文化传播评论中正确处理文化价值观之间的差异

随着新技术条件下的媒介大融合，各种文化价值观在一起冲击融合。不同文化背景下的人们，在思维方式和表达方式等方面都有着明显的不同。文化价值观的差异直接影响到电视文化评论员的思想核心。一个电视文化评论员在进行评论之前，要了解整个评论对象的文化背景环境，不能盲目推崇一种文化价值观，而对其他的文化价值观进行否定，要根据实际情况和受众特点正确客观地对待评论对象。因此，电视文化评论员有必要提高对跨文化传播的认识，在明确自己传播目的的同时，了解传播对象的价值观，在承认差异的前提下，找到评论技巧。

3. 对受众需求变化动向的把握

作为一名为时代工作的电视文化评论员，紧随现今社会快节奏的发展变化，是立足于新闻传媒业的首要前提，而这一首要前提的直接目的就是要把握好受众需求的变化动向。无论在何时，受众都是影响媒体的最大因素，受众数量的多少在电视媒体的表现就是收视率。在讲究效率和结果的今天，收视率可以成为一个节目是否成功的衡量标准。没有正确或者是及时把握受众需求变化的节目，面临的往往是惨败收场的结局。

社会经济及文化潮流的发展与进步引发社会阶层的"碎片化"，并由此延伸到市场的"碎片化"和受众的"碎片化"。受众不再是单一的纯粹的无选择性的信息接收者，随着社会经济的不断发展、外来文化和本土文化的融合，以及生活水平的提高所导致的居民对精神文化的更深层次的追求及人们个性化特征的凸显，从被动到主动、从大众到窄众、从受众到用户这三大改变可以说既是媒介融合的推动力，也是媒介融合所造成的必然结果。从宏观上说，由于社会分层明显，人们的文化水平、收入水平、社会地位及生活方式、价值观念的不同，因而信息接收者出现了大大小小的板块，是应该只迎合其中某些大的板块，还是同时兼顾形形色色的小板块，成了媒体在信息筛选时的一个重要选择指标，同样也是电视文化评论所要面临的一个问题。从微观上说，消费者的角色逐渐由受众转化为用户。在受众时代，媒介消费基本免费，媒介传播只是单向的点对面方式，受众是单方面地、被动地接收信息，选择面窄，参与性自然很低。而到了用户时代，信息传播的平台和渠道增多，媒介更加注重消费者的点播，即媒介与媒介消费者之间的互动。各传播媒介之间的竞争也更加激烈。为了赢得消费者，媒介除了注重信息传播的质量，还要增加消费者参与媒介活动的各种包括心理到实际的参与度。"从受众到用户的变化实质是消费者媒介消费行为的主动化，主要表现为受众的媒介消费选择性和参与性的增强"。这种参与包括电视节目中的主持人与观众的互动，利用互联网平台对于一个话题与观众进行交流，增加受众参与节目的心理和实际的渠道等。只有这样，电视媒介才能在纷繁复杂的信息时代获得发展的席位。

【思考题】

1. 新媒体语境下电视文化评论员如何创新自我知识准备？
2. 如何提高电视文化评论员文化审视的能力？

做好电视文化评论的知识准备

王运歌　王国杰

[关键词]　电视文化　评论　知识准备

众所周知，作为后起之秀的电视，已经成为当今世界最先进、最现代化和最具战略性的传播媒介。从"第九艺术"到"第一传媒"，电视作为一种文化，真真切切地渗透到了我们生活的每个细节。电视作为一种庞大的24小时不打烊的声画信息传播电磁系统，其内容本身涉及整个社会经济、政治、文化的方方面面。可以这样说，电视文化是人类社会文化的重要组成部分。从特定角度讲，人们是生活在一个电视化的社会之中，是适应于人类社会发展在一定社会政治和经济的历史反映，同时它又作用于社会的政治和经济。由于电视本身所独有的直观、兼容、及时等特点，它在渗透面和穿透力上远远超过其他任何一种形式。

电视在节目模式上由品种单一到丰富多彩；在节目内容上由浅薄狭窄到深刻广泛；在节目形式上由呆板严肃到活泼多变；在传播时效上由录播节目到目前传播的零距离报道（现场直播）。

电视文化的多样性，决定了电视文化评论者需要具备多方面的知识，是一个杂家。如果一个普通观众想转型为专业电视文化评论者：他可能会有一个突出的感觉：本领恐慌——原有的理论政策储备顿显浅白，原有的偏感官轻理性的知识结构顿显不足，原有的思维习惯、语言风格顿显滞化，原先对评论形成的看法顿显稚浅。一个朦胧幻觉：小鸡破壳——自己就是鸡蛋里正孵化的小鸡，为蛋壳所包围，左冲右突就是出不去；当工夫下足蛋壳自动破裂，或者别人在外边帮助把蛋壳敲破，则感觉达到一层境界一层天。

对于电视文化，各种层次的评论者都有：一则，有的"专家"做评论者，但是专家的"专"有时候局限在学术圈子里，影响视野，尤其是有时候问题相互牵连太多；二则，非专业的评论者有点像搞宣传工作的味道，比较单纯的揪住一点；三则，有些评论者的知识结构还是停留在过去意识形态时代所学习和积累的状态下，不适合指向更加"现代"的社会。

对于电视文化的批评，批评者自身的趣味、修养、权威性是其进行评论的基本的依据。广大观众、听众能从心里认可阮次山、李敖、梁宏达等一些著名业界评论者的评论，正是他们自身的趣味、修养和在自身领域的专业素质凸显的魅力所致。这是他们长期从事本领域的工作和研究，形成的一种综合素质的完整体现。从电视节目本身来讲，谈话节目、纪录片、综艺节目、电视剧等任何一种节目形态及其具体内容，都需要评论者不仅要有专业和广博的学识，而且要有相当长时间的经验积累，才能有相对准确、深刻、独到的评论。

对于一个电视文化评论者来讲，并非每个人都能达到上述人物的水平，但一个合格的电视文化评论者最基本的要求是要有合理充分的知识准备。既有精深的专门知识，又有广博的知识面，具有事业发展实际需要的最合理、最优化的知识体系。

要具备这种"电视文化专业化评论"的操作能力，要求评论者必须具备一定的素质。这种素质至少包含三个要素：

一是对社会科学或者人文科学领域中某一具体学科的专业学术素养，如哲学、史学、经济学、法学、社会学、文学等等。这种学术素养将可以使评论者比较熟练地掌握、使用一套理论框架或者说是话语体系，作为分析、诠释、评论的工具。

二是在具有一定的专业学术素养的同时，评论者还需要有比较广泛的知识涉猎，从而能够有一个相对而言比较复杂的知识结构。换句话说，其不仅要是专才，更需要是通才。评论者不仅要有专业认知能力，而且要具有一定的"通识"。从这个角度而言，也许并非一流的专家、学者就一定可以成为一个一流的时事评论者。

三是对于处于不断发展变化的社会现实生活的诸主要领域（如政治、经济、社会、文化等领域），评论者都必须有持续的、比较广泛的关注度，要能够及时把握、了解上述领域的变化和走向，从而力求能够对其有一定的理解、分析和诠释的能力。只有如此，评论者才能更好地适应时事评论工作。

客观而言，上述三要素事实上对评论者个人素质提出了比较高的要求。就实践而言，或许要求每一位评论者都能够达到足够理想的水平并不现实。"评论"写作，必须面对纷繁复杂的社会现实生活诸领域，因此，对于评论者个人而言，最有可能薄弱的地方就在于个人的知识结构。而要求每一位评论者都做到全能全知并不现实，事实上，就具体的评论者而言，其总是有其相对擅长以及薄弱的领域和题材；换句话说，评论者应尽量扬长避短，来弥补个人知识结构的不足。

一、深厚的专业知识

大众需要各方面的专家或谓精英人士进行引导。专家和精英的成长过程是一个长时期积累、沉淀与掌握的过程。他们的认识与判断、评论观点往往更深刻独到，具有启迪性。

在任何领域，要想成为一个资深的职业人士，都需要对本领域的知识作深厚的积累。作为一个专业文化评论者，同样需要深厚的专业知识的积累。举一个可能是最恰当也难以模仿的例子：钱钟书——古代文艺评论大家，文化昆仑，他在青年时期即对专业领域的相关的资料进行准备并研究，曾说过要横扫清华大学图书馆的豪言壮语，他把中国古代所有古文几乎都背下来，二十四史和各种名家名篇，能背得一字不落，这是常人难以做到的。其中除了兴趣，还有他持之以恒的努力。当然，并非要求每一位从事本专业工作的人士都能做到如此程度，但他无疑是我们学习的楷模。

要做一个电视文化评论方面的专家，最起码应具备相当深厚的专业知识。专业知识包括电视传播技术、电视台实践经验和中西方媒介文化理论。他们要从电视传播的特性与功能、电视传播的符号、模式、主体控制、内容分析、电视传播的受众、效果以及电视传播的国际化等方面进行系统的分析研究。当然，我们不主张电视文化评论者时时以引经据典为能事，而应走出圈子，寻找更好的途径，即结合实际、深入浅出地将专业的知识、先进的观念传达给大众。

只有评论者掌握了媒介传播技术规律，具备了相当的媒体实践经验，并对中西方媒介文化理论进行深入的了解，才会在进行电视文化评论时能够从专业的角度进行深入浅出的评论。适当的时候引用一些已有的著名的、为业界和公众所认可接受的媒介文化理论观点和认识，也是必要的。例如：麦克卢汉的"地球村""内爆""广播——部落鼓"、"电视——羞涩的巨人"等媒介理论，英国伯明翰学派的"编码和解码"理论、法兰克福学派的媒介批评理论，以及著名社会学家"数字化生存"等理论，这些理论中的很多观点和认识都是非常深刻独到的，某些时候这些理论非常有助于理解和解释某些电视文化现象，对这些理论科学地取舍、适时适当地运用，非常有助于从事电视文化的批评。事实上，电视文化自身衍生有其规律，只有长期浸淫其中的人才能发现其中的一些变化，洞察其中的奥秘。

　　比如一部反响强烈的古装情景剧《武林外传》，长期关注电视文化的人会发现其中后现代文化、无厘头、调侃等似曾相识，这实际上是一种文化衍生现象。其中的不少情景脱胎于周星驰的《大话西游》，吴宗宪的《我猜》等一些流行文化，其中的台词和剧情不乏共同之处，而真正能欣赏它的大部分观众是生活在信息时代的青年人。

　　对于不同的电视节目形态，以及电视节目中所涉及的方方面面的知识和问题，都有很多的专家和学者进行研究和探讨。不同的专家学者所关注的领域并不一样，有专门研究电视栏目的，有专门研究电视剧叙事的，有专门研究新闻节目的，有专门研究电视纪录片的，等等。对于他们的知识结构，因人而异，是不能作统一要求的。但可以想象，他们都有自己的知识结构、自己独特的想法和精辟的见解，类似于百花齐放、百家争鸣的一种局面。这是值得提倡的，但应该力求避免一种状况，就是局限在各自的一个小圈子里，自说自话、术语成堆、牵强附会，或者人云亦云、毫无创新。

　　一般情况下，专业知识只是作为一个 background 一样的知识，用处不大。专业知识和专业技巧要在实践中摸索，这是需要在实践中逐步提高发展、完善的过程。

二、广博的知识面

　　媒介不是孤立存在的，它存在于具体的一个时代、一个国家或地区，反映某一时代人的共同记忆、某一区域集体的共同意识。对于媒介文化的认识，很大程度上是对媒介生态环境的各方面进行考察。我们究竟处于一个什么样的社会、什么样的时代？这个社会和时代究竟有如何的表征？它如何影响着媒介并与其互动？这是一个与时俱进，需要不断研究和辨析的问题。对于现代政治文明、消费文化等各方面的知识需要不断地进行研究和认识、重新理解，并运用各方面的知识对电视文化现象作出评论。

　　电视文化评论者需要各类知识的融会贯通，不仅对于经济、时事政治等各专业领域的知识进行研究和掌握，而且要对社会学、哲学、语言学、文艺学、美学等各方面知识甚至一些自然科学领域的知识有广泛的涉猎，从中吸取有用的知识，探寻新的视角。同时，他们还要从传播学、社会学、美学、受众学、文化学等多学科的综合视角来分析和考察电视文化。这样，才能视野开阔，言之有物，具有启迪意义。

　　当前多元化的社会孕育了现代文明，崇尚民主、自由、科学、尊重个性，但是，一些传统的、封建的、甚至糟粕文化和思想依然有其市场和影响。电视人忙着历史故事，电影人忙着批判，实际上，都没有让大家认可的价值观得以确立，反而让人们对传统的文化和精神产生怀疑，破坏了传统文化的形象，也破坏了我们在传统中寻找精华的努力。历史剧都是反映老爷和奴才、政治阴谋和个人的狡黠，唯一有精神的是《亮剑》，这是中国的"土"精神、老精神，但是这种精神离现代文明比较远。电影大都是"伤痕文学"，装作思想者，除了批判，实在是没有能力树立一种新的精神。

一个民族、一个国家，文化可以多元，言论可以自由，但是社会的价值观一定是具有共识的精神。

中国人对公共的事情一般是不关心的、除了理想主义的知识分子。知识分子本身也缺乏足够的理性、耐心、方法，往往极端化，自找碰壁。因此，在政治限制、商业强大的异化力量下，知识分子本身也不争气，虽然有足够的空间，却没有明智的方法、没有社会基础，甚至知识分子本身的立场也被利益化，缺乏道德和技术的支撑。

电视文化评论者不是一个平常的观众，他需要有一副"火眼金睛"，用先进的文化观念、挑剔的眼光来审视电视文化，褒扬其中的优秀部分，贬抑其中的不良意识。他需要是一个不一样的知识分子、一个独立的人。他应促进中国的伦理道德的现代化，在保持原有伦理关系的前提下，排斥其中反人性的糟粕，塑造现代化的文化观念。

不同的政治体制，所倡导的政治文化也互有差异，各国都有其政治所支持的主旋律。政治文化对人们世界观的确立有重要的作用。君主制、部落首领制、资本主义、社会主义国家对世界观的宣传各不相同，而又通过价值观的确立以支持世界观。例如美国的个人主义、英雄主义也被囊括进资本主义文化整体之中。而我国的电视文化市场上却出现很多不尽如人意的现象，一个时期以来，电视荧屏上官场、宫廷戏的泛滥现象，反映出不良的官本位政治意识，电视文化评论者有责任进行批评。

当前的文化环境具有浓厚的商业氛围，电视屏幕上无意中在彰显着一种力比多经济、机会主义、裙带关系、打情骂俏不一而足，物欲强烈，现实黯淡。这是消费时代传媒中独特的文化景观。一些节目中无意识传达的理念和思想，彰恶甚于扬善。通俗的电视剧节目对于原始资本积累时期个人奋斗的推崇（《闯关东》），对于消费快感的诠释、宣扬（《拜金女王》），对于新一代青年的心态、行为、追求的描绘（《奋斗》）等，都反映出这个时代对于消费文化的认同和追捧。以上种种，都说明需要把媒介生态环境的各个方面纳入专业知识之内进行考量。电视文化评论员只有对于现代社会、消费文化等方面的知识加以研究，才能对电视文化中出现的现象进行解释和评论。

可能听过著名体育评论者梁宏达主持的节目《体育评书》《老梁说天下》的人都有一个疑问，老梁的节目中的评论涉及经济、政治、社会生活、体育、教育等领域的方方面面，为何常有一针见血的评论？

以下是 2009—2010 年梁宏达主持的《体育评书》节目的电视评论内容：

2009-11-24　上帝之手再现江湖；
2009-12-24　重播-九球赛场群芳斗艳；
2009-11-26　得三分者得天下；
2009-12-01　反赌风暴之五国足疑云；
2009-12-02　铿锵玫瑰十年之变；
2009-12-03　郎平与"黄金一代"；
2009-12-08　南非"签"动世界；
2009-12-09　天下不再有23号；
2009-12-10　解读江湖中的武当；
2009-12-15　容国团的乒乓传奇；
2009-12-16　12板绝杀的乒坛佳话；
2009-12-17　上下求索的CBA；
2009-12-22　乒乓人生跨国恋；
2010-01-05　由假到赌，直指人心；
2010-01-07　甩"麦"倒计时；
2010-01-09　姚明的宝贝计划；
2010-01-14　揭秘残酷真实的泰拳；
2010-01-16　直横拍巅峰对决；
2010-01-19　一本书引发的较量；
2010-01-21　泰达罢训风波再续；
2010-01-23　反赌风暴之狂潮来袭；
2010-01-26　中国足协新官旧账；
2010-01-28　CBA"狼"来了；
2010-01-30　反赌风暴之陈亦明这些年那些事；
2010-02-02　反赌风暴之我最讨厌的大眼儿看黑幕；
2010-02-04　球场外走不出的阴霾；
2010-02-06　揭秘赛程安排的玄机；
2010-02-09　春晚里的"球事儿"（上）；
2010-02-11　春晚里的"球事儿"（下）；

2010-02-20　中国体育在春晚；

2010-02-23　前途未卜的中国足球；

2010-02-25　姚老板命运呼叫转移；

2010-02-27　杂谈冬奥是与非；

2010-03-02　都是年龄惹的祸；

2010-03-04　看我七十二招。

以下是梁宏达主持的《老梁说天下》节目的部分内容：

2010-01-03　赵本山哥不只是个传说；

2010-01-10　谁该为气候变暖埋单；

2010-01-17　曹操墓不能说的秘密；

2010-01-24　张艺谋高处不差钱；

2010-01-31　火车票实名制梦想照进现实；

2010-02-27　笑点春晚广告；

2010-02-28　戏侃黄段子。

2010-03-06　23岁副局长，你真的不是"官二代"吗？

2010-03-07　素质教育路在何方？

…………

梁的体育评论好，是因为他是这方面专业出身。他以前是乒乓球运动员，象棋、围棋也玩得很好，他应该说是半个体育运动员。

同时，他的语言方面的造诣也显得很深，非常具有艺术水平，精辟、言简意赅、形象生动、有幽默感，嬉笑怒骂皆成文章。往往一针见血，一句顶一万句。让人听着过瘾，感觉也确实是那么回事。这需要相当的阅历和积累。这里作一个简单摘录：

1. 关于体育

不三不四，干体育；流流氓氓，搞文艺。

我把泰森定义为"浑蛋"……浑蛋，是完全的自我，活得比较透明……；泰森不是坏人，是个浑蛋……为浑蛋加油！

你不踢世界杯，不知道啥叫狼多肉少；不认识齐达内，不知道啥叫脾气不好；没见过姚明，不知道自己个子太小；不认识奥尼尔，你不知道自己是个小小小小鸟。

查出来了是兴奋剂，查不出来就是高科技！

以牺牲运动员健康为代价的金牌是一文不值的！

体育都是黑的，足球是圆的，冰是滑的，比赛中什么都有可能发生！

中国人搞体育是吃不饱饿的；西方人搞体育是吃饱了撑的。

中国足球目前这德行啊，姥姥不亲，舅舅不爱。

李毅球踢得吧，在中国，矬子里头挑大个，还算凑合。

中国足球天天都是愚人节，花几十块钱看一场球，假的。

中国一个甲A足球运员死了。墓碑上啊，刻着两行字：一行写着，一个踢过甲A的大牌球星；另一行写着，一个从不打假球的运动员。这过往行人看了可就纳闷了："不对吧，这一个坟地里怎么能埋两人呢？"

（多哈亚运会中国女足与朝鲜）

神州行，我看行；马良行，我看不行；中国女足不大脚就过不了半场，不在自己半场就不过三脚，球不砸在头上就顶不到球，处处紧防马小旭，最后把马小旭逼得当守门员去了。

（男排扩军）以前是死撑，现在是撑死。

鲍文，这人防守好，但三分球比罚篮命中率高，罚篮命中率比两分球高。

纳什如果到马刺去打篮球，一个人运球往前冲到篮下投球去，可能邓肯还没有过半场呢。

2. 关于教育

中国教育是把人培养成机器，而不是人。摧残人的肉体，咀嚼人的灵魂。现在人不是也一样？不以作弊为耻，而以考低分为耻。

中国的教育是颠倒的，小学时喊爱党、爱社会主义，到大学才说自尊自爱。

一撇一捺一把刀：分！分分分，学生的命根；考考考，老师的法宝。这是老师的问题，而我们往往为这样的人学。

行为被功利驱使，就无法发挥出正常的水平。

分数不会起任何作用。（在大多数情况下）

成绩和任何因素都没有决定性关系，所以需要我们正确对待。

思考与学习平均用力，效率才会高。

要先成人，再成才。

面子是自己挣的，不是别人给的。

以完美人格的形成带动学业的成功。

不上大学早晚得穷，上了大学马上就穷

教育的首要任务便是"传道"，是启发人性中最美的品质并使之成为人们在生活中遵行的法则。

3. 关于媒体

媒体跟社会是什么关系？是扫把和房子的关系。你要是扫把干净，房就脏；反之扫把脏，房子就干净。如果媒体上每天唱太平颂歌，绝不是社会好现象多了。如果媒体上常常揭露、曝光阴暗面，这社会将越来越好。可是，现在：房子和扫把都是脏的！！

把狗放在中央电视台两个月，都能出名。

媒体一出面，问题就能解决；媒体不出面，问题就不能解决。这说明我们的执法、监管部门严重的失职。

4. 关于国情

中国的地方统计数字，你要是说假话早晚得完。你要是说真话马上就完。

社会上假东西太多了，假烟、假酒、假媳妇、假新闻，就王八是真的，还叫假（甲）鱼。

认认真真说假话，扎扎实实走形式。

政府和老百姓争利是可耻的，老百姓和政府争利是应该的！

三、大容量的新内容准备

现代各类职业都要求从业者的知识"程度高、内容新、实用强"。电视文化评论作为电视媒体的"导航器"和"预警雷达"，应该站在媒体全局和全行业的层面上认识危机、评估风险，并提出相应的对策。这需要电视文化评论者保持对电视行业的兴趣，关注当前电视的体制、节目等各方面的现状和发展，掌握其各方面的最新动态和问题，便于进行评论。比如对于当前电视体制或节目自身存在的一些问题，电视文化评论者需要到媒体一线进行调查研究，掌握第一手资料；或通过电话采访、借阅书籍或上网现查现找，掌握间接资料，然后得出认识，进行评论。

一个突出的案例是电视评论节目《英达故事汇》。众所周知，主持人英达毕业于北京大学心理学系，后又去美国学习戏剧，是名副其实的文理全才，"在知识储备上，不夸张地说没人能超过我。"英达表示在录制每一期节目之前也会做大量的案头工作，"把自己所有的东西都准备好了才能讲得出来。"时尚、八卦、体育、经济皆通的杂家梁宏达，也会做大容量的新内容准备，并让自信知识储备无人能敌的英达也多少有些相形见绌。

梁宏达做客山西卫视的《英达故事汇》（后改为《老梁故事汇》）的节

目作评论，大家可以看到老梁的知识储备和表达。以下是他于 2009 年 10 月主持的部分节目内容：

2009-10-05　你想象不到的《西游记》
2009-10-06　如果取经路上没有他
2009-10-07　唐僧师徒谁最具有女人缘
2009-10-08　谁是孙悟空最好的朋友
2009-10-09　谁是最让孙悟空头疼的人
2009-10-12　贾宝玉究竟该娶谁
2009-10-13　红楼梦里的掌权女人
2009-10-14　谁是红楼梦中的搞笑大王
2009-10-15　红楼梦里的泼妇们
2009-10-16　红楼梦中丫鬟之死
2009-12-01　你不知道的天仙配：董永和七仙女

很多听过梁宏达评论的人可能还有个疑问，为何人家老梁什么都知道？每天怎么知道那么多信息，他的评论是怎么获得那么多信息的？每天只有 24 小时，不可能样样都知道啊？而且每次都讲得头头是道，他每天做什么，怎样知道那些信息，对于这些信息就是看我每天都看不过来啊？

其实，这就是兴趣使然，他每天的工作就是给电台广播录制评论节目，所以他每天就关心这一行，还有就是多年经验的积累，所以他说起一个事来头头是道。为了吸引观众，为了让他的评论迷们爱听，所以他不断努力，对于自己感兴趣的事当然关注得多。当然，他还有秘书、编导帮忙，有一大部分文章是他的助手写的。在录制每一期节目之前他也会做大量的案头工作，他认为："把自己所有的东西都准备好了才能讲得出来。"

【思考题】
1. 以电视文化评论作为一种职业有没有可能性？
2. 电视文化评论在整个电视文化生态环境中的角色和作用？

电视文化评论员的政策修养

李劲强

[关键词]　政策修养　传播制度　传播法规

电视文化评论不同于个人的表达，电视媒介的属性和评论的政治性，都对评论者本身提出了更高的要求。这些要求既包括评论者知识积累的内容，这是评论者能够进行判断的一个基础，也包括评论者评论意识的方面，这是评论者作出规范表达的前提，还包括评论者的政策修养，这是评论者能够作出规范、高质量的评论的关键。本文将对此从电视文化评论人员为何需要具备政策修养，以及电视文化评论人员应该具备的传播制度的知识、传播法律法规的内容等几个方面，对电视文化评论人员的修养进行阐释，从而让电视文化评论工作者对电视文化评论工作有更为全面的认识。

一、电视文化评论员应具有政策修养

与完全个人的表达不同，电视评论人员在电视媒体的发言既是一种个体表达，又是一种公共表达，作为一种个体表达，其典型特征是个性化，每个评论人员可以通过自己独特的思维和特色化的语言，说出个人的观点，塑造个人的形象；而作为一种公共表达，则意味着对表达规范的遵循，对传播制度的执行，其表达的根本目的在于正确引导舆论，以及维护公共利益。如果分不清公共表达的规范，以及公共表达所需遵从的制度，个人的表达就可能违反规范，违反大众传播的政策。

作为公共表达，其规范一般可以分为以下层次：首先是公共表达的限度与原则。公共表达的目的不仅是说出个人的观点、表达个人的态度，公共表达的根本目的还在于达成共识，促进问题的解决。这就对公共表达者提出了一些表达的限度和原则，我们可以从事实判断和价值判断两个层面去分析：从事实判断的层面上讲，公共表达应该说出真实的事实；而从价值判断的层面上讲，公共表达应该说出负责任的观点。只有真实的事实与负责任的观点，才能保证公共表达不脱离应有的公共轨道。

其次，是公共表达的文化体系与规范。通常，公共表达缺少不了价值判断，而价值判断的核心就是使用文化价值体系对事件进行判断。此时，文化体系和既有的文化规范就是对公共表达的一种制约，电视评论人员在进行公共表达时应该对现实生活中的主流价值观有清楚的认识，并具有明确的是非价值观念，否则就容易产生价值认知上的边界模糊，就不能对事件和问题作出准确的评价，甚至提出违背现有文化体系和规范的观点，说出不符合社会先进文化的"雷人"之语。

第三，是公共表达的政策意识和修养。作为一种公共表达，其表达必须符合政策的规定。这里所谓的政策既包括宏观层面上的国家政策与法律，也包括中观层面上的行业的行政法规，还包括微观层面上的部门的规章制度。这些政策层面的内容是对公共生活的最直接的指导和约束，是社会生活和行业运转正常有效的保证，是任何公民都应该遵守的法律法规，掌握了一定话语权的公共表达者当然应该遵守。而且，与普通的公民不同，公共表达者所掌握的平台及其所做的工作，决定了他们必须具备更加敏感的政策意识和修养，只有如此，才能使自己的表达规范、准确、深刻。

具体地说，政策修养有助于电视文化评论人员规范自己的表达。电视演播室不是自家的客厅，电视评论也不是茶余饭后的闲聊。电视媒体的性质和电视媒体的开放性，决定了电视文化评论必须严谨和规范。而严谨和规范的标准就是电视文化评论人员的表达是否符合各层次政策和法律的规定，是否准确地解释了政策和法律，对现实生活产生了正确的引导。在理解传媒属性时，电视文化评论人员既要看到媒体信息属性的一面，也要看到媒体的耳目喉舌的功能，要想让媒体成为党和人民的耳目喉舌，就必须保证自己的发言符合党和人民的利益，符合相关的政策和法律。这是电视文化评论能对现实生活产生正面引导作用的基本前提。

同时，政策修养有助于电视文化评论人员深化自己的看法。何为评论，评论就是对事件和问题的看法和判断，其核心的内容在于思想和逻辑。有影响力的评论一定是蕴含深刻思想性、政治性的评论，有影响力的评论员一定是一个思想深刻、政治敏锐的评论员。电视文化评论人员对政策和法律法规的研究，不仅明确了表达规范的界限，保证了评论的方向，而且也有了判断问题的标准及思路，从而使作出的判断更加深刻、更加具有前瞻性。因为，政策和法律不仅是对现实生活的规范，而且也是对现实生活核心内容的把握与指导，通过政策和法律，我们会对现实生活中的种种问题尤其是重大的问题、热点的问题有一个更为透彻的理解和认识。这时，政策修养就为电视文化评论人员提供了提高评论质量的途径。通过政策的学习和法律的理解，他们更有能力作出更有质量的评论。

最后，政策修养有助于电视文化评论人员提升自己的影响。评价评论的标准有很多，但具有前瞻性的、权威性的评论无疑更能够获得公众的信赖。而权威性的来源不仅仅是评论者的身份，身份只是权威性可能的来源之一，权威性更来自于评论者对政策、法律的把握和理解，以及对政策、法律使用的能力与程度。与那些仅根据个人生活经验或个人积累作出判断的评论人员相比，具有政策修养的评论者作出的评论将更有权威性，从而也能对评论人员本身产生直接的影响，使其成为具有影响力的评论者。当然，这种权威性也可以传递到电视平台，任何一档电视节目都不是以可看和可听取胜的，电视评论节目的生命力就在于其思想性，而观众判断一档电视节目品牌和价值的角度，就是这个电视节目的权威性。因此，良好的政策修养，不仅能够提升电视文化评论人员的影响力，而且也将有助于提升电视评论节目乃至电视台的影响力。这也是为什么我们总把评论比喻成媒体灵魂的原因。相比于新闻节目而言，电视评论的确能提升电视的影响、表明电视的态度。

政策修养的养成是一个长期的持续的过程，电视评论人员应该具有的政策知识和法律知识也极为广泛。囿于篇幅的原因，以及电视文化评论的特性，我们在此只对有关电视媒介本身的法规和政策予以介绍，据此，就可以对电视媒介的一些规范和指导有所了解，明白电视文化评论发言的方向和规律，从而在此基础上作出规范的、高质量的电视文化评论。

二、电视文化评论员应掌握的传播制度

以上已经对电视的媒介属性进行了论述，在本节我们可以从传播学的角度，对电视的媒介属性进行另一个角度的认识，并且通过传播制度的概念，对电视文化评论人员应该掌握的政策方面的知识进行更为详细的梳理。

具体地说，电视评论人员所借助的媒介——电视属于大众媒介，电视评论人员所作的传播属于影响广泛的大众传播。大众传播的组织性和公开性，要求传播者必须扮演好把关人的角色，按照组织的规范和社会的规范进行公开传播。而大众传播引发、引导舆论的职能，也让大众传播面临着更大的社会责任。如果大众传播的内容产生了偏差，大众传播引导的舆论产生了问题，则大众传播将给社会带来巨大的负面影响。

任何大众传播都属于信息系统，而信息系统是整个社会系统中的一部

分，按照系统论的观点，信息系统与其他社会系统之间必须发生紧密的联系。具体地说，任何大众传播都是在特定的社会环境、具体的历史背景和一定的社会制度下进行的，既然大众传播的社会影响力如此巨大，社会制度必然要将传播系统纳入自己的控制范围之内。这一点是任何社会都有的一种常态，按照施拉姆的观点：所有的制度都必然在某种程度上对它们的媒介加以控制。这种控制就体现为传播制度。

而作为传播的内在要素之一，传播者在进行传播时必然要受到传播制度的制约；反之，要想让自己的传播规范，就必须对传播制度有全面而详细的理解。对于电视文化评论人员也是这样，既然选择了大众媒体中的电视进行发言和进行评论，就应该对其平台的特质、平台所面对的观众有所了解，更重要的是对平台所接受的传播制度有一个全面的认知。这是电视评论人员首先应该掌握的政策，也是电视领域的顶层的设计。通过传播制度的学习，我们会对包括电视在内的大众传播有更为清晰的了解，从而让自己的相关工作更加规范。

在传播学的发展过程中，按照不同的时代、不同的社会以及不同的形态划分，传播学制度经过了以下几种主要的理论：集权主义制度下的集权主义传播制度理论；资本主义制度下的三种传播制度理论，包括自由主义传播制度理论、社会责任的传播制度理论、民主参与传播制度理论；社会主义制度下的传播制度理论；发展中国家的传播制度理论。电视评论人员应对社会主义制度下的传播制度理论、发展中国家的传播制度理论和我国的传播制度理论有一个清晰的理解。

社会主义制度下的传播理论可概括为：（1）新闻及传播起源于人类社会性的生产劳动实践；（2）新闻的本源是事实；（3）新闻传播事业的产生和发展有赖于社会进步、生产水平的提高及文化、技术的发展；（4）新闻传播事业属于社会的上层建筑意识形态范畴，是物质生活关系的反映，它具有更强烈的政治性，直接宣传、传播一定阶级的政治路线、方针政策，鲜明地表现出一定阶级的政治倾向和世界观，通过事实的传播与评论引导社会舆论，影响人们的思想和行动；（5）社会主义新闻传播事业包括国家的报刊、广播电台、通讯社以及属于政党机关的报纸、刊物和属于人民团体的报刊和企业的报刊。

电视文化评论人员要对其中的（4）和（5）两点有深刻的理解。社会主义新闻事业不仅仅是信息传播事业，新闻事业还承载着意识形态的内容并体现着鲜明的政治性，这就决定了新闻工作的严肃性和纪律性，也对新闻工作者提出了更高的理论要求和政策要求。同样，对于电视文化评论人员来说，应该更加清楚、深刻地理解这些传播制度，因为相比于新闻作品而言，评论作品在政治性方面体现得更加鲜明，而且在引发、引导舆论方面也更为直接。

而按照英国学者丹尼斯·麦奎尔的总结，发展中国家的传播制度理论包括：（1）大众传播活动必须与国家政策保持同步，以推动国家发展为基本任务；（2）媒介的自由伴随着相应的责任，即必须在经济优先的原则和满足社会需求的原则下接受一定限制；（3）要优先传播本国文化，优先使用本民族语言；（4）在新闻和信息的交流合作领域，应优先发展与地理、政治和文化比较接近的其他发展中国家的合作关系；（5）在事关国家发展和社会稳定的利害问题上，国家有权对传播媒介进行检查、干预、限制乃至实行直接管制。

发展中国家的传播制度理论对我国同样适用。这就要求电视文化评论工作者在进行评论时，必须有相应的意识和自觉。比如，上述传播理论中的（3），要优先传播本国文化，优先使用本民族语言，这一点对于电视文化评论人员更加具有针对性和指导性。从文化传承的角度看，电视媒介还是文化传播的载体，悠久的历史和先进的文明都可以通过这个平台得到更大范围的传播和更加有效的传承。这就要求电视文化评论人员能有传承文化的自觉，在进行电视文化评论时，将传统文化的精华进行传播，对传统文化中需要修正的内容进行讨论，使得中国传统文化得到彰显与弘扬。

社会主义的传播制度和发展中国家的传播制度，为我们进行大众传播提供了两个基本的坐标系，而我们的传播制度将为电视文化评论工作者提供更为直接的指导。

郭庆光的《传播学教程》一书中，对我国目前的传播制度及其基本规范作了总结：（1）我国的新闻传播事业实行社会主义公有制。这是防止私人和资本垄断、保障传播媒介和传播资源掌握在全体人民手中的根本制度，也是实行社会主义新闻自由的基础。这也决定了我们的媒体是党和人民的耳目喉舌，媒体的中心任务是：宣传党的路线、方针、政策，反映人民的呼声，在思想上和政治上与党中央保持一致，全心全意为人民服务。（2）我国社会主义新闻传播事业是中国共产党领导下的事业，必须坚持党性原则。党性原则的具体要求：在思想上，要宣传党的理论基础和思想体系，以党的指导思想作为新闻工作的准绳；在政治上，要宣传党的纲领路线、方针政策，使之成为亿万人民的实际行动；组织上，要接受党的领导，遵守党的组织原则和新闻宣传工作的纪律。（3）社会主义新闻传播事业执行报道新闻、传递信息、引导舆论、提供娱乐等多方面的社会职能。其中，引导舆论是新闻传播事业的主要职能，也是党性原则的集中体现。在引导舆论时，必须坚持党性原则，必须明确主流价值方向，还必须掌握新闻传播的规律，才能对公众进行正确的舆论引导。（4）社会主义新闻传播事业具有重要的经济功能。

三、电视文化评论人员应掌握的传播法规

传播制度是电视文化评论人员应该掌握的宏观层面的制度，对于准电视工作者来说，电视文化评论人员虽然不必熟稔所有的电视行业的法规、条例，但有必要对有关电视节目内容方面的法规条例有所了解，这是对电视文化工作者的最直接的管理，只有符合这些管理的法规条例，电视文化评论者的工作才能说是规范的。

首先，电视文化评论人员应该掌握《广播电视管理条例》关于广播电视节目的规定：

第三十条　广播电台、电视台应当按照国务院广播电视行政部门批准的节目设置范围开办节目。

第三十一条　广播电视节目由广播电台、电视台和省级以上人民政府广播电视行政部门批准设立的广播电视节目制作经营单位制作。广播电台、电视台不得播放未取得广播电视节目制作经营许可的单位制作的广播电视节目。

第三十二条　广播电台、电视台应当提高广播电视节目质量，增加国产优秀节目数量，禁止制作、播放载有下列内容的节目：

（一）危害国家的统一、主权和领土完整的；

（二）危害国家的安全、荣誉和利益的；

（三）煽动民族分裂，破坏民族团结的；

（四）泄露国家秘密的；

（五）诽谤、污辱他人的；

（六）宣扬淫秽、迷信或者渲染暴力的；

（七）法律、行政法规规定禁止的其他内容。

第三十三条　广播电台、电视台对其播放的广播电视节目内容，应当依照本条例第三十二条的规定进行播前审查，重播重审。

第三十四条　广播电视新闻应当真实、公正。

第三十五条　设立电视剧制作单位，应当经国务院广播电视行政部门批准，取得电视剧制作许可证后，方可制作电视剧。电视剧的制作和播出管理

办法，由国务院广播电视行政部门规定。

第三十六条　广播电台、电视台应当使用规范的语言文字。广播电台、电视台应当推广全国通用的普通话。

第三十七条　地方广播电台、电视台或者广播电视站，应当按照国务院广播电视行政部门的有关规定转播广播电视节目。乡、镇设立的广播电视站不得自办电视节目。

第三十八条　广播电台、电视台应当按照节目预告播放广播电视节目；确需要换、调整原预告节目的，应当提前向公众告示。

第三十九条　用于广播电台、电视台播放的境外电影、电视剧，必须经国务院广播电视行政部门审查批准。用于广播电台、电视台播放的境外其他广播电视节目，必须经国务院广播电视行政部门或者其授权的机构审查批准。向境外提供的广播电视节目，应当按照国家有关规定向省级以上人民政府广播电视行政部门备案。

第四十条　广播电台、电视台播放境外广播电视节目的时间与广播电视节目总播放时间的比例，由国务院广播电视行政部门规定。

第四十一条　广播电台、电视台以卫星等传输方式进口、转播境外广播电视节目，必须经国务院广播电视行政部门批准。

第四十二条　广播电台、电视台播放广告，不得超过国务院广播电视行政部门规定的时间。广播电台、电视台应当播放公益性广告。

第四十三条　国务院广播电视行政部门在特殊情况下，可以作出停止播出、更换特定节目或者指定转播特定节目的决定。

第四十四条　教育电视台应当按照国家有关规定播放各类教育教学节目，不得播放与教学内容无关的电影、电视片。

第四十五条　举办国际性、全国性的广播电视节目交流、交易活动，应当经国务院广播电视行政部门批准，并由指定的单位承办。举办区域性广播电视节目交流、交易活动，应当经举办地的省、自治区、直辖市人民政府广播电视行政部门批准，并由指定的单位承办。未经批准，任何单位和个人不得举办广播电视节目的交流、交易活动。

第四十六条　对享有著作权的广播电视节目的播放和使用，依照《中华人民共和国著作权法》的规定办理。

其次，电视文化评论人员应掌握有关直播节目的规定。群众参与的直播节目规定，依据1999年广电总局发布的《群众参与的广播电视直播节目管理暂行办法》，开设群众参与的直播节目，必须经过审批、备案；必须具备"延时装置"、"储存电话"等技术保障措施；对导演、导播、电话编辑、节目监制等编播人员都有一定要求；有比较完善的节目操作程序和管理规定；有处理不测情况的应对预案等。未经批准擅自开设直播节目的要责令立即停止，通报批评。发生政治性事故的，应当暂停节目，予以行政处罚，对负责人和责任人予以行政处分。

　　以下是原国家广播电影电视总局关于群众参与的广播电视直播节目管理暂行办法全文：

群众参与的广播电视直播节目管理暂行办法
（1999 年 12 月 2 日国家广播电影电视总局发布）

　　第一条　为加强对群众参与的广播电视直播节目的管理，确保广播电视宣传的正确导向，根据《广播电视管理条例》以及中宣部、国家广电总局《关于加强广播电视群众参与的直播节目管理的通知》，制定本办法。

　　第二条　群众参与的广播电视直播节目包括：

　　1. 听众、观众通过热线电话等形式参与的电台、电视台、有线广播电视台、广播电视台的直播节目或栏目；

　　2. 有听众、观众现场参与的广播电视直播节目或栏目；

　　3. 现场转播其他部门的有听众、观众参与的节目。

　　第三条　广播电台、电视台、有线广播电视台、广播电视台开设群众参与的直播节目，必须符合以下条件：

　　1. 具备"延时装置"、"储存电话"等技术保障设施；

　　2. 具有较高政策水平、熟练掌握有关操作技能的相对固定的编播人员；

　　3. 电台、电视台的导演、导播、主持人必须经过培训、持证上岗，电话编辑、节目监制等编播人员必须具有中级以上的专业技术职务；

　　4. 有比较完善的节目操作程序和管理规定；

　　5. 有处理不测情况的应对预案。

　　第四条　广播电台、电视台、有线广播电视台、广播电视台开设群众参与的直播节目，须经广播电视行政部门批准。

　　中央人民广播电台、中国国际广播电台、中央电视台开设群众参与的直播节目，须经本台台长签署同意意见后，报国家广播电影电视总局审批；

　　省级广播电台、电视台、有线广播电视台开设群众参与的直播节目，须经本台台长签署同意意见后，报省级广播影视厅（局）审批，并报国家广播电影电视总局备案；

　　地（市）、县级广播电台、电视台、有线广播电视台、广播电视台开办群众参与的直播节目，须经本台台长签署同意意见后，报地（市）广播电视局按照有关规定审批，报省级广播影视厅（局）备案。

第五条　广播电台、电视台、有线广播电视台、广播电视台申请开设群众参与的直播节目，须提交包括下列内容的书面材料：

1、节目或栏目的名称、使用频率（频道）、时段及3百字左右的内容介绍；

2、节目或栏目的负责人、编辑、导演、导播及主持人的姓名、职务、专业技术职务；

3、"延时装置"、"储存电话"等保证播出安全的技术保障设施的型号和数量。

第六条　开设群众参与的直播节目的报批单位的负责人要对所报批的节目或栏目负责，审批单位要对所批节目或栏目进行监督管理。

第七条　对未经批准擅自开设群众参与的直播节目，由县级以上广播电视行政部门按规定责令播出单位立即停止播出，并给予通报批评。

第八条　群众参与的广播电视直播节目发生政治性事故的，由县级以上人民政府广播电视行政部门按规定责令其暂停该栏目，进行整改，并依据《广播电视管理条例》等有关规定进行行政处罚，对单位负责人和直接责任人给予行政处分。对暂停的栏目可视整改情况决定是否恢复播出。

第九条　广播电台、电视台、有线广播电视台、广播电视台已经开办的群众参与的直播节目，须于1999年12月31日前依照本办法办理报批手续。

第十条　本办法自发布之日起施行。

四、广播电视从业人员制度

根据2004年广电总局颁发《广播电视编辑记者、播音员主持人资格管理暂行规定》，我国对广播电视编辑记者、播音员主持人等实行资格认定制度。其在执业活动中享有的权利主要有五项：（1）以所在的制作、播出机构的名义从事广播电视节目采访编辑或播音主持工作，制作、播出机构应当提供完成工作所必需的物质条件；（2）人身安全、人格尊严依法不受侵犯；（3）参加继续教育和业务培训；（4）指导实习人员从事采访编辑、播音主持工作；（5）依法享有的其他权利。同时应当承担八项义务：（1）遵守法律、法规、规章；（2）尊重公民、法人和其他组织的合法权益；（3）坚持正确的舆论导向；（4）恪守职业道德，坚持客观、真实、公正的原则；（5）严守工作纪律，服从所在机构的管理，认真履行岗位职责；（6）努力钻研业务，更新知识，不断提高政策理论水平和专业素养；（7）树立良好的公众形象和健康向上的精神风貌；（8）依法应当履行的其他义务。

　　根据《广播电视播出机构中的共产党员违反宣传纪律党纪处分暂行规定》，广播电视播出机构工作人员和共产党员违反宣传纪律的行为包括十个方面：违反政治纪律、宣扬邪教、泄露国家秘密、危害国家安全或者损害国家荣誉和利益、违反民族政策和宗教政策、播出淫秽及赌博等内容、违反新闻真实性原则、侵犯他人人身权利或其他合法权利、工作中失职或者严重不负责，以及违反有偿新闻等宣传管理规定。处理方式主要是行政处分和党纪处分。

【思考题】

1. 电视表达与一般个人表达的联系和区别是什么？

2. 传播理论中关于传播制度有怎样的划分？

3. 结合具体的电视评论节目或电视节目评论员，谈谈电视文化评论员应该具备怎样的素质？

知识创造财富

——谈电视文化评论员的节目策划能力

王　舒

[关键词]　电视　文化评论员　节目策划　能力培养

知识经济时代，知识、信息已成为生产力发展的基本要素和主要资源。文化不仅是政治、经济、社会发展的思考者与服务者，而且正逐步取代传统经济成为最具活力的经济。

电视作为文化产业的重要组成部分，同样经历着从精神层面向物质层面、从意识形态向商品形态、从事业向产业的转变与发展。在此大环境、大背景下，电视文化评论员若能具备一定的节目策划能力，不仅可为电视文化评论这一新兴专业开辟广阔的生存与发展空间，而且可为自己带来可观的经济收益，实现知识分子"用知识创造财富"的梦想。

一、策划释义

在当代中国影视作品中，我们时常可以在片头或片尾见到"策划"一词。其实，在当今世界，"策划"早已成为人们时常接触的流行词，它不仅被各行各业广泛使用，频繁出现在各种媒体上，而且正日益成为知识经济大潮中无数当代智者所从事的一种专门职业。在日本，"策划"叫企划，几乎每家像点样的企业都有自己专门的企划部；在美国，"策划"叫软科学，也叫咨询业，美国许多大公司之所以能称霸世界，一方面靠的是科技领先、人才荟萃，另一方面则依靠众多像"兰德""麦肯锡"这样的咨询公司无所不通、无所不至的战略策划。

那么，到底什么是策划？

在中国，"策划"有久远的历史，古为军师、策士、谋士，今为企划师、策划家，但"策划"作为一种独立的行业和产业，却是近年来的事，它是全球化浪潮下国与国之间、企业与企业之间、人与人之间激烈竞争的产物，是知识经济时代的智慧之果。

当今对"策划"一词的解释可谓莫衷一是，众说纷纭，至今尚无定论。这里选择一些主要观点，供大家参考：

一是方案说。策划是为实现某一目标，在尽可能全面、客观、准确、科学地认识与该目标相关事物的基础上，而制定出有助于实现这一目标的最优行动步骤、计划或指南。

策划就是借助一定的信息素材，为达到特定的目的、目标而进行设计、筹划，为具体的可操作性行为提供创意、思路、方法与对策。

二是过程说。策划是指人们为了达到某种特定的目标，借助一定的科学方法和艺术，为决策、计划而构思、设计、制作策划方案的过程。

策划就是策略、谋划，是为达到一定的目标，在调查、分析有关材料的基础上，遵循一定的程序，对未来某项工作或事件事先进行系统的、全面的构思、谋划，制订和选择合理可行的执行方案，并根据目标要求和环境变化对方案进行修改、调整的一种创造性的社会活动过程。

三是行为说。美国哈佛企业管理丛书认为：策划"在本质上是一种运用脑力的理性行为"。

四是目的说。陈放所著的《策划学》认为："策划"的全面含义是如何在全面谋略上指导操作者去圆满地实施对策、计策或计谋，从而达到办事的目的。

五是智慧说。日本策划家和田创认为：策划是通过实践活动获取更佳效果的智慧，它是一种智慧创造行为。

原"波司登"企业策划总监张鸿雁认为：策划是丰富的知识经验、广阔的信息、大胆的创造、科学的论证凝聚成"灵感"后所拓展出的"鸿篇巨制"。

原"小鸭"集团策划总监韩志辉认为：策划＝充分的信息＋广博的知识＋创造性思维。

从以上有关"策划"的不同表述中我们不难发现：策划离不开目的、目标；目的、目标的实现离不开对相关信息的掌握与研判，离不开依靠科学的方法与程序、策划者丰富的知识经验与创造性思维而产生的创意；策划是目标实现的行动指南，讲究的是可行性与可操作性，追求的是最佳行动步骤与最佳成效。

综上所述，构成策划必不可少的五大要素是目标、信息、创意、可行与成效。其中，目标是策划的起点也是策划的终点；信息是策划的基础也是策划的条件；创意是策划的灵魂也是策划的关键；而可行与成效则是对目标能否有效实现的最终检验。

二、策划在中国兴起的原因

策划赖以存在的基础是人类的政治斗争、经济竞争、军事和战争等社会活动，没有斗争、竞争、战争，就无所谓策划。

策划最初运用于军事领域，后来向政治、经济、文化等各领域扩展。

随着中国经济的发展和加入 WTO 后跨国公司的加入，各类策划、公关、咨询公司如雨后春笋般地蓬勃发展。据保守估计，目前全国专业策划公司在 1 万家以上，从业人员 150 万左右。这些从业人员主要由以下几方面人群组成：媒介从业人员；"海归"人员；来自国内知名企业或国外大公司的人员；来自高校和研究机构的人员；散布在社会各阶层的个体和非职业策划人员。

在这些策划人员中，有人根据策划人各自的特点，又把他们分为五大流派，分别为：管理规范的西洋派；理论基础扎实的学院派；善于打知名度的飞天派；用常规方法踏实作战的落地派；以正合以奇胜的实战派等。可谓百花齐放、百舸争流。

策划热之所以在中国兴起，既有市场经济运行机制方面的原因，也有信息时代文化潮流方面的原因。

（一）市场经济让策划有了用武之地

新中国建立后，国内长期实行计划经济体制，企业依靠国家计划组织生产，个人依靠组织分配从事劳动，作为行为主体的企业和个人缺乏自主性，自然谈不上什么竞争与策划。

改革开放以来，我国开始逐步实行市场经济体制。市场经济是以市场作为资源配置的基础性方法和主要手段的经济。在市场经济条件下，企业不再依靠国家计划组织生产，而必须以市场为导向，按市场需求组织生产。这就使行为主体的自主性增强、自由度增加，人们面临更多的选择机会，当然同时也会遇到更激烈的市场竞争。为抓住机遇，在竞争中取胜，人们纷纷进行各种策划，根据已经掌握的信息，推测事物发展的趋势，分析需要解决的问题和主客观条件，在行动之前就对目标、对象、方针、政策、战略、战术、途径、步骤、人员安排、时空利用、经费开支等作出构思和设计，并形成系统、完整的策划方案，以便增强自己的竞争力，更加高效地在机遇与竞争并存的市场经济大潮中站稳脚跟，扩大利润空间。

（二）信息时代，策划也是生产力

我们已进入这样一个时代——知识充分发挥威力的时代。知识不单是指个人的书本理论知识和实践经验，还包括获得信息、分析信息、利用信息创造社会价值的能力。在这种创造活动中，最重要的是评估信息开拓生产力前景的水平。策划人员把俯拾即是的信息随时与身边的生产力挂钩，用信息沟通生产关系以促成生产力的发展，从而获得经济效益与社会效益，这就是信息时代成功者的全部奥秘。

人类从刀耕火种开始，历经渔、牧业，有了规模种植业——农业，又有了规模制造业——工业，随着社会分工日益细密，又出现了专事流通的行业——商业和服务业。人们根据生产方式的这一演进顺序，分别把它们称为一、二、三产业。如今，由生产工具的自然演进推动生产力盲目前行，已不适应当代人追求物质和精神文化享受的需要。从自然界直接猎取生存资料的第一产业、对初级产品进行再加工的第二产业、为生产和消费提供各种服务的第三产业，共同爆发出强大的信息流，这股信息洪流泥沙俱下、真假难辨，挑战着人们有限的知识和生命，使人们惶惶然不知所从。策划业注视着信息流，把握着信息流，甄别出有利于协调生产关系、有利于生产力发展的有用信息，并护送信息到达它们的归宿——生产者和消费者那里，以帮助他们避免生产过剩或不足，提高服务或消费水平。

在这样一个知识激增的信息时代，策划人投入的资本是知识和智慧，产出的是金钱和名望；从事的是无形、抽象的观念交流，得到的是有形、具体的物质财富；塑造的是文化形象，开发的是经济产业；出售的是文化符号，换取的是经济效益。他们通过重组旧的生产关系，形成新的生产关系，促进新生产力的萌芽。前三个产业离不开他们，他们也把前三个产业作为策划的对象；他们为社会成员创造新的获取财富的机会，社会成员也支持他们不断壮大。他们是新生产关系和新生产力的开拓者，他们从生产的最终目的出发，去协调政府行为，沟通社会关系，引导一、二、三产业运行，这正与当代最有效的"消费导向型"经济模式合拍。

人类社会发展到今天，人们的需求层次也在不断提高。美国心理学家马斯洛认为，人类价值体系存在两类不同的需要，一类是沿生物谱系上升方向逐渐变弱的本能或冲动，称为低级需要和生理需要；一类是随生物进化而逐渐显现的潜能或需要，称为高级需要。人都潜藏着生理需求、安全需求、社交需求、尊重需求和自我实现需求这五种由低到高不同层次的需求，但在不同时期表现出来的各种需求的迫切程度是不同的，人最迫切的需求才是激励人行动的主要原因和动力。市场经济、全球化背景下的消费社会、信息时代，人最迫切的需求已不是生理、安全等低级需求，而是社交、尊重、自我实现等高级需求，这些高级需求也是最容易产生概念、最具消费潜力的策划对象。

此外，现代科技的运用，决策的科学化、程序化、效能化等，使理性分析在策划中占有更重要的位置，策划也因此越来越向专业化、职业化方向发展，逐步形成一种产业。逆水行舟，不进则退，在这样一种机遇与竞争并存、富贵与贫贱共生的大背景、大时代、大潮流下，策划成为人们更好生存的必由之路而日益受到青睐也就成了一种必然。

二、电视节目进入策划时代

电视节目是电视媒介最基本的内容单位，是电视台或社会上制作电视节目的机构为播出、交换和销售而制作的表达某一完整内容、供人们理解和欣赏的视听作品。

20世纪80年代，我国的电视节目多半只讲制作不讲策划，因为那时的电视是新奇、垄断、稀缺的媒介资源，电视观众能看到电视节目已经很满足，电视工作者不用太费心思就能完成任务，电视媒介不必太费工夫就能取得可观的社会效益和经济效益。

20世纪90年代以来，随着卫星频道的增多、有线频道的开办，中国各级、各类电视媒介之间的竞争日趋激烈，电视节目也进入了策划时代。

（一）电视节目策划的含义

策划不是新词，但用于电视节目却没有多长时间，因为在中国电视真正走入千家万户也只有一二十年的时间。

电视节目策划是电视策划的一部分。电视策划由局部到整体依次可分为节目策划、栏目策划、频道策划和电视整体形象策划。其中节目策划追求精品化、栏目策划追求个性化、频道策划追求专业化、电视整体形象策划追求品牌化。

电视节目作为电视媒介最基本的内容单位，其质量至关重要。在电视媒介竞争日趋激烈的今天，电视节目策划已成为各电视媒介在竞争中求生存、谋发展的必然选择，而打造高质量的精品节目则是电视节目策划者共同追求的目标。

所谓精品，原本是商业领域的用语，指高质量的产品。后来，随着我国社会主义市场经济的不断发展，市场化不仅极大地影响着经济、社会领域，也影响着文化领域，"精品"一词逐渐从商业领域延伸到文化生产领域，那些内容精到、形式精美的文化产品也被称为精品。

在中国，电视节目的"精品意识"曾经历了一个逐步深入的过程：

1993 年 5 月，电视节目的"精品意识"在中央电视台工作座谈会上被正式提出，精品电视节目被概括为高格调、高水平、高质量、有力度、有新意的节目。与会者普遍认为：精品节目既要能陶冶人们的情操、鼓舞人们奋发向上，也要能给人们在工作之余带来欢乐和美的享受。这一观念强调了作品的思想性和艺术性。

1995 年 2 月，在全国广播电影电视工作会议上，原广播电影电视部部长孙家正提出"强化精品意识，全面提高节目质量"的要求，精品电视节目被概括为思想深刻、艺术精湛、具有强烈的吸引力和感染力、在社会和群众中产生广泛影响的优秀作品，是集思想性、艺术性、可视性、知识性、趣味性于一身的"寓教于乐"的节目。这一对精品节目的认识除强调思想性和艺术性外，还加入了可视性、知识性和趣味性，更多地考虑到了市场和观众的因素。

1996 年 6 月，原广播电影电视部副部长兼中央电视台台长杨伟光在全国省级电视台台长会议上的讲话中认为，电视精品节目的主要标志是：导向正确、思想性强、艺术水平高、富有民族特色、技术质量一流、社会效益好。讲话对精品节目的认识除思想性、艺术性、社会效益外，又加入了本土性与世界性的结合，以及对技术标准的要求。

1996 年 12 月，江泽民在中国文联第六次全国代表大会上，把"思想精深、艺术精湛、制作精良"作为对文化艺术产品的整体要求。"三精"思想的提出，高度概括了电视节目"精品"观念的实质。

1997 年，杨伟光在全国广播影视厅局长会议上进一步指出，根据中央领导同志的指示精神，精品节目应包括以下要求：思想精深、艺术精湛、制作精良、社会效益好。

而所谓电视节目策划，就是要求策划者根据电视节目制播的特点和规律，在广泛搜集、了解观众收看电视节目情况的基础上，梳理揣摩出观众当前或将来的收视心理需求，以创造性的思维，为创作出"思想精深、艺术精湛、制作精良、社会效益好"的电视节目精品而提供创意、思路、方法与对策。

电视媒介之间的竞争关键在节目，节目之间的竞争关键在精品，精品产生的关键在策划。电视节目策划只有强化节目创作的精品意识，才能更好地满足广大观众的观赏要求，取得良好的社会效益和经济效益。

（二）电视节目策划的作用

《中庸》云："凡事豫则立，不豫则废。"这里的"豫"通"预"，即预测、准备、策划的意思。电视节目之所以需要策划，是建立在文化产业化、电视媒介竞争日趋激烈这一大环境基础上的。

电视作为大众传媒，在产业化背景下，没有社会效益与经济效益，节目必然无法生存。然而受经济利益驱动，一些电视节目为取悦观众而一味走媚俗路线，自动趋向于迎合大众与社会的平均趣味，结果反而不被认可。

优秀的电视节目是电视媒介赖以取得收视率及确立品牌个性的重要手段，在技术和制作手段日趋成熟并高度同质化的今天，一个电视节目想要脱颖而出被市场接受，唯有精心策划，通过对市场与观众信息的大量掌握，找准当前市场需求，预测未来发展趋势，分析节目生存处境，在宗旨、目标、对象、定位、策略、方法，以及人力、财力、物力的配置，市场开发的渠道与潜力，效益、效果的评估观测等方面有针对性地进行科学的判断、周密的设计，为电视节目制作提供智力支持。

具体来说，电视节目策划的作用主要表现在以下三个方面：

1. 为电视节目制作指明方向，保证工作的计划性

众所周知，电视节目制作涉及面广，有大量的组织与协调工作要做，这一切如果没有严密的计划是很难完成的，而这种高度的计划性需要通过科学的策划来体现和保证。此外，目前我国的电视节目普遍存在缺少统筹、同一类型节目太多太滥、缺乏精品等问题，通过策划则可以使节目的选题更恰当、受众更明确，从而避免雷同，有的放矢。

古人云："事不前定不可以应猝，兵不预谋不可以制胜。"策划作为思维与行动、主观与客观之间不可缺少的联系环节，对人们的行为具有指导意义。

以中央电视台名牌栏目《艺术人生》为例，其策划人名单上就有几十位到几百位的专家在列，他们来自社会各个领域，包括媒介（报社、电台、电视台、网络）、高校、商界、演艺圈等各界人士，有时热心的观众也参与到节目的策划中来。而每期节目的策划过程既包括话题的选定、嘉宾的选择、话题展开的设计等节目制作的具体部署；也包括对节目作整体的和前瞻性的安排，如节目的市场生存环境分析、受众定位、观众群分析等。

《艺术人生》于 2000 年 12 月开播，当时中国电视媒介间的"节目大战""荧屏大战"正如火如荼，在此背景下，《艺术人生》以其"聚集国内外最著名的演艺明星，谈话与表演实况再现，观众与嘉宾倾情交流，运用全新电视传播理念塑造周末名牌栏目，创造中央电视台综艺节目收视新视点"

的策划理念和风格定位脱颖而出，开播后收视率常常位于央视三套节目榜首。

2. 为电视节目制作提供新思路，保证工作的创造性

电视界常被人戏称为新观念、新思路、新方法的批发商，这一方面是由于电视工作者思想意识具有开放性，使他们能够也乐于探索和接受新观念、新思路、新方法；另一方面则是由于电视媒介本身的开放性，使得无论哪一家电视台都无法将新观念、新思路、新方法作为永久的"看家本领"而独占，除非它生产出来的电视节目不公开播出。

以纪实观念介入电视为例，1982 年中日合拍的电视纪录片《丝绸之路》在观念上和技术上给中国电视界带来强烈冲击：把拍摄过程交给观众，把现场声音交给观众，没有刻意的背景音乐，没有刻意修饰的解说，有的只是对现场的重视。这种把个人体验融入摄制过程中的全新观念，让当时的中国电视人大开眼界——原来片子还可以这样拍，原来纪实还可以这样进行！于是中央电视台马上组建一个班底进行策划、编导，在 1982 年推出了 25 集电视纪录片《话说长江》。此片的播出使全国人民顿觉耳目一新，收视率在当时达到 40%，引起了第一次纪实节目的收视高潮。

此后，真正具有电视特点的现场性、贴近性、原生态、过程性以及拍摄视角的平民化成了电视节目制作的一种思潮、一种势力和一种具有代表性的倾向。《话说运河》《沙与海》《望长城》等一批优秀电视纪实节目相继诞生；《东方时空》的《生活空间》、上海电视台的《纪录片编辑室》等电视栏目也相继问世。如今电视纪实语言正朝这样几个方向前进：使传播内容直接诉诸观感，使传播者全身心介入，使观众有更多的思考和参与空间。

至于随中国经济市场化进程而出现的制片人制、节目制作公司制、节目制作股份制等有别于传统的节目生产和运作方式，更是策划行为的结果。

3. 为电视节目制作增强竞争力，保证工作的高效性

电视时段社会化、节目制作公司化、节目运作市场化，在冲击着传统电视节目生产、运作观念和模式的同时，也为电视节目提供了新的竞争机遇。但若想在竞争中取胜，必须首先增强自己的竞争力。而增强竞争力的主要途径之一，就是加强节目生产和运作的全程策划，防止因为单凭经验和主观随意性而造成的失误。同时，合理计划和安排人力、物力、财力，加强节目制作过程中各环节的衔接，从效益的角度进行创意设计，确保整个工作以最少的投入获得最大的综合效益。

在市场经济条件下，电视媒介已无法再依靠国家财政补贴来维持生存，而必须以市场为导向，在市场经济的汪洋大海中求生存、谋发展。策划过程

是一个发现商机、寻找对策的过程，由于策划时策划者对各种有利因素、有利资源进行了优化组合，可以使这些因素、资源发挥更大的效益，因此策划这一点石成金式的作用不仅能增强电视节目的市场竞争力，而且能保证摄制工作的高效性。

（三）电视节目策划的原则

策划发展到今天，已具备自己独立、完整的思想体系与方法论。电视节目策划作为策划大家族的一分子，也有其必须遵循的原理和基本要求，这就是电视节目策划的原则。电视节目策划原则对策划活动的过程和结果均具有一定的规范作用、导向作用、促进作用和保证作用。

具体来说，这些原则主要包括以下八项：

1. 目标原则

目标是策划的起点也是策划的终点，成功的策划离不开明确的目标。

电视节目策划活动一开始，就要明确特定的目标。目标一旦确立，就要成为策划运行中的支配性航标，其他所有思想和行动都要围绕这一目标展开。

虽然对于电视节目策划来讲，最根本的目标是赢得观众，但在整个策划的具体实施过程中，又有各自侧重的目标：前期广告宣传是为了提高节目的知名度；后期组织研讨是为了提升节目的品牌效应；而贯穿始终的营销策划是为了扩大市场占有率、公关策划是为了开发广告赞助商等。

如果把策划比作一场战争，那么目标则是最高指挥官以"任务"形式向下级各部门发布的命令，任何一支军队要想取得最后胜利，都必须按照这一最高指示层层执行。

2. 信息原则

信息是策划的基础也是策划的条件，成功的策划离不开对相关信息的掌握与研判。

电视节目策划最根本的目标是赢得观众，而影响电视节目收视率、美誉度的主要因素有两个：一是观众的兴趣、需要、年龄、职业、文化背景等；二是政治环境、经济环境、自然环境、技术手段等客观因素。

策划是一种着眼宏观、把握微观的决策过程，这种决策首先建立在充分的信息搜集与分析利用的基础上。信息的搜集应力求可靠、准确、全面、系统；信息的分析利用应力求及时、科学、适用、有序。对于电视节目策划而言，信息的搜集主要包括观众构成与市场环境两方面，信息的分析利用则可分为策划方案实施前和电视节目播出后：策划方案实施前信息分析的内容主要包括目前市场的基本状况、潜在市场的发展趋势、各电视媒介同类产品的策划手段与效果、自己节目的市场机会、如何提高收视率等；电视节目播出后信息分析的主要内容包括电视节目的收视率、市场占有率、同类节目竞争状况、利润状况、观众构成、收看习惯、对电视节目的态度与评价等。

信息的搜集可委托专门的调查、咨询公司，也可自己组织实施；信息的分析利用应坚持从现状分析入手、以未来趋势为导向、结合自身特点、扬长避短确立策划目标、有利于策划目标的顺利实现等原则。

3. 创意原则

创意是策划的灵魂也是策划的关键。成功的策划离不开依靠策划者丰富的知识经验与创造性思维而产生的创意。

所谓"创意"有两层含义，一是指人们心理上的一种强烈的发现问题和解决问题的冲动；二是指意想不到的能带来效益的解决问题的方法。

电视节目是满足人们精神需要的特殊商品，精神需要无影无形、瞬息万变，观众对电视节目需求的变化很快，加上新的电视节目层出不穷，不断改变电视媒介的市场格局，这就需要电视节目策划者不断出新，在节目的内容上、形式上、制作手法上求变、求异、新意迭出、出奇制胜。

中国传媒大学高鑫教授曾说过：现代社会的人才已不是过去认为的那种才高八斗、学富五车的积累型人才，而是能不断吐故纳新、边学边创造的放射型人才。策划界也有句名言：IDER 是摇钱树。一个好的创意往往是成功策划的引爆点，而好创意的产生除了依靠策划者丰富的知识经验和创造性思维外，还需要策划者密切关注时代发展的步伐，因为能够受到人们普遍关注的事物往往更富有时代性、现实性与迫切性，充满朝气的时代精神可以使电视节目不断焕发出迷人的光彩。如果策划者不注意把握时代脉搏，就跟不上观众收视需求的变化，也就难以收到良好的社会效益和经济效益。

4. 可行原则

电视节目策划不应只是奇思妙想的文字表达，而应当是实现特定目标的行动方案，所以策划一定要切实可行。

一个好的电视节目策划有时并不一定有多么庞大复杂，它也许只是在关键处的一次巧妙变化或是将烦琐化为简便，只要达到目的便是成功。如果你自认为自己的想法完美无缺，但却因现实的困难重重无法实现，那你的策划就不是一个好策划。策划人经常做减法，因为他们知道，追求完美的前提是可行。

5. 心理原则

制作电视节目的根本目的是要让观众爱看。节目策划要想吸引观众，就得了解观众心理。

观众心理包括一般心理和特殊心理两部分。一般心理指绝大多数观众共有的心理；特殊心理指不同年龄、不同职业、不同文化层次和不同性别等特殊观众的心理。掌握观众的一般心理可以使我们在宏观上把握广大观众的心理需求，尽可能满足他们的正常需要，并加以适当引导；掌握观众的特殊心理则能从微观上根据不同观众制作出不同节目，尽可能满足他们各自不同的特殊需要。

6. 导向原则

电视节目的策划既要考虑以正确的舆论引导观众，又要考虑满足观众的各种需求，把握满足需求与引导需求的两头，并巧妙地加以结合，这应当成为电视节目策划的出发点。

7. 权变原则

世界是在不断发展变化的，一成不变的事物是没有的。策划方案制订后，在实施过程中，可以根据变化了的情况进行及时调整。策划是对客观世界主动、积极的反映，既然策划的对象是不断变化的世界，策划过程中就必须有应变之策。随机应变，主观随客观变化而变化，这是电视节目策划者需要时刻牢记在心的一件大事。

随机应变的"机"是多种多样的：有天时，有地利，有人物，有事件，有情况，有态势……策划者要全面掌握，做到胸中有数，不受变化影响，不被变化左右，以变应变。应变的对策也有多种：可以迎难而上，可以另找新路，可以寻求支援，可以等待时机，可以顺水推舟，可以推倒重来……总之，兵贵神速，急中生智、快速反应是对策划者的一个基本要求。

8. 效益原则

作为电视节目策划人必须考虑经济效益与社会效益。在电视产业化的今天，社会效益与经济效益总是结伴而行的：电视节目没有社会效益，经济效益无从谈起；只抓经济效益，不择手段媚俗，把社会效益晾在一旁，经济效益也会好景不长。而要要做到效益双赢，关键在于策划出"思想精深、艺术精湛、制作精良"的电视节目精品，策划人在策划时既要心中装着观众，又要考虑社会影响，如此节目才不会走进死胡同。

三、电视文化评论员与节目策划能力

以文化哲学为理论基础的文化评论是一种形而上的思辨，不可避免地带有贵族化倾向、象牙塔习气；再加上文化评论时常超越文本，甚至逃离文本，涉及许多文本之外的大背景等，不具备具体的指导性，因而难免显得有些远离大众，不容易被大众接受。

电视文化是一种大众文化，是一种与现代化大工业相伴而生的商业文化、消费文化，具有世俗的功利性和实用性。因而电视文化评论必须回到文本、贴近文本，直面电视节目本身，同时直面评论的接受对象——大众；要有利于大众正确理解电视节目的内容和形式，要能引导大众对电视节目意义的探寻，同时还要有利于对电视节目生产进行适度的调控与规范。只有这样，电视文化评论才能实现其世俗功用，避免被大众疏远的命运。这就决定了电视文化评论是一种实用的认识论，它回避经典、哲学式的评论，把服务的目标直接指向大众。

当然这里所说的"世俗"绝不是一味迎合大众的低级趣味，更不是宣扬经济效益至上的拜金主义，而是坚持电视文化评论操守的平民化立场，即在了解大众、了解大众文化、了解大众文化市场运行规律的基础上，用大众喜闻乐见的平民话语满足大众对电视节目的理解需求、选择需求、求新求异的审美需求等。

由此我们不难看出，电视文化评论与电视节目策划有着天然的内在联系：了解大众、了解大众文化、了解大众文化市场的运行规律正是一切电视节目策划的信息基础；同时我们也不难看出，电视文化评论员天然具备电视节目策划的潜能：丰富的文化底蕴是策划出电视节目精品的学识基础，而调控与规范电视节目生产的宏观视野在电视节目策划中更是必不可少。

当然，评论毕竟不同于策划，潜能也不等于能力，一名电视文化评论员要想具备一定的电视节目策划能力，除了学习与电视节目策划有关的基本知识、基础理论外，还要在经典案例的学习与借鉴中勇于实践、善于总结，不断培养自己的洞察力和执行力。

（一）电视文化评论员应具备一定的节目策划能力

长期以来，文化给人们的印象都是精神的而非物质的、事业的而非产业的，这主要是因为新中国成立后相当长的一个时期内，文化都局限在上层建筑、意识形态领域，或服务于政治，或服务于经济；文化单位如出版社、报社、杂志社、电台、电视台、电影厂、乐团、剧团等也多半属于国家财政拨款的事业单位。

其实，文化有狭义、广义之分。狭义的文化是指社会系统内人们生产智能信息流的记录，即各种人造精神系统，如哲学、历史、文学、政治、经济、军事、音乐、舞蹈、绘画等；广义的文化则包括智能信息流的物质产品，即各种人造物质系统，如笔、墨、纸、砚、工艺品、图书、光碟、电影院、寺庙、园林、城市雕塑等。我们通常所说的"文化"主要是指人脑按自己的想法把自然之物加工成人造之物，即"人化的自然"或"自然的人化"。这些"人化的自然"在从前可以通过教育这种代际沟通的方式在人脑中逐代继承，形成一个有文化传统的社会；在今天则可借助媒介强大的同化力把人们迅速同化成一群缺乏文化个性的时尚追逐者。

1. 文化评论，从精英式的思辨走向平民化的解读

当整个社会尚处于一种物质匮乏的状态时，文化多半只能作为一种精神与意识而存在；而当整个社会的物质所需基本饱和后，文化才有可能大规模地从精神系统向物质系统发展，从文化事业向文化产业转变，从少数人的奢侈品变成多数人的消费品。

今天，人们已摆脱过去在物质、文化两方面一无所有的状况，商品经济不仅给人们带来了空前丰裕的物质，同时也唤醒了人们对文化的渴求、对文化消费的欲望。然而他们中的大多数人对文化的态度与认知又是不成熟的，因为首先，他们是一个杂合群体，他们的产生随商业文化的发展而产生，商业利益使他们成为一个无根的群体；其次，商业文明、消费文化带有的逐利心态造成他们多变的性格，他们在大众文化媒介的操纵下狂热地追逐时尚，并随时尚游走，很难在情绪的激荡中把握自己，以至于形成随遇而安的文化性格。

尽管在当前的大众文化生产过程中大众事实上并未能成为真正的创造者，也很难说大众文化就是大众自己的文化，但所有的大众文化生产者无一不把大众作为争相取悦的对象。因为如今的大众毕竟是一群具有某种文化程度和相应经济实力的消费主体，是具有自主性和选择力的文化消费者，他们有能力购买自己感兴趣或需要的文化产品。在这样一种大众文化消费日益昌盛的年代，在各种良莠不齐的大众文化产品泛滥成灾的情形下，对不成熟的大众给予必要的消费指导，已如同对商品进行导购一样成为时代的需要，成为大众的需求，大众迫切需要一种声音，这种声音要能在他们迷途的时候提个醒，让他们在情绪化的生存中不要忽视理性，这种声音就是文化评论。

当文化还局限在精神领域、是一种事业时，文化评论往往注重追求个性化的思辨乐趣，带着些精英气质，习惯以旁观者的视角对各种文化现象进行评析、思考、提建议；而当文化成为一种商品、一种产业时，文化评论就不得不从精英式的思辨走向平民化的解读、从对产品的人文评论走向对产品的人文策划、从旁观者走向参与者。

比如，上世纪80年代，颇具精英气质的文艺评论曾火爆一时，而那时的火爆根植于当时迫切的社会需要：80年代以前的政治运动多从向文艺界开刀入手，多利用文艺评论鸣炮开道，文艺评论、意识形态、政治斗争紧紧

捆绑在一起，而用以捆绑的又多是一条"左"的绳索。顺理成章，当社会需要从"左"的压制下解放出来的时候，人们的目光自然投向了文艺评论，文艺评论成了当时整个中华民族从"左"的牢笼中冲杀出来的号角。然而好景不长。随着改革开放的逐步深入，市场经济体制的逐步建立，人们生活重心的逐步转移，主流意识形态文化开始退居幕后，精英文化被迫走向边缘，多元文化格局形成，以影视、娱乐、畅销书刊为代表的大众文化成了文化市场的主角，辉煌一时的文艺评论日渐式微。在此背景下，一些纯文学期刊迫于生计纷纷改版，如《青年文学》（中国青年出版社主办）新设了"话语空间"，倡导"模糊文体"；《芙蓉》（湖南文艺出版社主办）将各类前卫艺术推到了显著的位置，突出"另类文化"；《萌芽》（上海市作协主办）举办的"新概念作文大赛"吸引了全社会关注的目光等，精英式的文艺评论开始向大众式的文化评论转型。与此同时，一些影视文化活动也开始邀请文艺评论家出来鼓噪，但已列入广告策划范畴。

2. 电视文化评论从提升精神走向商业运作

电视属于大众文化。大众文化主要是指与当代大工业生产密切相关、并以工业方式大批量生产、复制消费性文化商品的文化形式。这种文化形式除了必然地与大工业结成一体之外，还包括创造和开辟文化市场、以公司行为去组织产品的销售以及尽快获得最大经济利润等经济行为，这就使得畅销书刊、商业电影、电视节目、通俗歌曲、营利性体育比赛以及时装表演等不仅构成大众文化的主要成分，而且成为只有在买和卖的关系中才能实现自己文化价值的普通商品。从这个意义上说，大众文化不仅是现代工业和市场经济充分发达后的产物，而且从根本上改变了文化和社会、文化和经济的关系，文化已从传统的提升精神的手段变成了各种媒介机构攫取金钱牟取暴利的工具，其中当然也包括电视媒介。在此情形下，电视文化评论除了要能满足大众对电视节目的理解需求、帮助大众正确理解电视节目的内容和形式、引导大众对电视节目人文意义的探寻外，同时还要能满足大众对电视节目的选择需求，在良莠不齐的众多电视节目中告诉他们什么是精品、什么是次品、什么值得看、什么不值一提。此外，由于大众文化消费者多变的文化性格，加上精品电视节目往往以大工业化方式大批量生产、复制，所以再好的电视节目也容易让观众产生审美疲劳，于是，电视文化评论又多了一处用武之地：帮助电视媒介机构不断策划出各种新奇的电视节目，运用种种方法引起人们无法克制的收看欲望，满足观众求新求异的审美需求，从而达到提高收视率、实现经济效益和社会效益最大化的商业目的。

精英式的文艺评论主要侧重于推动作家创作以及在文艺评论家之间进行

学术交流，因局限于圈内、远离大众而日渐式微；大众式的文化评论则在如何使大众愉快地接受文化产品、如何在接受之后提高审美情趣等方面下功夫，因面向市场、贴近大众需求而扩大了自己的生存空间。但是，传统的文化评论主要关注文化产品中的人文价值与精神含量，将社会效益放在第一位，其基本职能是张扬社会理性、维护人类道义、提升人的精神境界。而如今在文化产业化、电视商业化的大背景下，电视文化评论除了传统的人文评论视角外，还可以从技术与市场的角度对电视节目加以评论，积极参与电视的产业化进程中，从置身其外的评论向深入其中的策划转型，从人文评论向商业运作转化，从而进一步拓展电视文化评论的生存与发展空间，提高电视文化评论员的社会地位与经济实力。

电视文化作为一种高科技的伴生物，其技术含量很高。技术是电视文化内涵的载体，以制作显示人文，以技术表达审美，也许正是电视文化的奇妙之处。如蒙太奇手法的运用，既是技术活儿，又直接关系到电视节目审美内涵的呈现；而对音响、光线、色调等的处理，其强弱明暗与内在的象征寓意，与电视节目的整体格调都密切相关。凡此种种，都是既包括技术手段分析，又包含审美价值判断。此外，电视节目的复制性需要依靠一系列技术流程来完成；精品电视节目的质量——"三精"中的艺术精湛、制作精良，更是离不开相应的技术。所以，从技术角度评论电视节目，既可增强观众对电视节目的审美感受，又可提升电视文化评论员的精品策划能力。

电视文化的商业本性，决定了电视节目的生产、传播、消费等各个层面都受到市场的制约，因此，电视文化评论还可从市场的角度，对电视节目从策划、投资、制作到宣传、发行、消费的全过程进行评论，并在此过程中不断感受市场脉动，捕捉社会时尚，预测流行趋向，对观众心理进行调查，帮助电视媒介机构寻找电视节目的最佳卖点。这种市场评论是电视节目商业运作的一个必然环节，突出的是电视节目的商业性，因而评论者往往是电视文化产业链中的一分子——或是某电视节目策划团队中的一员，或是某电视节目的特约评论员。而支付给这些评论者的费用也往往很高——不仅支付给他们高额的稿费，而且支付给他们高额的策划费，因为这些费用都是可以计入商业运作成本的。在经济发达国家，一种文化产品的商业运作成本往往大于生产制作成本。

3. 具备节目策划能力，是个人生存的需要也是国家发展的需要

文化具有反向调节功能。经济学家们研究发现，人类社会的经济发展到一定程度出现下滑时，文化产业有逆势而上的特点。因此我国政府在全球经济出现衰退迹象时果断推出《文化产业振兴规划》，明确提出要把文化产业

培育成我国国民经济新的增长点，增强中华文化在国际上的影响力。在我国大力发展文化产业的宏观背景下，电视文化评论员具备一定的节目策划能力，积极投身到电视媒介产业化进程中来，既做一名冷静的旁观者，又做一名热情的参与者；这不仅是个人生存的需要，也是国家发展的需要。

（二）电视文化评论员的节目策划潜能

文化评论从最初精英式的思辨、到后来大众化的解读、再到后来被列入广告策划范畴参与大众文化产品的市场化运作，一方面说明文化正不可避免地从书斋走向市场、从精神向物质转变、从少数人的奢侈品变成多数人的消费品；另一方面也说明文化评论与大众文化产品策划间有着密不可分的内在联系、文化评论员天然具备大众文化产品策划的潜能。

电视文化是大众文化的重要组成部分，电视文化评论的主要评论对象是电视节目，在对电视节目的人文内涵、表现形式、制作手段、社会反响等方面进行评论时，电视文化评论员其实已具备了节目策划的潜能。

1. 精英气质与精品

电视节目策划的首要任务是为创作出"思想精深、艺术精湛、制作精良、社会效益好"的电视节目精品而提供创意、思路、方法与对策。因为在电视媒介竞争日趋激烈的今天，精品电视节目是核心竞争力，电视节目策划只有强化精品意识，才能更好地满足广大观众的观赏要求，取得良好的社会效益和经济效益。

电视文化评论员是一些富有学养的精英知识分子，他们以自己对电视文化的认识来评论电视节目优劣，一方面发现和指出电视节目在生产、传播和消费过程中的缺陷；另一方面则提供弥补这种缺陷的方法和途径，以精英知识分子的智识帮助电视节目生产者和消费者明明白白地进入电视产业流程。

电视文化评论员对电视节目的评论是多方面的：有技术评论，如分析某电视节目的导演手法、蒙太奇运用、音乐效果、镜头处理等；有市场评论，如根据市场环境来分析某电视节目的卖点，或指出某电视节目不受观众欢迎的原因等；有人文评论，如对电视节目的思想内涵、价值取向、审美情趣进行评析等。在这些评论中，人文评论涉及电视节目的思想是否精深、艺术是否精湛；技术评论涉及电视节目的制作是否精良；市场评论涉及电视节目的传播效果和社会效益。所有这一切正好为精品电视节目的策划储备了丰富的知识经验和广阔的市场信息，而经验与信息是一切策划的基础和条件，任何成功的策划都离不开对信息的掌握和利用经验对相关信息的研判。所以，评论工作本身就使电视文化评论员在无形中具备了一定的精品节目策划的潜能。

2. 先锋精神与创意

创意是电视节目策划的灵魂和关键。一个好的创意往往是成功策划的引爆点，而好创意的产生除了依靠策划者丰富的知识经验和市场信息外，还需要策划者具备创造性思维和先锋精神。

所谓"先锋"原是指一支武装力量的先头部队，其任务是为这支武装力量进入行动做准备。而"先锋精神"表现在艺术上就是反对约定俗成的创作原则及欣赏习惯，追求艺术形式和风格上的新奇，注重发掘内心世界。

电视文化是工业文化，电视节目凭借技术不断改变内容和形式，使观众在轻松的享乐中放弃思想。思想的缺失使观众在没有个性、没有主见的相互模仿中迅速趋同，这是一种表面的趋同，并且这种趋同只是暂时的。于是电视节目生产者在不断的文化包装中不断制造一浪高过一浪的潮流，观众则成了追浪者、精神漂泊者，他们的注意力迅速被聚集又迅速被驱散。作为一种消费文化，电视往往通过迅速及时的信息播报或温情、欢乐等场面的展示，满足人们基本的感官享受和心理需求。但这种满足是肤浅的，它在抚慰人们心灵的同时，也消解着人们的激情和创造性。与电视文化的消费性相对，电视文化评论则是一种建设性文化活动，它通过理性的评析引导大众去思考现实的处境和世界的本质，不断激活人们的创造力，帮助人们跃出物质泥潭，获得精神澄明；它同时又是精英文化对大众文化的渗透融合，是以先锋精神激活大众文化中的良性因子，扼制其消极因素。电视文化评论员不仅能对电视节目的内容进行评论，而且能对电视节目的意义加以扩展和提升。法国当代符号学的代表人物罗兰·巴特在其《批评与真理》一书中曾指出："批评是积极地为文本创造一种意义，而不是被动地解释作品的意义。"电视节目具有平面化的特点，往往注重满足观众肤浅的心理需要和感官需要，有时一个电视节目在内容上似乎涉及诸多方面，但它只是将一切问题停留在表面，绝不能深入下去揭示其本质。而电视文化评论却可以透过表面看本质，使电视节目的内涵得以延展深化，引导观众走向深处，在得到感性愉悦的同时进一步得到理性的提升，甚至开发出电视节目潜在的审美维度。

随着电视媒介的发展和电视从业人员素质的不断提高，电视节目越来越追求内涵的丰富性和艺术的高层次。电视节目生产者为了使自己的作品脱离浅显单薄的层次，往往在艺术性上下功夫，许多作品都不仅仅满足于表层的感官刺激，并不仅仅只有表层的故事性，还程度不同地具有审美层次和哲理层次。但对一般观众来说，往往不能很快进入这种更深的层次，这就需要评论员去破译。比如法国有部电视系列剧《德里克探长》，一般侦探片在开始都要巧布疑阵，设下悬念诱人深入，这部系列剧则每部都在开场便把底牌亮给了观众，有些人就觉得这部剧乏味。那么，它靠什么吸引观众呢？有一篇评论文章《拷问灵魂》指出，该剧用一种平实的手法，以一种清醒的间离效果启迪理性思考："由于事先知道了结果，观众的目光始终是清醒的，毫无焦躁的等待，也没有盲目的激动，一切都在清醒的理性下展开……于是，每一集都使观众对人性有了进一步的理解。"这种评论很有创见，使一般观众对该剧有了新的认识，增强了观赏效果。

美国当代电影理论家波布克曾提出："电影评论家对电影艺术负有重大的责任，因为他在某种意义上将决定这门艺术的未来形态。如果他写出发人深思的和极有见地的影评，他就能对现今的和将来的电影导演起促进作用。他的作用并不是也不应当是简单地指引观众去或不去看某部影片。优秀的影评使观众在看片时心里更有底，启发演员和导演的不同意见，从而加强或改变他们的处理手法。"电视文化评论工作的建设性、先锋性和创见性使电视文化评论员在不知不觉中已具备了一定的创意潜能。

3. 市场敏感与目标

目标是策划的起点和终点，一切成功的策划离不开明确的目标。对于电视节目策划来讲，最根本的目标是赢得观众。

电视文化评论员首先是一个社会的代言人，他结合电视节目对社会情绪、社会心理的影响以及观众的审美情趣、价值取向进行分析，一方面将观众的呼声反馈给电视节目生产者，使他们对自己的生产目的有一个正确的认识，对自己的产品有一个比较客观的了解，不至于一意孤行、单纯逐利而不顾其他；另一方面也能促使电视节目制作者从大众审美心理与社会需求的角度去设定自己的目标、明确自己的定位。

电视文化评论员是社会精神的守护神，所以他首先要对电视节目的社会效益加以分析。但是，电视文化评论员也不拒绝对电视节目的经济效益进行分析，他通过对社会时尚的捕捉，能够指出某个电视节目的卖点所在；通过对观众审美心态的分析和审美趣味变化的推测，可以对电视节目市场作出某种预测，以前瞻性的评论文字，对电视节目生产起引导作用；通过对电视节目内在结构与美感形式的具体分析，可以使生产者对自己生产的电视节目有一个比较具体而理性的认识，清醒地看到其优劣所在，也为下一步的生产积累经验；通过对电视节目生产者的研究，可以指出其生产意图与大众需求之间的差距、生产意图与产品完成形式的差距，从而进一步分析差距存在的原因，使生产者意识到自身的问题……凡此种种，既培养了电视文化评论员的市场敏感，也使电视文化评论员具备了一种赢得观众信任的能力，这对策划目标的合理设置大有裨益。

（三）电视文化评论员的策划能力培养

虽说电视文化评论与电视节目策划之间有着密不可分的内在联系，但评论毕竟不同于策划：评论重言，策划重行；评论重理性思辨，策划重科学整合；评论重在个人，策划重在团队；评论重在运用知识评判优劣、总结经验、产生新知，策划重在运用信息寻找商机、开发新品、实现效益目标。

虽说电视文化评论员天然具备电视节目策划的潜能，但潜能也不等于能力：英国心理学家斯皮尔曼根据人们完成不同任务时的表现，提出能力由一般因素和特殊因素构成。一般因素是人们从事各种活动都需要的能力，包括观察力、记忆力、想象力、创造力等；特殊因素是指某一些专业领域活动中所需要的专门能力，如画家对颜色的辨别能力和空间想象能力、音乐家对声音的辨别能力和韵律表达能力等。电视文化评论员具备电视节目策划能力的一般因素，即素质潜能；却不具备电视节目策划能力的特殊因素，即专业能力。

因此，电视文化评论员要想具备一定的节目策划能力，还需勇于实践、善于借鉴，在学、思、行结合的过程中发挥自身优势，扬长补短，不断积累自己的节目策划知识与经验，唯有如此才能切实培养自己的节目策划能力。

1. 从"外脑"做起

"外脑"是指电视节目组专职工作人员以外临时聘请的有关专家、学者等。"外脑"在节目制作技术上是外行，但在某一专门领域是内行，且旁观者清，合理发挥"外脑"的作用并与电视节目组的专业制作水平密切配合，既可提升节目的人文内涵，又可拓展节目的策划思路。开播于 1996 年的《实话实说》栏目曾红极一时，节目期期精彩，究其原因，除了崔永元的主持魅力外，一个重要的原因就是突破了传统电视节目制作的局限，善于借用"外脑"，如社会学家杨东平、学医出身而后从事广播事业的赵西苑、学影视的赵一工、军人出身的海啸以及少数民族的乌儿汗等，他们专门负责节目选题的策划，与节目制作的编导、导演、主持一起精心策划每一期节目。

目前我国电视业借用"外脑"的情况较为普遍，电视文化评论员可积极参与到"外脑"策划队伍中去，在实践中培养自己的节目策划能力。

2. 发挥自身优势，扬长补短

电视文化评论员的长处是见多识广、视野开阔，短处是不懂节目制作技术、缺乏节目运作经验，因此宜扬长补短，先在选题策划、主题策划、特别策划、系列策划等内容策划方面发挥自身优势；与此同时，在参与策划的过程中注意向节目组专职人员学习，倾听他们的意见，观察他们的工作，逐步积累自己在节目制作技术与节目市场运作方面的知识与经验；这样，既可以拓宽自己的评论范围，从人文评论向技术评论、市场评论发展，又可以进一步提高自己的节目策划能力。

这里所说的选题策划、主题策划、特别策划、系列策划等是目前我国电视业常见的几种节目策划手段。

选题策划是节目策划的常规手段。选题决定着节目内容，因而对节目策划而言有牵一发而动全身的作用。一个成熟的电视节目制作机构应建立起一套较为严格的选题遴选机制、策划机制、应急机制和储备机制。

遴选机制是以"守门人"的角色建立起选题的评价标准和筛选原则；策划机制则是充分调动节目主创人员的创造性，结合相关信息，挖掘深层信息，突破一般现象而策划出有特点的选题。如果说遴选机制是在筛选选题，那么策划机制就是如何处理选题。通过遴选机制和策划机制确立的选题，往往具有独创性，能使节目更受关注，同时更能反映策划者的智力因素和策划水平。

应急机制是面对突发性事件时的应急处理能力，或根据突发事件的性质迅速决定节目的选题，或在较短的时间内跟进社会热点，及时以选题带动节目的整体操作；储备机制则是对选题的长线准备和积累，旨在保证节目稳定、顺利地进行。

近年来随着电视竞争日益激烈，仅靠捕捉热点、盲点等常规选题已很难收到明显的策划效果，于是策划手段开始多元化，主题策划、特别策划、系列策划等手段应运而生。

节目主题化是近几年节目策划的一种新潮流。主题策划的关键在于主题，并能将主题贯穿于节目运作的各个环节。主题策划的优势在于能消除电视节目的收视疲劳，增强观众的收视兴趣。如《幸运52》栏目近年来节目主题策划就做得比较到位：天寒地冻，滑雪是一项不错的运动项目，于是栏目就制作了一期以"带你去滑雪"为主题的节目；高考刚过，参加完考试的学生踊跃报名，于是栏目又不失时机地推出高考主题节目"高考炫特区"；等等。

特别策划是指在特定时间或特定地点策划并推出的节目。特定时间包括节日、假日、主题日等；特定地点包括特别的国家、特别的城市、特别的村镇等。如《艺术人生》在纪念抗日战争胜利60周年之际推出了特别节目"抗日"；《欢乐中国行》推出的"魅力锦州""魅力河源"等。

系列策划是指在同一节目模式下制作多期节目，各期节目之间是平行、并列的关系。如2004年是中华人民共和国建国五十五周年，也是我国改革开放第二十五年，中央电视台《见证·亲历》栏目结合这一政治背景，成功策划了一个反映我国二十五年来社会变化的系列节目"二十五年流行语"，该节目以流行语的形式反映普通百姓生活中的点滴变化，并以此反映我国改革开放二十五年来所取得的成就。节目系列化是一种有效的策划手段，其优势在于：一是降低节目模式的原创成本；二是降低选题重复的嫌疑；三是有利于形成收视的积累效应，巩固观众对节目的忠诚度。

3. 注重效益，贵在可行

电视文化评论与电视节目策划的最大区别就在于：前者重言，后者重行；前者重影响，后者重效益。

在文化产业化的大背景下，电视节目已商品化，因此要想实现电视节目的社会效益和经济效益，节目策划就要像企业营销策划那样寻找节目卖点。所谓节目卖点就是节目最具吸引力的个性化品质特点，这一特点只有自己的节目具备，且符合观众需要；或其他节目虽然具备，但特点并不如自己的节目明显。成功的电视节目一般能深挖出观众喜爱的卖点，如《实话实说》每期节目最突出的卖点就是崔永元的机智幽默和现场反应能力；《焦点访谈》每期节目的卖点是强化舆论监督，揭露打击腐败行为，满足百姓情绪宣泄感等。找卖点要做到知己知彼，善于发现商机，学会在夹缝中求生存。卖点一旦找准，就要尽量突出卖点，无论包装手段、制作技巧还是结构安排都要围绕卖点来展开，因为留给观众印象最深的也就是你"卖"给观众的那一"点"。

电视节目策划注重效益，贵在可行，而要使节目策划顺利实施，就得遵循一定的工作程序。电视节目策划是一项综合性系统工程，其基本特征是科学、创新、多变。世界上没有完全相同的两片树叶，也没有完全一样的电视节目策划方案，按理说也不该有什么固定的程序。但对于初学电视节目策划的人来说，单纯靠自己的经验和感觉进行策划是很难成功的，学习、借鉴前人总结出来的智慧成果不失为一条有效途径，节目策划的基本程序还是需要了解掌握的。一般来说，节目策划的基本程序大致可分为三个阶段：

一是前期节目策划阶段，主要内容包括：上期节目信息反馈，了解收视情况，分析受众心理，供下期节目策划时参考；搜集与节目相关的信息资料，拟订节目选题；召开策划会，讨论节目选题；拟订选题策划方案；试行策划方案，调查了解有关的人和事，及时修改策划方案。

二是中期策划执行阶段，主要内容包括：制订节目执行方案，包括对各环节的具体要求；执行策划方案，贯彻落实策划思想；节目制作。

三是后期录播反馈阶段，主要内容包括：节目最后录制合成包装；节目播出；收集反馈信息，为下期节目策划做前期准备，与第一阶段首尾呼应。

当然，以上三个阶段中的各项可根据节目内容、制作条件灵活增减。

随着我国电视体制改革的发展、制播分离制度的实施，社会性的节目制作公司正在大量涌现，一批节目策划公司也在陆续发展壮大，再加上电视台各栏目原有的专业化节目策划、制作机构，各种节目已大批涌入市场，一个规范、活跃的节目交易市场正在形成。节目的市场化必然要求节目精品化，节目策划人在电视人才市场也因此越来越走俏。从电视文化评论员到电视节目策划人，中间的距离并不遥远，跨越这段距离，理想就能变成现实，知识就能变成财富。

【思考题】

1. 电视文化评论与电视节目策划的内在联系与本质区别是什么？
2. 如何切实培养电视文化评论员的节目策划能力？

广告文化中的意识形态化与女性

刘星河

[关键词] 广告文化 评论 营销文化 意识形态 女性形象 女性文化

在当代媒介社会与消费生活中，广告是最具影响力的一种力量，正如丹尼尔·贝尔所言："广告就在我们的文明的门面上打上'烙印'。"① 它是商品的标记以及社会新价值观的预告；大众媒介的内容因它而呈现特定的结构；它似乎是建构性别以及身份认同的重要因素；由于影响并刺激了需求，消费借助于表面事物而得以存在；在社会问题如环境方面，广告俨然变成了强有力的代言人"。②

一、广告文化评论的内涵与外延

广告文化评论，既是指对广告文化传播现象的评论，也是指从文化角度对广告传播活动的评论。二者区别是，前者侧重于广告作为文化现象在社会传播上的影响力与其效应的分析与评价；后者侧重于对广告传播活动分析评价的文化评判标准和方法。二者实际上是并行不悖的，是一个钱币的两面，不可分割。因为，广告既是各类信息包括商业信息的传播活动，也是文化传播现象之一；而对广告活动的文化角度分析，则是抓住了广告活动与人类文化关系互动的本质。

（一）广告文化的含义

广告，作为现代商品经济的伴生物，其在社会发展中的地位与影响，还应将其视为一种独特的文化现象。文化视野中的广告将不局限于广告的经济

---

① 丹尼尔·贝尔著：《资本主义文化矛盾》，赵一凡等译，三联书店 1989 年版，第 116 页。
② 鞠惠冰：《现代广告：人与物关系的解码》，《现代传播》2002 年 1 期。

功能，而瞩目于广告对人们思想意识、价值观念的影响，对整个文化建构的作用，以及对人类生存方式的冲击。

广告文化的独特性在于，广告是一种商业说服文化，广告文化的幕后操纵者是广告主。广告必须服从付费的广告主的旨意，必须贯彻广告主的理念和意图，必须为达到广告主的目的服务。广告主成为广告文化的支持者和操纵者。长虹说"太阳最红，长虹最新"，它表现的是长虹老子天下第一的霸主之心；创维说"谁升起来，谁就是太阳"，就深刻地体现了创维敢于挑霸主于马下的雄心。广告主的愿望是想通过广告，塑造一个辉煌的品牌，从而大量地推销产品和服务。广告文化不管外表多么华丽，在它血管里流动的始终是广告主的血液。

（二）广告文化的特征

广告文化除具有一般文化的共性，如普遍性、整合性、延续性、变迁性、后天性之外，还有其独特的个性，最显著一点就是这种文化的商品性属性。

作为商业文化的范畴，具体表现为商品文化及营销文化。商品本身就是一种文化载体，文化通过商品传播，商品通过文化而增值。商品文化是广告文化的核心内容；营销文化是指以文化观念为前提，以切近人的心理需要、精神气质、审美趣味为原则的营销艺术和哲理，它是广告文化的集中表现形式，商品文化要通过营销文化的实现而最终实现。

现代的广告文化，在功能上是一种促进销售的消费文化；在生产方式上它是一种由文化工业生产的商品；在文本上它是一种无深度的平面文化；在传播方式上它是一种无等级的泛大众文化。因此，广告是借助于现代文化工业日臻完美的传播技术和复制手段，为大众所提供的典型商业文化。这种文化由于与商业利润唇齿相依，由于它不可避免地要用媚俗方式换取受众的青睐，以将产品推销给他们，由于它与资本权力的相互依存，因而它对于我们的文化发展、社会进步和美学理想的追求，对于保持一种批判的、超越的、具有活力的人类进步意识的努力必然带来一种负面性的影响。

广告具有流行文化的特点，如巧借当代人对名人的崇拜和对权威的信任心理，进行创意和宣传，制造了当代流行文化的特征。广告也具有超前文化的特点，向人们展示着一种超前的文化形象。如"雀巢"咖啡反复陈说"味道好极了"，就是试图通过塑造一种高品位、高档次的生活，带给人超前的文化消费，改变中国人素来喝茶的习惯。

广告文化是一种符号文化。今天，我们的周围充斥着各种各样的广告符号。广告中出现的内容大多为一种符号信息，广告传达给受众的东西日益充满了社会意义与形象。广告的能指与所指的符号意义任意联结，广告在人们生活中起着能动的构造作用。商品的"使用价值"在消费行为中逐渐退隐，而广告的"符号价值"则日益受瞩目。一个轿车广告不会只说："你看这轿车不错，它会跑！"广告会用无穷的联想和暗示，为那些轿车创造出丰富多彩的感觉与形象——可以是"气派而华丽"，或者是"纯真而自然"；可以是"潇洒而快乐"，或者是"沉稳而凝重"；可以是"显示出您辉煌无比的成功"，也可以是"透露出您朴实无华的高贵"。一则雕牌牙膏的广告就是如此。广告中的小女孩沮丧地说：我有新妈妈了，可是我一点都不喜欢她。之后，无论这"新妈妈"为"我"做什么都无济于事。但有一天"我"在卫生间看到了她为"我"买的雕牌牙膏而且挤好了放在那里，这时"我"才觉得"她好像并不那么讨厌"。于是矛盾化解了，幸福的生活从此开始了。接着，广告词说："真情付出，心灵交汇——雕牌牙膏传递真情。"这是典型的广告符号能指与所指的联结类型，小小的一管牙膏（能指），成为情感沟通的桥梁（所指）和新生活的起点（意涵）。广告正是"王顾左右而言他"，用各种各样人造的符号，建造美满幸福的生活方式的形象。它在暗示消费者，只有购买了广告中的商品才可以拥有理想的生活。

（三）广告文化的积极意义与消极影响

一方面，广告传播者会调动文化中的积极因素，在促销的同时一定程度上深化和升华受众的价值取向，增强其艺术旨趣；另一方面，广告传播者可能有意无意地或在传播方式或在传播内容上对大众产生不良影响，对文化建设起到消极作用。

广告文化也有其消极之处。从文化的本质来看，广告是一种以推销商品为其直接功能的大众消费文化。广告的核心功能即销售，而一切广告手段、表现形态所负载的广告文化也因之不可避免地具备了功利性与工具性的色彩。在"销售至上"的大旗之下，广告文化缺乏终极关怀，出现良莠不齐、好坏参半的现象。首先，广告是一种消费信息，广告商为了达到目的，势必利用一切行之有效的手段，不遗余力地把广告展现在受众的注意力范围，难免夸大、扩张广告信息的本来含量，甚至以虚假信息混淆、干扰受众对广告的接受、使用和价值判断。其次，广告传播为了迎合某一阶层人的"品味"，会破坏广告本身的价值内涵，甚至降低为一种媚俗化的时尚，引诱社会价值向媚俗靠拢。这种文化形态，其最终目标是为了最大限度地刺激欲望、放大欲望、强化欲望。按照麦克鲁汉的观点，如果说媒介是人的感官的延伸，广告则是人的意识的延伸，是受众的心理、欲望、观念和情感的外化、放大和扩展。

按照心理学原理，能在瞬间吸引注意的事物往往是那些能够刺激人的本能欲望和产生生理反应的事物。电视广告镜像正是利用这一原理，将人们整合到消费主义意识形态的消费体制和运行方式中，使之在"符号之镜"的幻觉中实现对物品的占有，其结果是被符号所异化而走向自我异化。在符号异化中，符号化的物却反过来成了奴役人、控制人的力量，主体成了被动的、可怜的、受制于物品和符号的"成分"。从文化形态上来看，与电影、电视剧、流行音乐等相比，电视广告是一种最多不超过 60 秒的短平快微型叙事。尤其是画面快速切换、闪现频繁的 MTV 化电视广告，更具强大的视觉冲击力，更能满足现代人的视觉感官快感。现代广告区别于传统广告的最大特点是：它重点推销的不是产品本身而是产品的文化附加值；它所激发的购买行为不是以满足人们的需要为基础而是以刺激难以满足的欲望为旨归。就符号异化的本质而言，是人做了自己的欲望的奴隶而已。

总体来讲，广告文化从属于商业文化，在追求商业目的的同时，还用文化价值和文化观念对人起着潜移默化的教化功能。但是，广告信息大量充斥传媒，汹涌的广告信息如洪水般弥漫了社会生活的各个角落，无所不在；甚至以冠名方式，占据城市地铁站点的名称，影响市民的情绪和感知。在大量的广告面前，大多数受众对广告文化所富含的价值意义熟视无睹、无力招架。广告信息量超过人的心理机制及社会需要，使得受众广泛、大量、每时每刻地接受各种价值观念的广告冲击而不知所措、遁入漠然。

广告文化评论的目的和功能就在于，要达到对广告传播活动的激浊扬清的目的，促使广告活动向着有益于社会和谐的方向发展，并对群体与人群的正确道德观念加以规范、引导。

二、广告符号运作的意识形态化

意识形态式广告是新近流行以表达消费对象内心感觉、个人主张、潜意识想法的一种广告创意，其呈现的广告内容，可能完全和商品无关，而只是一种内心的呐喊、片断记忆、纠葛的心结，以意象的方式宣泄，而广告的商品，却成为广告表现中的附属品，借着意识形态的方法，化为生活意识或感觉意识中的一个片断。近来，广告中的一切商品，事无巨细，都无不成为一种世界观的折射，反映着一种抽象的精神价值和生活信念。可以说，广告的符号运作几乎已经完全意识形态化了①。

"意识形态"，归根结底是一种能影响他人的价值、信仰和观念等精神性因素。当代广告早已不只是信息和意见的自由和均衡流动，而导致了不同信息与意见的非均衡流动。广告的外表千差万别，而其内里却只是塑造一个经过符号矫揉造作的"以消费为中心"的世界。从某种意义上讲，它已悄悄成长为一种人们不能掌握的异己力量。有位杰出的广告人说，广告能改变大众文化，能转变我们的语言，能开创一项事业或挽救一家企业，广告甚至能彻底改变世界。这一说法虽然夸张，但研究表明，广告的确具有改变世界的力量，"广告业……作为销售商、品味制作人、教育家、流行文化创造者以及历史学家，多方面、多层次地影响和塑造着美国人的日常生活。"②。事实已经证明，广告已不是一种无足轻重的事物，而成为影响当代文化、制约人们的精神世界和现实生活的具有强大意识形态性的事物。这种意识形态使人们做出有利于广告主利益的消费抉择，同时在不知不觉中接受有利于广告主的特殊知识和立场。

1. 广告的意识形态手法

广告的意识形态是由表层意识形态与深层意识形态构成的二元复合结构。表层意识形态是具体的广告所提出的抽象观点和价值等"由头"，比如飘柔的"自信"，奇强洗衣粉借用的"做人要干干净净"，百事可乐提倡的"新"事物的价值等等。它是明言的观点，总会在具体的广告个体中出现，直接影响着人们的现实判断，为人们当下的生活抉择提供标准和方向。其所运用的方式，是能指与所指的随意指定。"广告呈现为一个能指，一个词语，这个词语与广告所促销的对象不存在传统的关系，广告使这个词依附于那个对象。广告建构起新型的语言与传播现实。这些虚像的能指恰恰在广告中通过再语境化实现意义。广告利用了能指的漂移。"

深层意识形态却不明确地表现在个体的广告中，而是通过广告的整体起作用，作为一种不明言的、更高层次上的言说和表达，规范着人们的个体建构和现实行为。同时，它更是以一种整体的世界观和生活态度、长期稳定而深层的思维方式从意识深处影响受众。正如理查德·奥曼指出："广告作为

① 杨婧岚：《广告传播中的意识形态》，《现代传播》2002年1期。
② 朱丽安·西沃卡：《肥皂剧、性、香烟——美国广告200年经典范例》，光明日报出版社，1999年4月版，第558页。

一个整体传达某些重要的意识形态信息。"① 深层意识形态是广告作为整体对受众发生作用的无言的"言说",是一种"言外之意"。"不要贩卖商品,要售卖梦想",奥格威早已通过其创造的"戴眼罩的男人"的形象告诉我们,面向消费者,说得不清不楚,或者干脆什么也不说,把阐释的过程留给消费者,也许是最好的办法。

2. 深层意识形态的手法

(1)手段:把世界"问题"化　我们看到广告说:有头皮屑?多么可怕,它令你看上去真不怎么样,工作起来也不顺心,朋友也会离你远远的。可是只要用一下××洗发水,瞧,一切烦恼全都不见了!还有更多的广告在说:你缺钙,你的皮肤粗糙又没有光泽,你的孩子比不上别人聪明。仿佛在一夜之间,我们的生活就冒出如此多的问题,可是在一瞬之间,我们也能找到解决办法。世界变得如此明晰可辨:只要看广告,万事不求人。广告的这种手法培植着一种深层意识形态,在这种意识形态里,世界虽然充满了问题,但是却都像广告中那样容易解决。

(2)价值内核:消费主义价值观　广告的深层意识形态,其价值内核就是消费主义。消费主义价值观的核心价值是"我消费,(所以)我存在"。人们在消费中发现自我、确证社会身份、取得社会认同;人们还在消费中找寻人生的方向,更习惯了用物质的占有来标量生命价值的高度和效度:喝下某种液体代表你是崭新的一代,选择某款手机能显示你的"生命充满激情",消费某种洗发水因为自己"就是那么自信",而拥有宝马名车、高尚别墅意味着功成名就,成为社会精英。广告让人们把物质的占有以及消费当作一种符号,直接而显在地建构人生的意义世界②。

广告作为一种意识形态的威力,已经影响到了这个时代每一个人的精神世界,成为我们生活的文化环境。正视广告的意识形态及其影响,将有利于我们对这个过分庞大的事物保持主动。

三、广告中的女性形象和女性文化

据统计,在所有使用人物形象的广告作品中,女性人物占 60.8%,男

①　理查德·奥曼:《广告的双重言说和意识形态:教师手记》,见罗纲、刘象愚编《文化研究读本》,中国社会科学出版社,2000 年 9 月版,第 399 页。
②　杨婧岚:《广告传播中的意识形态》,《现代传播》2002 年 1 期。

性占 15.2%，男女都有的占 24%①。女性形象正成为广告中越来越重要的构成因素。"广告=女性+商品"，这一略带夸张的说法反映了女性形象被关注程度之高。女性的形象不仅作为一种商业符号，更作为一种社会文化符号大量出现在广告中，可谓现代社会最为重要的文化符码之一。

为了谋求利益的最大化，往往通过对女性形象的过度展示，吸引受众的眼球，激发其购买欲。广告制作者利用手中掌握的广告制作技术，呼应资本话语，共同合谋，对广告中的女性形象加以利用、改造或操纵，将其物化、商品化，以适应商业推销的需要。

广告与女性主义研究者通过深入研究发现，广告在进行性别角色定型。1975 年，McArthur 和 Resko 运用一套完整的编码维度对美国 1971 年春季的199 个电视广告进行内容分析，首次提出广告中的性别角色定型（gender stereotype）这一说法。他们通过对广告中主要人物在性别、可信度、角色、所处空间、对产品的评论、使用产品的收获和不使用产品的后果以及对产品的推销方式等 8 组编码进行综合统计发现，男性和女性在广告中有着固定而不同的角色要求、个性特征和身份地位，并将其定义为性别角色定型。研究发现，广告中的性别表现，有以下一些普遍规则：其一，广告中的男性更多地充当职业者，女性更多地充当家庭或依赖角色，如母亲或妻子、女朋友等男性的伴侣。虽然有时女性在广告中也扮演职业角色，但在地位上与男性有很大差异。男性往往是专家和权威，女性则更多地充当产品的顾客。其二，广告中的人物一般都比较年轻，但女性比男性更年轻，一般在 18～35 岁之间，而有相当一部分男性在 35～50 岁之间。其三，广告中的女性比男性更注意自己的外表，她们希望自己足够美丽并能吸引异性的目光。其四，在以男性为中心人物的广告中，他或者是独立的或者是有女性作为背景人物，如妻子、情侣、母亲、顾客等，但男性则很少作为背景人物出现。当女性为中心人物时，背景人物中常常是孩子或者其他女性。

广告中存在着大量的"歧视与贬低"女性的问题。广告中的女性多限定为家庭妇女；若是职业女性，则更多的被限定在文教卫、秘书等"传统"的女性工作岗位，而这不过是女性家庭角色的社会延伸。这种"角色定型"具体包括在角色分工上的"男主外女主内"，在权力关系上的"男主女从"，在性格特征上的"男刚女柔"，在能力上的"男强女弱"，在消费关系上的"男挣女花"，在情感上的"男理智女冲动"，等等。

---

① 邢丽梅：《广告中女性形象定位置疑》，《新闻传播》2008 年 2 期。

角色定型随之而来的就是生存空间的限定①。由于广告中的女性出现最多的场所是家庭，因此女性的生存空间更多的被限制与家庭之中。女性和男性的关系限定为温柔、依顺，没有独立主张、积极附和，接受男性的指导和帮助；女性的价值更是受到了严格的限定；青春、美丽、苗条似乎是女性自豪的唯一标准；在广告的强化下，女性的人生价值在于取悦男性和帮助男性成功，自我独立的价值则受到漠视。

一则《乐百氏健康快车》（30秒）广告塑造的是小男孩担当照顾妈妈的角色。爸爸出差了，洗衣机旁，四五岁的儿子自告奋勇地对年轻的妈妈说："爸爸叫我照顾你。"拿着两瓶钙奶招呼妈妈："你快喝呀！"母亲安置儿子睡觉，关灯、关门，又满怀爱意地瞧一眼。没想到不一会儿子又跑回妈妈的房间，蹭到妈妈床上，还借口："妈妈我担心你怕黑呀！"妈妈欣慰一笑。这时，孩子不失时机地提出："我多喝一瓶行不行呀？"这则广告的创意把广告的"3B黄金法则"——美女（Beauty）、宝宝（Baby）、动物（Beast）——中的两"B"都用上了，让幼儿来照顾妈妈，这一情节的设置被批评者认为是"男权中心"的性别意识，显示出社会环境对于性别角色的强大塑造力——孩子从小就受到"男人是强者，照顾女人天经地义"的强烈暗示。这无论是否属于善意，从根本上说它们都认同传统的社会性别角色，堕入"男强女弱"的权力框架中，是一种隐蔽的角色定型。这种有意无意的价值取向对于引导女性自省和独立是有极大害处的。

将女性"性对象化"的倾向，成为广告歧视女性问题的又一"重灾区"。其操作手法，一是"物化"女性。其特点就是将女性作为商品的一个卖点来推销商品或信息，借女性形象的某一特征作为指标或象征符号，来指称商品特质，烘托商品价值，或赋予其象征意义。在这一过程中，女性被附上商品的性格。二是身体切割与"性"暗示。如沐浴乳等广告中，不厌其烦地描写女性的脸部、胸部、腿部、身材、头发等等，将拥有独立人格和思想的完整的女性，切割成为一个个充满诱惑的"零件"，以暧昧的手法表现女性特有的生理特征和器官，在展示女性美貌的同时伴以自我陶醉的神态或是挑逗的目光。妇女都只是一个性感符号，妇女的身体被"切割"，只有身体的性感部位被强调，宣传一种狭隘的美和魅力标准，又在诱导女性将此内化为对于自身形象的自觉期待。其根本原因就在于根深蒂固的男权意识在商业文化的发达中沉渣泛起。

显然，一味地将对男女不平等的现象归咎于广告的塑造似乎并不可取。

---

① 陆敏：《媒介广告中女性形象的文化思考》，《新闻前哨》1998年3期。

因为广告也映照出现实中被大部分人所接受的那部分女性形象。在当前的媒介中，女性依旧是私人的、审美的以及情感的角色，尤其是广告的内容和形式都在强化这一概念，所传递的信息和图像都牢固确立了对女性的定义：自我与家庭的、传统与潮流的、平等与不平等的。

　　但是，现代和未来，男女两性人格的全面发展，应该是人的全面发展，女性被割裂与分离的现象应该被男女两性的和谐整合。那种只知相夫教子、没有个性、没有事业的女性形象逐渐被具有挑战性的形象所战胜和替代。当前，西方媒体中存在着大量的"第三类女性"①：她们美丽、可爱，最重要的是她们自信、独立，有自己的事业；她们把事业和家庭永远都放在平等的地位上。在美国，基布逊姑娘（Gibson Girl）已经成为美国媒体中"新女性"的形象代表。她健康敏感、略带反叛意味的清新气息；她仍是一个纯洁的女性，结婚后相夫教子，但她婚前受过较多教育，有一份自己的职业；她爱好运动，崇尚音乐，是集青春、冒险和健康于一身的年轻女郎。

　　当前，广告应对女性文化有足够的认可，应突出地表现对女性社会价值的认可，肯定女性的内在美，肯定女性在市场经济条件下所作出的不懈努力，弘扬真正的女性文化，推动人的全面协调发展。对女性美的健康宣传，对女性社会地位的肯定，对女性社会贡献的赞扬，是广告等大众传媒形式的重要任务。

【思考题】

　　1. 试述广告文化的特征与内涵。广告文化作为商业文化，有何具体内容？为什么说广告文化是一种符号文化？

　　2. 广告文化的意识形态化有何具体特征和表现？

　　3. 如何认识广告中的女性形象？

---

　　① 张雯：《女性主义——第三类女性与大众传播》，《现代传播》，2008 年 2 期。

实践成果篇

电视文化评论大众文化感知案例分析

——以电视谈话类节目为例

裘新江

电视谈话节目,又称为脱口秀节目(Talkshow)。早在 1954 年,美国全国广播公司(NBC)就推出一档深夜谈话节目叫《今夜》(Tonight),被业界视作第一个在演播室内进行的脱口秀节目,开了电视谈话节目的先河。电视谈话类节目在我国出现得比较迟。随着我国改革开放的深入以及国民整体教育程度的提高,更多的人开始关注社会,关注时事热点问题,于是我国谈话类节目应运而生。我国出现最早的电视谈话类节目是《东方时空·东方之子》(中央电视台,1993 年)和《东方直播室》(东方电视台,1993年),后来是普遍开花。最具全国性影响力的电视谈话节目就是《实话实说》(中央电视台,1996 年)。此外,老年人有《相约夕阳红》(央视),年轻人有《新青年》(湖南卫视),女士们有《半边天》(央视),军人有《心里话》(央视),孩子们有《小鬼说大话》(央视),体育方面的有《五环夜话》(央视),影视方面有《影视俱乐部》(央视),名人艺人访谈方面的有《大家》(央视)、《艺术人生》(央视)、《朋友》(央视)和《聊天》(央视),等等。据估计,国内目前的电视谈话节目在 200 个以上,基本上每一个省级电视台都有自己的谈话节目,不少地级电视台也都有自己的谈话节目。谈话类节目的类型也是五花八门,从大的方面可以划分为以下几类:一是新闻时政类的谈话节目。如央视《东方之子》以名人访谈形式与记者对话,《对话》围绕热门经济话题与焦点人物对话,央视新闻频道《新闻会客厅》关注当日或近期国内发生的重大新闻事件中的人,强调开掘新闻事件中当事人和关联人的亲历、亲为和亲感,突出新闻中人性和新闻性的结合。二是人际沟通类的谈话节目。如央视《实话实说》与《小崔说事》,重庆台的《龙门阵》,湖南台的《有话好说》,凤凰卫视的《锵锵三人行》。三是名人明星访谈类谈话节目。如央视的《艺术人生》与《大家》,各家电视台播放的《超级访问》,凤凰、湖南、安徽卫视的《鲁豫有约》,东方卫视《杨澜访谈录》。四是家庭亲情类谈话节目。如北京卫视的《夫妻剧场》,江苏卫视的《人间》，贵州卫视的《人生》，泉州电视台的《家有真情》。五是养生保健类谈话节目。如湖南卫视的《百科全说》，洛阳电视台的《健康门》，大连电视台公共频道的《健康动起来》。六是文化访谈类谈话节目。如央视的《文化访谈录》，陕西电视台的《开坛》，安徽电视台公共频道的《旧闻新说》。

谈话，是人们进行交往和接触的最基本形式。从心理学角度看，谈话类节目以谈话为主要传播渠道，常呈现出一种与日常生活类似的经验与体验的接近性，不少观众愿意作为倾听者。另外，习惯了熟人之间日常谈话的观众对于陌生人的私密谈话或者生活有一种强烈的好奇感，而谈话类节目又恰好可以满足观众的好奇心与窥视快感。在纷繁的谈话类节目中，各个电视台如何开辟自己谈话类节目的新路，如何处理好谈话主题的人文性与大众性的关系，是节目制作人必须审慎对待的。这里以安徽电视台公共频道《旧闻新说》一期节目为例，来说明谈话类节目如何把握住受众心理，去向受众传播有益的文化知识，并彰显出人文精神。

欧阳修与醉翁亭

00：01：00

主持人：旧闻新说以史为镜，旧闻新说谈古论今，欢迎大家收看旧闻新说。很小的时候，我们就学过一篇课文《醉翁亭记》，知道"环滁皆山也"，是大文学家欧阳修被贬谪到滁州时候写的这样一篇文章。那么，今天我们就有请×××老师一起来跟我们聊一聊欧阳修和他的《醉翁亭记》。说到欧阳修这个人，他是很古很古时候的宋朝的人了，他当时是因为有些问题被贬谪到或者说被下放到滁州这个地方来，他是个什么样的人？当时是个什么样情况？

访谈嘉宾：欧阳修被贬滁州实际上是他人生当中的第二次被贬。

主持人：他老被贬？

访谈嘉宾：第一次被贬是在九年以前，被贬到湖北的夷陵。那次被贬欧阳修内心里还是比较坦然的。

主持人：但是这次被贬滁州呢？

访谈嘉宾：应该讲心情是比较郁闷的。他是带着郁闷的心情到滁州来的。

主持人：为什么这次比较郁闷？

访谈嘉宾：因为这次被贬，它不仅有来自政治上的打击，因为他支持范仲淹庆历新政遭到打击。另外，他人格上也遭到了很大的侮辱，就是大家都知道的"张甥案"，说他和他的外甥女有染。

00：02：22

主持人：所以这次到滁州来的时候，他的心情其实本来是不太好的。但是我们从《醉翁亭记》这篇文章里，不太能看到这种心情。就是说欧阳修他能够很快地来调整他不适的心情，然后转变为非常快乐。你说一个人被弄到外地来，又带着这样不好的名声来的，只是做一个小官，当时他有没有朋友啊？怎么结交的啊？他在这儿的生活怎么样啊？

访谈嘉宾：滁州这个地方比较偏僻。所以他来到滁州以后发现这个地方虽然比较偏僻，但是山清水秀物产丰富，民风比较纯朴。与他想象当中的滁州恐怕不太一样。

主持人：有点惊喜。

访谈嘉宾：有点惊喜。

主持人：然后呢？

访谈嘉宾：然后他感觉到这个地方社会治安特别好，平时没有什么公事可以处理，可以悠游山水。

00：03：33

主持人：那时候他天天都干吗？游山玩水？

访谈嘉宾：他不是整天游山玩水，我刚才讲了。他到琅琊山中去与惠觉方丈和智仙和尚交往。这是在《醉翁亭记》里面写到的，《醉翁亭记》写到智仙和尚。

主持人：他那时候跟那些和尚们交往，是一个什么样的状态？

访谈嘉宾：智仙和尚是一个有文学修养的和尚，所以他和欧阳修非常谈得来。考虑到欧阳修悠游山水的需要，因为欧阳修途中要休息，当时琅琊山离滁城比较远，智仙就想替欧阳修建一个亭子，这就是醉翁亭。

主持人：醉翁亭不是欧阳修自己要建的？

访谈嘉宾：按照《醉翁亭记》的说法，应该是智仙和尚建的。

主持人：那也可能是欧阳修自己谦虚一下说，哎！他帮我修了这个。

访谈嘉宾：不是的。

00：04：56

主持人：那时欧阳修到滁州已多长时间就修了这个亭子？

访谈嘉宾：应该是庆历六年。

主持人：庆历六年欧阳修多大岁数？

访谈嘉宾：欧阳修当时应该才40岁。

主持人：到滁州有一年吗？

访谈嘉宾：他是 1045 年也就是庆历五年到的。

主持人：那就是第二年就修了这个亭子。

访谈嘉宾：第二年就修了，是紧跟丰乐亭之后修的。

主持人：为什么要修这个亭子（丰乐亭）？

访谈嘉宾：欧阳修到滁州心情变得比较好以后，为了自己悠游山水，更重要的是为了与民同乐，就建了丰乐亭。

主持人：丰乐亭现在的位置是在丰山脚下？

访谈嘉宾：丰山脚下。

主持人：那时候人也没什么玩的，一个亭子就可以成为大家游玩的地方，现在看来是很简单的一个建筑呀。

访谈嘉宾：是的。欧阳修不仅建丰乐亭，建醉翁亭，后来还建了一个亭子叫醒心亭。

主持人：怎么理解？

访谈嘉宾：大家都读过《醉翁亭记》，知道这当中贯穿的一个感情线索，那就是乐字。欧阳修之所以造这三个亭子，我想他是为了体现他一种乐的情感吧！我把它概括为叫"三亭三乐"。

主持人：怎么讲呢？

访谈嘉宾：丰乐亭说的是丰乐，丰乐就是丰收之乐。我们常讲民以食为天，老百姓只有解决了温饱问题他才能谈到快乐。恰好那一年，欧阳修来到滁州以后遇上一个丰收年，所以他要建这个丰乐亭来与民共乐。那么这个醉翁亭呢？它主要是突出一个醉乐。醉乐醉什么呢？《醉翁亭记》中讲得比较明白，就是大家都比较熟悉的名句："醉翁之意不在酒，在乎山水之间；山水之乐，得之心而寓于酒也。"不仅要有山水之乐，在欧阳修看来还要得之心，那么得之什么心呢？我认为他应该是得之醒心。

主持人：就是自己经常会反省这个意思？

访谈嘉宾：不是反省。这个醒呢就是一种人生的感悟。欧阳修来到滁州以后，本来心情是比较郁闷的，但传统儒家知识分子都有一个人生的理想叫"达则兼济天下，穷则独善其身。"欧阳修在滁州这儿把兼济和独善完美地统一了起来，他感到内心里非常快乐。

00：08：30

主持人：这三个亭子，我觉得基本上涵盖了人生的三个境界。这个丰收之乐解决的是温饱问题嘛；温饱之后便想着游山玩水，这就是小康了；然后需要醒心，这是一个精神境界的追求。现代人也差不多这样了。

访谈嘉宾：你说得很对。

主持人：咱们一直说欧阳修修醉翁亭，然后"醉翁之意不在酒"这句话也是千古流传了。他真就是醉翁吗？他很喜欢喝酒？很容易喝醉吗？

访谈嘉宾：我刚才讲所谓的醉乐，它不仅仅是醉心于山水之乐，欧阳修自己也讲过"我时四十犹强力，自号醉翁聊戏客。"

主持人：什么意思呢？

访谈嘉宾：我刚四十啊，我人生正值盛年，我不是要酗酒，起"醉翁"的号是与宾客开个玩笑。

00：10：40

访谈嘉宾：欧阳修为什么要给自己起个号叫醉翁呢？虽然有醉心于山水之乐的意思，但如果仅仅醉心于山水，那么可能会被误认为是消极避世或者是寄愤懑于这个山水之中，那么《醉翁亭记》的境界也就不高了。

主持人：那您觉得醉翁的内涵是什么？反正我理解层面就到这儿了，我是境界不太高，我就理解到寄情于山水之间，那您觉得他境界高在哪儿呢？

访谈嘉宾：他高就高在能够在醉心山水的同时，把老百姓的利益看得高于一切。

主持人：他当时的职务是滁州太守，太守相当于咱们今天什么职务？

访谈嘉宾：大概地厅级吧。

主持人：也算是个父母官，滁州市市长。

访谈嘉宾：相当于现在滁州市市长。

主持人：欧阳修那时跟滁州老百姓之间是一种什么样的状态，我觉得像这样一个被贬谪的官员多少是有些郁闷的，对于政务多少是有一些懒于去管理的吧？

访谈嘉宾：他不是懒于管理。

主持人：他勤于管理？

访谈嘉宾：他也不是勤于管理。这与滁州整个地理环境有关系。这个地方在宋代比较偏僻，经济属于不发达地区，这里的老百姓也比较纯朴。另外，古代管理公务也不像我们现在，是比较随意的。醉翁亭前有一个题诗碑，是明代文人苏茂相的诗，有两句曰："为政风流乐岁丰，每将公事了亭中。"

主持人：什么意思？

访谈嘉宾：就是很多公事就在亭子里面把它解决了。

主持人：是这样吗？太随意了吧！

访谈嘉宾：不是，就说明这里事情少，不需要在衙门里处理。

00：13：03

主持人：欧阳修当时的生活状态到底是个什么样的状态？

访谈嘉宾：应该说有一个变化的过程。才来的时候心情非常郁闷，然后渐渐地感觉到他的文人性情在这儿能够得以恢复。比如他在琅琊寺惠觉方丈指点下见到唐代大书法家李阳冰用篆书写的庶子泉铭，并另发现阳冰别篆十余字，这对酷爱金石之学的欧阳修来说，无疑是令人振奋的事，归来撰《石篆诗》寄给好友苏舜钦、梅尧臣报喜。后来他又拜谒了宋初名臣，昔日滁州太守王禹偁的祠，题写了《书王元之画像侧》诗，暗暗决心以王禹偁为榜样，踏实为滁州百姓做一些事情。

主持人：其实我们小时候都知道，欧阳修写《醉翁亭记》的时候，开头特别长，最后就改成了一句话"环滁皆山也"，这个传说流传比较广泛，是怎么回事？

访谈嘉宾：事情是这样的。据说醉翁亭建成以后，欧阳修没有马上写出《醉翁亭记》，而是先有醉翁亭诗再有《醉翁亭记》。在醉翁亭诗当中，欧阳修就讲到他为什么要自称为醉翁这个号，他说"四十未为老，醉翁偶题篇。醉中遗万物，岂复记吾年？"那么，什么叫"醉中遗万物"，就是我在陶醉山水当中，然后忘记一切，好像是为了逃避现实的烦恼，实际上不是，而是在醉心山水当中来达到一种快乐，一种极乐，也就是《醉翁亭记》所说的"乐亦无穷"的那种境界。

00：15：43

主持人：后来写《醉翁亭记》是不是也挺费周折的，欧阳修作这篇文章的时候，也是挺下功夫的。

访谈嘉宾：是的。欧阳修是一个写作态度非常认真的人，《醉翁亭记》写出来以后，据说他把它抄出来挂在各个城门口，供来往的路人来帮他修改，太守的文章谁敢修改啊？

主持人：都说好。

访谈嘉宾：都说好。所以好几天没有什么动静。突然有一天，一个砍柴的老头直奔他的官署。

主持人：估计他都不知道太守是谁。

访谈嘉宾：他肯定知道，欧阳修当时的名声在滁州很大。当然，欧阳修起初可能觉得这个老头能够提什么意见呢？目不识丁。

主持人：对啊，一个砍柴的老头。

访谈嘉宾：但后来这个老头就给欧阳修说了，你这篇文章整体上我感觉都不错，就是感到开头部分有点别扭，说滁州四面皆山，这个山那个山太啰唆了。欧阳修一听，哎，有道理，后来就大笔一挥，把原先几十个字提炼为五个字"环滁皆山也"。

　　主持人：这就是我们现在看到的大名鼎鼎的《醉翁亭记》开头一句话，后面的我都背不下来，但这一句"环滁皆山也"我是背得下来的。他这个人其实还是蛮乐观的，在很短的时间里就调整了自己的情绪，后来也有心思做文章了，能听别人的意见了，还寄情山水和别人去游玩了。

　　00：17：20

　　主持人：欧阳修在滁州任职的时间不长吧？

　　访谈嘉宾：不到三年时间，两年多。

　　主持人：但是修了三个亭子，表达了人生的三个境界，他是个什么样的人呢？

　　访谈嘉宾：欧阳修应该是一个恪守传统儒家道德的人，就是讲究兼济独善这种人生信条的人。

　　主持人：当时他到滁州来，就是贬谪到滁州来任职的时候，家里人也都跟着一起过来吗？

　　访谈嘉宾：他家里人肯定过来。

　　主持人：那时候我不知道，他在这种生活当中会有很多朋友吗？

　　访谈嘉宾：他除了自己家人，其他的朋友也就是当地的一些幕僚，当然这些幕僚很多名字我们现在都不太熟悉了。不过，他对外还是始终保持一种通信联系的。比如他有很多文学界的朋友，还有政治上的朋友。其中梅尧臣这个宋代的大诗人，被认为是宋诗的开山祖，与欧阳修经常保持两个人间的通信，对欧阳修也算是一种鼓励吧。

　　主持人：对于这个醉翁我觉得很多人的理解不同，你一直在说他的醉就是寄情山水，为山水而陶醉的醉，但是很多人理解的，如欧阳修自己在《醉翁亭记》里说的"饮少辄醉"，喝一点点就醉了，这个醉到底是他喝多了，喝醉酒了醉翁，（还是什么？）不过，我觉得您说的寄情山水这有点牵强，应该是喝酒了吧？

　　访谈嘉宾：不是。欧阳修不是说他不能喝酒，他一生实际上是非常喜欢喝酒的。晚年在归隐颍州的时候，给自己起了个"六一居士"的号，还是离不开酒，其中一个"一"就是酒一壶。

　　"六一居士"中"六一"指藏书一万卷，集录金石遗文一千卷，琴一张，棋一局，酒一壶，外加作者一翁。

　　主持人：那么他生活中离不开酒不是更好理解吗？先游山玩水，然后和朋友吟诗作画，然后又喝点酒，喝醉了，这醉翁就是喝醉了，为什么不是这样呢？你觉得他酒量太大，不容易喝醉？

访谈嘉宾：是的，他一生都在喝酒，应该说不容易喝醉吧，经常喝酒的人酒量还会提高嘛。

00：20：40

主持人：那为什么一定要这样说，他不仅是游山玩水，而且他的一种政治思想、他对老百姓的一种态度，都在这里头了呢？

访谈嘉宾：这个可能与中国的酒文化有关系。中国人喜欢借酒来寓情寓性。比如陶渊明，他就离不开酒，李白也是非常能喝酒，包括杜甫啊也非常喜欢喝酒。中国古代传统文人都比较喜欢喝酒，至于酒量有大有小，那是另外一回事了。

主持人：那么，我们今天如何看待欧阳修的《醉翁亭记》呢？

访谈嘉宾：《醉翁亭记》首先是一篇美文，就是大家觉得它写得非常美，写出了滁州山水四季朝暮变化的风景；另外恐怕在于《醉翁亭记》非常深厚的这种文化底蕴，它不仅表现了一个传统知识分子的人格美和精神美，而且体现了中华文化的一种博大精深。

主持人：怎么讲？

访谈嘉宾：就是让人可以汲取很多有益的文化营养。比如说我们今天讲要构建和谐社会，像《醉翁亭记》中就有很多和谐的思想。比如说他写到"禽鸟只知山林之乐，而不知人之乐"，何为"禽鸟只知山林之乐"，实际上就是自然界的一种自足自在自乐的那种和谐境界。用我们今天的话说就是要重视保护自然环境，自然界有它自然自在的一种状况，你不要去破坏它。除了大自然的本身和谐、大自然的平衡，然后是人与自然之间要和谐相处的一个境界。醉翁亭本身就体现了人和自然和谐相处的境界。我们为什么要建亭呢？就是为了在亭子里面，能够静下心来观赏大自然，最终达到一种天人合一的境界。

00：23：45

主持人：咱们刚才提到的这种和谐的东西是今天依然有用的，还有什么东西是我们今天看来，让人觉得依然回味悠长的？

访谈嘉宾：我还没讲完。

主持人：继续和谐……

访谈嘉宾：欧阳修写到的与民同乐画面，实际上也是一个和谐的境界。什么叫与民同乐？我们以前仅仅把它理解为好像是太守和滁州百姓的这种同乐，实际上与民同乐这个概念，它包含着人与人之间、人与自然之间、官民上下之间那种和谐相处的境界，是比较理想的一种社会的境界。当然，《醉翁亭记》还有一种和谐，我必须在这儿讲，其最大境界实际上是来自欧阳修内心的那种和谐宁静，就是他之所以能够在滁州这儿通过醉翁亭来表达他那种无上的快乐——"乐亦无穷也"，就在于他内心获得了一种平衡。

主持人：您觉得一个是自然的，一个是人与自然的，还有一个是人与人之间的，最后是人的内心世界的这么四个和谐状况，最后这个和谐是最大的和谐。

访谈嘉宾：对，人生在世是不会一帆风顺的，需要去调整，但是最终取决于他内心的一种宁静平衡。

00：25：40

主持人：欧阳修在滁州做完太守之后，去哪儿了？

访谈嘉宾：他到了扬州。

主持人：就是下扬州。"烟花三月下扬州"，这个地方应该是比滁州更好，在那个时代来说是更繁华的一个地方。

访谈嘉宾：应该说他到扬州尽管是平级调动，但还是略有提拔，因为扬州毕竟比较富庶，滁州属于下州。

主持人：那就说明欧阳修在滁州期间的表现，领导还是比较满意的。

访谈嘉宾：恐怕不能这样讲吧。宋仁宗皇帝一直对他不是太讨厌。他到滁州来恐怕也只是简单的过渡吧，迫于压力的一个简单的过渡。

主持人：其实我觉得这一段时间虽然不长，我们仅仅从文学的角度上来讲，历史上当时的这些纷争，政治上的这些上上下下，都已经是过眼的"都付笑谈中"的烟云，但是我觉得留下了这样一篇传世佳作，今天依然是非常值得我们去回味的。刚才我们和×××老师聊了很多，让我们觉得非常受用。好！感谢×××老师今天来到我们演播现场，也感谢您收看我们今天的节目。再见！

（以上选自安徽电视台公共频道《旧闻新说》第 29 期《欧阳修与醉翁亭》现场录播记录稿，上面数字代表录播时长，为了简洁，本文略对文字做了删削或润色，最终播出稿由于编导后期剪辑制作与现场稿略有差异）

安徽电视台公共频道 2008 年 1 月 1 日开播的新栏目《旧闻新说》，缘于"历史是现实的原乡，现实是历史的梦想"的创意，每期时长 15 分钟，以旧闻加新说的板块模式开辟了谈话类节目的新形式。所谓"旧闻"，指历史上的新闻：当年有影响的人物、故事、事件、现象等，经当时报刊、照片、电影、画报报道的，或古籍、文献、档案有记载的。所谓"新说"，即新的说法：不仅要对旧闻进行新的、多元的解读，而且能够联系现实、当下，进行对比、关联、映照，让观众不仅能知其一（故事），还能知其二（揭秘），更要知其三（新的信息）。栏目开播后受到观众的欢迎。

　　2008 年农历正月初四黄金时间播放的《欧阳修与醉翁亭》这一档节目，它的策划缘于编导对地方文化资源的挖掘，恰值 2007 年又是欧阳修一千周年诞辰，全国各地留下欧阳修足迹的地方都开展了规模不同的纪念活动，仅安徽滁州和阜阳两地，在政府层面上都举办了大型纪念活动，在社会上产生了广泛影响。该选题应当说具有较强的观众关注度和期待度，很多观众都想了解欧阳修其人其事。而绝大多数观众最初知道欧阳修，不外乎是通过《醉翁亭记》这篇千古美文以及由此扬名的醉翁亭。《醉翁亭记》曾被选入《古文观止》等各种古文选本以及现代大中学各种课本教材，有着广泛的受众面与影响力，醉翁亭也因此名列全国四大名亭之首。那么，欧阳修与醉翁亭之间究竟有什么样的文化情缘？背后有什么样的故事？《醉翁亭记》的内涵是什么？都是观众急于了解认知的。

　　主持人与嘉宾之间的对话，可以说是紧扣观众的认知心理，娓娓道来，向观众叙说欧阳修贬谪滁州后心态的变化以及与醉翁亭之间的瓜葛。通过现场录播记录，我们可以发现主持人始终站在一个普通观众的角度，向访谈嘉宾询问有关欧阳修与醉翁亭的一些问题，嘉宾在解答主持人疑问的时候，其实就是在解答观众心中的疑惑，较好地满足了观众求知求真与悬疑的心理。从访谈的具体内容看，所涉及的事情都是观众所关心的，如欧阳修为什么会贬到滁州来？贬滁后的心态如何？为什么要建醉翁亭？在滁州与哪那些人有交往？为什么自号"醉翁"以及有何寓意？《醉翁亭记》的创作过程如何？《醉翁亭记》的当下价值与意义如何？这些都体现着栏目"旧闻新说谈古论今"的创作宗旨。为了避免节目过分浓重的学术化倾向，无论是主持人还是嘉宾都尽量用观众易于接受的表达口吻来叙述事件，评点是非。如语言上尽量口语化、通俗化，把"贬谪"说成是"下放"，把宋代滁州民风淳朴说成"社会治安好"，把滁州太守说成"相当于滁州市市长"，把欧阳修对上做出成绩说成"领导还是比较满意的"等等。另外，注意穿插一些趣味性的小故事来活跃访谈的气氛，如《醉翁亭记》"环滁皆山也"这五个字，传说是欧阳修接受一个砍柴老头的建议而改成的名句。嘉宾在谈《醉翁亭记》内涵时，也不是纯思辨的东西，而是结合欧阳修自己所建另外两个亭子（丰乐亭、醒心亭），把它概括为"三亭三乐"，用于说明欧阳修的乐的情感。嘉宾的观点未必让所有专家和观众认同，但却有理有据，又能结合滁州地方文化风物来谈，让人感到眼界开阔、易于接受而又津津有味。嘉宾所谈《醉翁亭记》的当下价值，挖掘其包含的和谐思想，既与当下构建和谐社会的时代思想密切关联，表现出嘉宾的思想敏锐度和节目较强的人文性，又能很好地体现出该栏目"新说"之新，满足观众的求近心理与求新心理。

　　总之，该节目较好地体现出学术性与普及性、人文性与大众性、历史性与当代性、公众性与地方性的结合。从文化角度看，它也比较好地处理了精英文化与大众文化相互融合与渗透的关系，从一个侧面说明了《旧闻新说》栏目创意的成功。据报道，《旧闻新说》许多节目通过中国黄河电视台向海外播出，同样也受到海外观众的热烈欢迎。

从"甄嬛体"看网络语言对汉语写作的影响

王　舒

第一次听说"甄嬛体"是在 2012 年五一小长假刚过，当时笔者在给滁州学院新闻与传媒学院 2011 级网络新闻专业学生上新闻写作课，要求学生播报五一小长假期间的校园新闻。一个学生当堂为大家播报了一则校园新闻，新闻内容大致如下：

《甄嬛传》火爆上映，"甄嬛体"网络热传
——宿舍红剧成就写作新体

自开播以来，《甄嬛传》就受到了观众的热捧，收视率一路看涨。继"北爱"飘红我校各男女生宿舍之后，该剧在各寝室刮起了一场"甄嬛之风"。相关资料显示，其曾创造了连续 24 天收视率第一的成绩，连续 34 天网络点播量第一名的成绩。在赚足了观众争睹后宫八卦的眼球之余，由该剧引发的"甄嬛体"竟横空出世，意外地蹿红网络，成为继淘宝体、凡客体、咆哮体后又一流行的语体。

【大学生活版】近日滁州天气甚是炎热，本宫只得深居宿舍上网消遣。想来大学生沉迷网络也是极好的，毕竟废寝忘食、彻夜不眠亦不失为夏日减肥避暑的好方子。若是本宫得以偶感风寒日渐消瘦，为逃课寻得正当借口，倒也不负了恩泽。——说人话！"老娘想看电视剧不想上课！……"

【思乡版】今儿课毕，甚为忧伤。朕终日忙于朝政，疏于关心百姓，倍感羞愧。适逢天朗气清，想必阿玛额娘也挂念孩儿，遂欲微服私访，体察民情，也好回芜湖探望父母。虽舟车劳顿，也不负阿玛额娘的恩泽。——说人话！"爸妈，我埋个嗄来。"

【网购版】方才在淘宝上看到一款花开富贵图案的罗裙，样式是极好看的，质地也极柔软，伺候圣驾若着此装是再好不过。私心想着若是包邮，定会引无数妃嫔购买，对本宫的丽色必是有损。——说人话！"这个裙子我很想买。"

　　新闻以 PPT 形式出现在电脑大屏幕上，配之以该学生声情并茂的播报，一时间赢得满堂欢声笑语，大家普遍认为这条新闻娱乐价值高，贴近生活，够新够潮，理应获得"最佳娱乐奖"。

一、何谓"甄嬛体"

　　2012 年 4 月，随着电视剧《后宫甄嬛传》的热播，观众们在看电视剧之余，被里面"古色古香"的台词所倾倒，纷纷效仿，并称其为"甄嬛体"。不少网友言必称"本宫""朕"，叙事也喜用"极好"、"真真"等词，一时间，"甄嬛体"红遍网络。

（一）"甄嬛体"的形式特点

　　《后宫甄嬛传》剧中人物对话文艺味十足，语调不急不缓，语气不惊不乍，语态从容大方，语言风格非常接近《红楼梦》。编剧流潋紫自称从小深爱《红楼梦》，为其语言风格所倾倒，潜移默化中，写作风格也越来越接近红楼体。

　　网上流传的"甄嬛体"在形式上大致有以下特点：

　　1. 以"本宫""朕"等古代宫廷用语代替"我"；

　　2. 叙事喜用双字"方才""甚是""定然""极好"等；

　　3. 心理活动喜用"私心想""不打紧"等词；

　　4. 常用"若是……想必是……"和"但……倒也不负了……"等句式；

　　5. 句末有一个反转——"说人话"。

（二）"甄嬛体"的内容特点

　　用"甄嬛体"写作在网络上颇为盛行，内容涉及各个方面，从学业到生活，从工作到休闲……，甚至一些官方微薄也用"甄嬛体"发布政令，比如：

　　【甄嬛体之做作业】"方才觉得身体欠安，想必又是没有午休，我这一困倒不打紧，私心想到如若耽误了画画，定然又会惹来先生的戒尺，当然你若少布置一些，是最好不过的了。我愿多画几幅，虽不保画得如何，倒也不负先生的谆谆教诲！"说人话："老师太坑爹了，布置这么多，我都没时间午休，困得要死！"

　　【甄嬛体之数学题】"方才在精练上看到一道数学题，出法极是诡异，私心想着若是这题让你来做，定可增加公式熟练度，对你的数学必是极好的。"说人话："我这道题不会做。"

【甄嬛体之找工作】"昨个到贵公司面试，环境甚是怡人，私心想若是能在此任职定是极好的，奈何 BOSS 言再议。等了一日，方才惊觉也是时候有消息了，然而手机未有任何动静。心下想来，罢了，定是被无言拒绝了。但若是晚个一日有消息，倒也不负恩泽。"说人话："我是不是被淘汰了啊?!"

【甄嬛体之失眠】"方才察觉今夜饮茶过甚，无心入眠，若长期以此，定将损肤，他日睡前饮牛奶一杯，方能安心入睡，对睡眠质量也是极好的，携友饮茶虽好，但也要适可而止，方不负恩泽。"说人话："我失眠了。"

【甄嬛体之近况】网友"久久展"用甄嬛体来播报近况时说："近日里说话难免有些甄嬛风，虽不合时宜，倒也颇有雅趣。闺中素无大事，加之身子逢乍暖不适，闲来无聊。亏得姐妹们得以叙旧同乐，共修心性，想来焉非福也。"

【甄嬛体之画眉】网友"幸福 Baby-sea"描眉画眼之后，对老公说："我最近的眉毛画得是越发好了。"于是引来老公的诧异："请问你是甄嬛附体吗?"

【甄嬛体之官方微博】2012 年 5 月 1 日，南京市公安局江宁分局的官方微博"江宁公安在线"模仿"甄嬛体"对百姓发出提醒：今儿个是小长假最后一日，赶着回家虽是要紧，却也不能忘了安全二字。如今的路虽是越发的宽广了，但今日不比往昔，路上必是车水马龙，热闹得紧。若是超了速，碰了车，人没事倒也罢了，便是耽搁了回家的行程，明日误了早班，也是要挨罚的。总之你们且记住了：舒心出门，平安到家。

无独有偶，2012 年 5 月初，厦门地税《关于报送发票专用章印模的提醒》也模仿起"甄嬛体"：私下想来，发票换章是去年就提的，断不至于还用着旧章，倒是这新章印模，知道要来报备的不多。今儿个给各位小主提个醒，赶紧把发票章往那白纸上盖个红印，递给税管员备个底儿，也别忘了在自个的证上头盖个红印。如若不然，往后这发票便不好购了。——说人话：请尽快将新版发票专用章印模报备给税务机关。

二、从"甄嬛体"看网络语言特征

"甄嬛体"的流行得益于网络写作与网络传播，是网民大量模仿、复制和转载的结果，植入了网民的人生状态、社会生活、思想情感，在网民中有极高的人气和点击率，遂成风靡一时的网络流行体，带有明显的网络语言特征。

　　所谓网络语言，是指在互联网上流通的语言，是网民们为了适应网上交际需要而创造和使用的语言[1]，也是一种更适用于网络、在网络上才最能表现其特性的媒体语言。它广泛出现在网络聊天、网络论坛（BBS）、博客、微博等各种互联网应用场合，代表了一定的互联网文化，并渗透到现实生活中，对人们的思想和行为产生一定的影响。

　　我国于 1994 年加入国际互联网，随后网民数量急剧增加。到 2008 年底，我国网民数量已超过美国，跃居世界第一。随着互联网的发展和网民数的不断增加，越来越多的人使用和依赖网络，网民在利用网络进行信息传递的过程中，网络也在悄悄地改变着人们的语言表达方式。于是，在网络上出现了区别于现实生活中人与人交流所使用的语言符号，即网络语言，网络语言逐渐成为社会语言生活的重要组成部分。

　　从"甄嬛体"迅速蹿红网络及其形式、内容特点可以看出，网络语言至少有以下四个基本特征：

（一）形式的复制性

　　电脑写作的粘贴、复制功能使文字处理更加方便，因此网络语言在构词及句式方面具有复制性，可随意复制特色词汇、流行构词法和经典句式。

　　以"甄嬛体"为例，各种内容的版本无不充斥着"本宫"、"方才""想来""极好""若是……想必是……""但……倒也不负了……""说人话"等词汇、句式的随意复制，甚至有网民宣称"30 秒教你学会甄嬛体造句格式"，认为"甄嬛体造句非常简单，只要拿捏好文字的文艺腔，把文字写得文言+白话一些，再配上唯美的语境，一则优秀的甄嬛体造句实例就重磅出炉了"，足见"甄嬛体"这一诞生于电视媒体、走红于网络媒体的网络语言模仿性、复制性之强。

　　此前的淘宝卖家客服因逢人就叫"亲"而扬名，于是网友们纷纷模仿造句，一时间"淘宝体"风靡网络，并渗透到更多线下生活中，甚至大学录取通知、招生广告、警方通缉令也用起了"淘宝体"。如 2011 年夏天，华中科技大学在官方微博上发出"淘宝体"祝贺某学生被该校录取："亲，祝贺你！被我们学校录取了哦！华中大，985 高校噢！森林大学，读书圣地哦！"

　　其他如梨花体、咆哮体、凡客体等，众多的网络流行体无一不是网民跟风模仿、随意复制特色词汇、经典句式的结果。

　　网络语言中，不仅"流行体"具有很强的复制性，"流行语"同样复制性很强。

　　《2011 年中国语言生活状况报告》指出，2011 年从国家语言资源监测语料库中提取出新词语 594 条，其中三字词语占了一半以上，这与近几年多用热门格式造词有关。2011 年持续了 2010 年的"××门、××体、微××"格式，其中"××体、微××"特别活跃，如"咆哮体、淘宝体，微电影、微访谈"等[2]。

　　而根据国家语委副主任、教育部语言文字信息管理司司长李宇明观察，近年来新词语经常用准后缀的偏正式构词法，如什么门，什么族，什么客[3]。

　　参与 2011 年中国语言生活状况调查的中国传媒大学教授侯敏认为："'微××'格式的活跃和微博的持续影响力有关；'××体'的被沿用也离不开新媒体的作用。"

（二）内容的贴近性

　　网民们借助一种新鲜生动、便于复制和模仿的网络词汇、构词法或经典句式，快速记录自己身边的人和事，抒写心情，发表意见，植入个体人生、社会生活的方方面面，这种与内心、与现实的贴近性成为网络语言重要的内容特色。

　　以"甄嬛体"为例，学习、工作、生活；旅游、休闲、购物；牢骚、自嘲、感慨……，凡贴近内心、反映现实的真情实感，皆成为"甄嬛体"的写作内容。

（三）风格的娱乐性

　　网络文化是大众文化的重要组成部分，具有大众文化的娱乐性特征。作为网络文化的重要载体，网络语言同样具有不正儿八经，不在乎用语规范与否，只追求形式的趣味、表达的轻松等娱乐性特征。

　　以"甄嬛体"为例，开口"本宫"，闭口"说人话"，中间再来一段"私心想"和"不打紧"之类文白相间的叙事表达，既满足了时下年轻人求新、求异的表达需要，也迎合了他们的娱乐心理。所以有关"甄嬛体"的校园新闻才会当堂赢得"最佳娱乐奖"；厦门地税模仿"甄嬛体"的官方微博一经发布才会迅速被网友们转发，大家纷纷表示厦门地税"可爱、有才"，如此通知，既轻松愉快、大家乐于接受，又可达到通知目的，可谓一举两得。

　　在工业化、都市化的社会和市场经济的激烈竞争中，人们经常感到生活的紧张和压力，因而渴望获得休闲和放松，以舒缓精神生活。网络文化是大众文化的重要组成部分，无论是"甄嬛体"的风靡，还是"淘宝体"的走红，其本质多半和其他曾经走红网络的文体一样，都是一种众语狂欢的网络语言游戏。笔者曾以"淘宝体"最常用到的"亲"为关键词搜索，造句虽五花八门，但约九成是网友用来相互戏谑的。

（四）生长的速成性

互联网本身具有传播速度快的特点，加上网民的从众跟风心理，网络语言也因此具有了快速形成的特点。

社会心理学家认为，人类有两种需要：一是为了顺应社会、与周围人趋同而产生的满足"社会相符需要"；二是为了与周围人相异而产生的满足"社会差别需要"。网民为了追求自我的标新立异，满足"差别性愿望"，创作出最新的网络语言；而基于害怕被孤立的心态，追求社会认同，满足"社会相符需要"，又使其他网民对已经流行的网络语言持认同态度，当网络语言依托强大的传播优势，成为风靡一时的语言交流方式时，网民就会在自己的网络交际中自觉不自觉地使用网络流行语，从而使网络语言的流行程度更加广泛和深远。因此，社会心理学家认为：模仿和求新是矛盾统一的，促使网络流行语在短期内迅速形成。

中国互联网2008年调查数据显示，年龄在10~29岁的网民占76.5%，这些网民是"80后""90后"的独生子女，在疼爱的目光下成长，一部分如今已到了步入社会的年龄。但他们缺少现实社会的关注，缺少社会的认同感，很难一下子展示自我，于是就开始在网络虚拟世界寻找舞台。网络语言是对传统语言的一种创新，它借助网络迅速传播。当这种新奇的语言得到快速传播时，越来越多的人开始使用这些语言，创作者也从中获得了认同感、成就感。因此，网络语言在一定程度上帮助那些"80后""90后"的青年获得了社会认同感和成就感，这也是网络流行语在短期内能够快速形成的社会心理学基础。

这种速成性一方面让人们的语言生活丰富多彩，另一方面也让人们时时感到"一不留神就要Out了"的危机感，比如2008年火星文风靡网络时，不少家长为了能够了解孩子的思想、与之沟通，争相购买《"火星文"翻译攻略》《网络语言大全》等破解工具书；再比如一位大龄网民曾在一篇博文中讲述他由于跟不上网络语言的流行节奏，而闹出的种种笑话，其中最典型的是有一次，他女儿在家和朋友打电话聊天时说了一句"坑爹"，这位大龄网民在旁边紧张地听了半天，等到女儿终于把电话打完，他马上忍不住问女儿："你们刚刚都在聊我些什么呀？"弄得女儿一头雾水，殊不知，女儿口里提到的"坑爹"和他并没有关系，只是一个网络流行的感叹词而已；更多网友则感叹"囧还没走，槑又来了"。

三、网络语言对汉语写作的影响

语言学家认为，语言表达的不仅仅是内容，它同时和人们的生活方式、经济水平、当前政治有着密切联系。上个世纪的"文化大革命"时期，人们口中不离"文革语言"；改革开放以后，电视里广告盛行，人们口中又充满了"广告语言"；近几年网络盛行，人们自然是满口的"网语"。任何社会的变革总能推动语言的变革，语言总是紧随社会的发展而不断发展变化，语言的流变是人们社会行为的外在表现。

传播学家麦克卢汉认为，每一种新媒介的产生，都开创了人类认知世界的方式。认知包括感觉、知觉、记忆、想象、思维和语言等。因此，新媒介的产生，有可能影响着人们语言的表达方式。原始社会，人类是"口语社会"；文字和印刷媒介产生之后，人类转向"眼睛社会"；广播电视产生之后，人们的关系开始疏远；而网络产生之后，人类重新开始"参与社会"。在网络制造的"社会"里，每个人都能参与媒介环境中来，自由发挥，表达思想，传播观点，于是，网络语言应运而生。网络语言的出现，是网络媒介引起人们认知世界的方式发生改变的外在表现。

网络语言虽然不是一种独立的语言，但它的兼容并包性很强，有着无限的创新性，给现代汉语写作带来一股强烈的冲击波，并从多方面对现代汉语写作产生影响。

（一）改变了汉语写作的孤闭状态

美国著名作家、诺贝尔文学奖得主福克纳称写作是"世界上最孤独的职业"，写作如同一个遇难者在大海上挣扎，永远是孤军奋战，谁也无法帮助一个人写他要写的东西。这是一个真正有自己的东西要写的人的心境，这时候他渴望避开一切人，全神贯注于他的写作，他遇难的海域仅仅属于他自己，他必须自己救自己，任何外界的喧哗只会导致他沉没。

网络的出现从某种意义上改变了个人写作的孤闭状态，写作主体与文本受众在沟通无极限的网络平台上相互启发、彼此碰撞，双方皆处于最能激发创造性思维的"头脑风暴"状态，写作者不再是孤军奋战，他想写的东西可凭借网上现成的经典格式一蹴而就；而如果他就是经典文本的创作者，那么他的经典文本在帮助更多人写出心声的同时，也可以丰富他的写作内容、激发他更多的创作灵感。他既可以避开一切人，在孤独的白天或黑夜全神贯注于他的写作，也可以在写作遭遇困难时到网上倾吐苦水、浏览风景。这时他的海域便不再仅仅属于他自己，他的周围会出现许多同道者，他也无须非自己救自己不可，他们会向他伸出援手，他的孤独瞬间会成为一群人的喧嚣，而这种喧哗不仅不会导致他沉没，相反还有可能重新激发他的写作灵感。

只是，网络语言在喧嚣中形成，让无数本属私密的"抽屉文学"借助网络语言的写作与传播，成为众人皆可分享的文化快餐，众语狂欢中，写作的孤闭状态被打破，写作主体也变得越来越浮躁，一批批文化快餐在欲望的急剧膨胀中被快速而爽口地生产出来，虽充实和丰富了我们的食谱，却对我们的心智成长造成营养不良，使我们很容易把生活表面化，把思维简单化，把叙述的私语性当作写作的个性，把展示隐私迎合别人的窥视欲当作个性化写作，使写作的个体独创性在日复一日的自我重复中逐步上升为一种新的普遍性。

（二）丰富了汉语写作的语言资源

随着互联网的发展和网民数的不断增加，网络语言日益成为社会语言生活的重要组成部分，并不断丰富着汉语写作的语言资源。

最初的网络语言多源于网民自创，为了便于在网上交流，同时也为了充分利用电脑键盘与屏幕，网民通过谐音、简缩和符号象形等方法造词，比如：偶、斑竹、7456、伊妹儿、B4、BT、@-@、囧等等，这些词语在网络空间具有技术性和工具性，但缺乏社会意义，因此不少语言学家表露出对网络语言破坏汉语纯洁性的担忧。然而近年来，网络语言有了坚实的社会来源，或来自方言俚语，或来自社会热点事件中的典型话语、影视作品中的台词等，并逐渐向自然语言渗透，其影响力也越来越大。

《2009年中国语言生活状况报告》指出，2009年，网络上产生的新词语已不局限于带有游戏、戏谑色彩的"斑竹、雷人、山寨春晚"等词语，也不再是仅仅满足具有网络传播特点的"顶、楼主"之类，而是与社会生活词语迅速融合在一起。如"蚁族""秒杀""躲猫猫""被就业""楼脆脆""钓鱼执法"等词语都是先在网络上出现，而后迅速被传统媒体引用并相互融合，彰显了网络词语向传统媒体日益增强的渗透力[4]。

到了2010年和2011年，主流媒体社会类最有影响力年度十大流行语均源自网络流行语，网络语言已然成为社会变化最敏感的显示器。

作为社会变化的放大镜和显微镜，网络语言凸显了社会生活中"动"的一面。例如，"～门"等词语群就集中反映了一些被高度关注的社会问题，而"被××"这类词语群的出现，既从一个侧面证明了公民权利意识的觉醒，也是社会政治氛围比较宽松、百姓语言创造力得以充分施展的体现。

值得注意的是，近年来，网络语言中描述各种不同人群的词语特别多，如"～族、～客、～友、～男、～女、～派、～党、～二代"等，这些词语的出现，既丰富了汉语写作的语言资源，也向人们展示了一幅当代中国丰富的社会生活画卷。

（三）拓展了汉语写作的接受空间

现代写作学认为，上世纪初五四运动时期的"白话文"运动标志着现代写作的真正开始[5]，因为在"白话文"运动之前，书面语与口语脱离的文言文使知识成为少数人的专利和特权，广大民众处于受蒙蔽的愚昧状态。五四新文学运动为强国御敌、启蒙大众，呼吁"言文一致"，掀起了轰轰烈烈的"白话文"运动，从根本上动摇了文言文的地位，中国的教育普及了，知识普及了，汉语写作的接受人群得到了极大拓展。

本世纪以来，网络语言的蓬勃发展无异于现代写作的二次革命，因为广大民众已从精英写作的被动接受者变成大众写作的参与者，网络世界的无限性与交互性既为原创的精英写作提供了无限广阔的受众人群，也吸引了众多网民参与其中，他们或创造新词，或以经典句式为模版植入个体人生、社会生活的方方面面，抒写心情，发表意见。众多网民的参与既拓展了现代写作的接受广度，也拓展了现代写作的接受深度。

传播学认为，信息到达受众以后所产生的传播效果可分为三个层面：认知层面、态度层面和行动层面[6]。如果说白话文取代文言文只是从认知层面让知识从少数人的专利和特权变成广大民众可以共享的财富，从心理和态度层面启蒙了大众；那么网络语言的出现则从行动层面让大众也有了话语权，他们不仅阅读，而且模仿，不仅心动，更有行动，他们参与新词的创造，记录社会的进程，表达自己的心声，全民参与让现代汉语写作的接受空间无论是在广度上还是在深度上都得到了空前拓展。从这个意义上说，网络语言的出现，其历史意义也许并不亚于白话文取代文言文。

古往今来，文学一直是民间智慧的结晶，作为承载文学作品的语言文字，理应属于全体人民。一种理想的语言使用方式应能让民众也拥有话语权，并能让他们参与到语言及相应的写作秩序建构中来。

但由于历史原因，民间话语权长期被官方话语构筑的主流话语所取代，主流意识形态赋予文学以社会责任，文学创作和欣赏都成了精英的事业和少数人的特权，底层民众的文学话语权被剥夺。

五四新文化运动让文学创作和欣赏从精英回归大众，开启了现代话语权的民间回归之路。然而，传统媒体的一些特性仍对大众重新掌握话语权构筑层层壁垒，比如一些符合汉语规律但不一定符合书刊编辑要求的用词、文章格式等，即便发表了，也与作者原意相去甚远。

直到网络时代的到来，民间话语权的真正回归才成为可能。由于计算机的存储特点，写作者可以随意更改文章的内容与格式。而在网络这一人人平等的空间中，所有人都有发表文章的权利，尤其是论坛、博客和微博的先后兴起，更为广大网民提供了发表文章和相关评论的平台。这就打破了原有的种种壁垒，进而使民众也能共享现代汉语写作的话语权。如今，网络语言正穿越以往传统媒体所限定的狭小圈域，并正以惊人的速度在互联网上疯狂地生产与传播，现代汉语写作的大众时代已然到来。

（四）　提高了汉语写作的经济效益

当今社会是一个消费社会，消费已成为风尚。按照法国社会学家波德里亚的说法：洗衣机等物品不仅被当作工具来使用，更被当作舒适和优越等概念来耍弄，而后面这个领域正是消费领域[7]。在消费领域，某一物品与其明确的需求或功能已失去联系，随时可用任何其他物品来代替，因为所有物品对应的已不是物质层面的实用，而是精神层面的欲望。

由于物质需求有限，精神欲望无穷，于是大型组织便制造出各种概念、运用种种方法引起人们无法克制的消费欲望，从而达到他们的销售目的，实现他们的财富目标。然而在消费社会，精神欲望的不确定性使任何东西都不值得消费者长期固守，任何欲望都不被看作是最终欲望，人们无法长时间将注意力或欲求集中在任一目标上，他们焦躁不安无耐性，动不动就激动或丧失兴趣。这种情况下，需要与满足间的传统关系被颠倒了，从前是企业根据人们的需求组织生产、销售、服务；如今则是满足的前景和希望被预先描述出来，逐步取代现实的需求，而且这种满足的前景和希望远比现实的需求更加热切诱人。

其实，当物质需求不再是欲望的主体时，消费者的消费能力就可冲破任何天生或后天习得的需要界限而得到大大延展，相关的需要越不熟悉，其前景就越吸引人。体验先前所未知却又客观存在的生活被认为是一种享乐，而一个好的消费者就是一个爱好享乐的冒险家，对他们而言，到处奔波并不是一种病症，而是天赐之福，在他们的人生中，充满希冀地游历远比到达目的地更令人心旷神怡。而大型组织为了增强消费者的消费能力，也绝不会让他们休养赋闲，得不断地让他们接触新的诱惑，让他们永远处于一种亢奋状态。在一个运转正常的消费社会中，消费者总是千方百计、争先恐后地被诱惑。大型组织已经把他们选为消费者，因而已剥夺了他们对市场的诱惑熟视无睹的自由。可这些市场操纵者的高明之处就在于：每一次去市场，消费者都理直气壮地觉得是他们自己在做主，他们才是批评家和挑选者。

由此可见，消费社会，欲望可以被语言激起，需求可以被语言制造，现代写作正成为大型组织创造财富的利器：一方面，消费者不断贪求新诱惑，而又很快腻烦已有诱惑；另一方面，大型组织正按消费市场的模式，准备加速成全和改变其诱惑，以达到他们创造财富的目的。

在后现代的文化视野中，一切庄严、神圣的事物都成了游戏，而金钱的力量却无所不在。这样的背景下，消费主义应运而生。消费主义的观念是娱乐性、消遣性、商业性，只要能够满足娱乐、消遣和商业的需要，任何庄严、神圣的东西都可以被戏弄和篡改，人们的政治热情和宏大理想开始被一种游戏化的、娱乐化的文化体验和诉求所淹没。网络语言以其便于复制、贴近需求、快速生成和充满娱乐精神等特点恰好满足了消费时代人们追求娱乐、消遣和商业的文化体验与诉求，从而成为大型组织创造财富的理想武器，在赢得点击率的同时更为其带来巨大的经济效益。

四、几点思考

（一）精英与大众

纵观网络语言快速形成的过程，我们不难发现，其特点是跟风者众，原创者少。一方面，便于复制与模仿的现成文本加剧了大众的创造惰性；另一方面，少数原创者在大众如旅鼠般的跟风模仿下一夜成名，成为大型组织旗下的品牌，眼球经济的赚钱工具。无论是源于诗人赵丽华接触网络后一些尝试性的诗歌创作被网友热议、模仿而形成的"梨花体"，还是因编剧流潋紫《后宫甄嬛传》剧中人物对话被套用而迅速蹿红网络的"甄嬛体"，其背后无不闪烁着机构身影，一方创作，八方响应，为大型传媒组织赚足了眼球。

所谓写作，就是"人们运用语言文字记写思维成果的创造性劳动过程"[5]；"写作，将思维转化为文字，需要思维的技巧和语言表达的技能"[8]。由此可见，作为一名写作者，首先应有思维成果，其次要有思维技巧和语言表达技能。思维成果总是从生活起步，经过感官摄取和思维加工而形成的；用语言文字记写则是寻求与之相适应的语言外衣和表现形式。这里，感官摄取是一切写作的源泉，其中心任务是使文章"言之有物"；思维加工是一切写作的核心，其主要任务是使文章"以情动人""以理服人"；而用语言文字记写则是一切写作的关键，它能使无形的思维成果外化为"言之有序"的有形文章，其最终目的是为思维成果选择适当的语言外衣和表现形式，因此它要求写作者具备一定的语言能力、结构能力和各种表达技巧。

本来，语言作为一门艺术，其创作规律和表达技巧就不是每个人都能掌握的，但生活与感受却是人人都拥有的。于是，少数精通语言艺术的精英创造出便于复制、模仿的经典词语和句式，为更多有生活、有感受却苦于找不到有效表达方式的大众提供现成的写作样本，方便他们快速记录自己身边正在发生的人和事，抒写心情，发表意见，以此丰富现代汉语的写作内容。

消费时代，掌握核心技术者制定标准，掌握市场资源者拥有品牌，跟风模仿者制造产品。标准制定者赚取高额利润，如微软；品牌拥有者谋取市场份额，如联想；产品制造者忙于生存，如长三角、珠三角众多的来料加工厂。显然，少数精英决定多数大众的生存，标准之下可以生产出品貌各异的产品，一如经典文本下的众语狂欢。

因此，生活网络化、文化产业化的时代背景下，现代汉语写作不妨采取"精英写作标准化，大众写作鲜活化"的经济文化策略，让精英创作激发大众写作热情，让标准催生更多文化产品，让经典文本的星星之火在更多鲜活的生命体验中快速发展成燎原之势，从而点燃起更多大众对文化的消费热情。

（二）文言和语言

文言是书面语系统，语言是口语系统。书面语相对稳定，口语因时、因地随时在变。

南怀瑾曾说，上世纪初"五四"时期的白话文运动虽然普及了知识，普及了教育，对国家进步作出了贡献，但对于中国文化却从此一刀斩断了[9]，因为几千年来中国文化的精髓都藉着文言保留，接受白话教育的人们看不懂文言，当然就打不开这个宝库。世界上其他国家的文字，不管英文、德文还是法文，虽然现在都是文字和语言合一，但语言大约三十年一变，所以一百年前的英文、法文书籍，除非专家，一般人很难看懂。我们中国的老祖宗晓得语言和时代是要变的，所以把文字和语言脱开，文字单独成为文言体系，只要经过两三年的训练就能读会写，以此保留几千年来的思想，并且在几千年后，人们稍作训练依旧能看懂。

网络语言的速成性令其变化比一般语言更迅速。据教育部、国家语言文字工作委员会发布的年度中国语言生活状况报告统计，2006年到2010年搜获的近3000条新词语中，能留存下来的仅占41%，如博客、微博、动车、保障房；1/4已沦为"低频度使用"，如晒友、高薪蓝、雷词、发票奴；还有1/3则从人们的日常语言中消失，如撞峰、晒黑族、俗贿。

语言的生命力一直很旺盛，是动态的，通过不断更新保持自己的生命力。它应社会而变，随着新事物的产生而产生，但是也会随着社会现象、事物的消亡而消亡。中国传媒大学教授侯敏认为：新造词语非常敏感地反映着社会现象，但很多是对应阶段性事件的。比如2007年猪肉价格上涨，引起社会广泛关注，出现新词"零利肉"，后来随着猪肉价格逐渐平稳，这一词语也就自然消失了。

文字是安静的，语言却是喧嚣的，网络语言尤其喧嚣。有鉴于此，现代汉语写作理应去粗取精、去伪存真，合理使用网络语言中的精华，科学建构现代汉语的文字系统，以静制动，让标准化的现代汉语写作记载中华民族新时代的智慧思想。

（三）资源与利用

从2005年起，教育部、国家语委开始向社会发布年度《中国语言生活状况报告》，旨在构建和谐的语言生活，倡导语言资源、语言服务的价值理念。

知识经济时代，知识就是资本，知识就是财富，故有人把工业时代的"资本主义"改为信息时代的"知本主义"，以此彰显知识的资本价值。

语言是知识存在的家。语言作为一种资源与人力作为一种资源一样，在全球化浪潮势不可挡的信息时代具有同等重要的地位。人因掌握了知识、掌握了知识的载体语言而从工业时代的"劳动力"变成了信息时代的"人力资源"，语言的服务功能更是广泛应用于政治、经济、教育、文化等各个领域。

中国加入WTO后，各领域正日益与国际接轨。政治的民主化进程，让人们更频繁地利用语言表达自己的心声；经济的繁荣发展，语言为人们营造出更多的财富目标与实现渠道；文化的相互交融，语言在其中发挥着重要的桥梁作用；科技的不断创新，让语言的速度传播更快、影响更广泛。

人们发现，全球化在让一部分人更加自由、富裕的同时，却让另一部分人失去自由、面临严峻的生存不确定性。那些见多识广、语言运用自如的知识精英、财富精英们可以从地域的束缚中解放出来，在全球各地随时发现商机、自由组合社会资源，以实现他们的创造财富的梦想，他们能够无视物质的障碍，享有史无前例的远距离移动和行动能力，携带资本和知识在全球范围攻城略地而后悄然离开，就像精心策划一场目标明确、布局合理、行动及时的战争，而把战后"舔伤口、修复损失及处理垃圾的任务留给别的人——那些受地域限制的人"[10]。这些人眼睁睁地看着自由与财富从他们面前呼啸而来又飘然而去，心中的欲望被激起，脚下的土地被掠夺，他们再也无法享用和安于这块他们没有机会弃之而去的土地，只能无奈地忍受他们所居住的唯一地区从他们脚下移开。

这样一幅现实图景让重视语言资源及其应用成为一种必然的选择，因为很显然，全球化对善谋天下的语言操控者而言是幸福的源泉，他们可以通过语言游戏对资本和各种有利资源进行优化组合，从而使这些资源、资本发挥更大的效益，为他们创造更多财富和自由。他们的公司可以在追求利益最大化的语言策动下随意迁移，但迁移的后果则注定会遗留久远，对大多数本地劳动者、供货商和加工厂来说，这样的后果往往意味着失业和倒闭，预示着动荡、焦虑、空虚和恐慌。因此，全球化浪潮下，要想改变自己被掠夺的命运，就得掌握知识，善用语言资源，深谙语言运用之道，先谋而后事。

五、结　语

记录词语就是记录我们的时代。网络语言作为网民日常生活、社会事件、社会思想的集中体现，对汉语写作的影响是必然的。任何一种语言都不可能是完全封闭、自给自足的，而是相互影响、相互渗透的，网络上的语言不可能只存在于网络，必然会跟随人的言行进入到人们的日常生活中来。

值得注意的是，网络语言并非简单的口头语言或书面语言的电子表达，而有其自身特点。在网络语言形成与发展的过程中，离不开众多网民的改造与传递，而这些网络语言的形成，在一定程度上抛开了汉语语法的束缚，因此在创造过程中，具有极大的开拓性，这集中表现在以下几方面：

其一，键盘特征。利用计算机键盘上的特殊字符表情达意是网络语言的重要特点。比如：（^_ ^）表示谢谢；>_ <? 表示疑惑；\ （^o^）/表示举手欢呼；﹨_ ╱表示我发火了；（⊙o⊙）表示目瞪口呆……键盘符号的运用不仅使网络对话更加传神，同时也体现了网络语言"超文本"的特点。

其二，便捷特征。在网上聊天，打字速度越快越好，网民为提高输入速度，创造出许多网络缩略语，如：BT 是"变态"读音的缩写；B4 是"鄙视"读音的缩写；7456 谐音"气死我了"；9494 谐音"就是就是"；GF 是英文"GirlFriend"的缩写，代表缩写女朋友；BF 是英文"BoyFriend"的缩写，代表男朋友……等。

其三，口语特征。网络传播主要以文字为中介，许多平时在口头交流时很少用到的书面语甚至文言文都会在网络聊天中出现。但与传统书面语言相比，网络语言主要是通过文字进行口语式沟通的工具，所以保留了许多口语特征。比如，人们口语表达比较随意，不会像写文章那样字斟句酌、注意语法和逻辑关系，不少网络语言也频繁运用倒装、省略等形式，只要能表达清楚意思即可。网络语言的口语特征营造了一种轻松、随意的交流氛围。

其四，打破禁忌。在网络人际传播的语言文化中，网民同不认识的人搭讪并试图建立关系是规则所允许和鼓励的，而且放弃建立关系的努力也不会被视为轻浮，同时所有行为的代价和成本都是低廉的。而网络中运用最广的

"GG、MM、大虾、菜鸟"等语言称谓，建立了虚拟的网络人际关系，使得对话比实际交谈更为亲切顺畅。尽管人们在网络中掩饰了自己的真实身份，但同时通过幽默的调侃、夸张的语言打破现实生活中确立对话关系的某些禁忌原则，使双方的交流更加自然。

其五，弥补缺失。与面对面的人际交流相比，由于身体、表情和声音等的缺失，造成了网络交流中情感传递的障碍，网络使用者为此绞尽脑汁创造种种方式来弥补，于是出现了网络语言中的各种表情符号。比如：╲_╱表示我发火了；（⊙o⊙）表示目瞪口呆；⌒_⌒表示无奈；（T_T）表示伤心；等等。同时，"哈哈""呵呵""5555……"这样的拟声词也成为网络语言中使用频率最高的一类词。

所有这些，都使网络语言以其特有的丰富性和多样性日益摆脱书面语和口语，发展成为与书面语言、口头语言平等的语言形式。这几种语言相互影响，各具特质，共同丰富了现代汉语写作的形式与内容，极大拓展了现代汉语写作的表达与接受空间。

（本文荣获2012年中国写作学会·现代写作学委员会学术论文一等奖）

当代的哈姆雷特之问

沈敏特

这事儿有点戏剧性。

美国征收遗产税已很多年了，我没去查资料，不知什么原因，国会忽然通过决议案，2010 年一年免缴遗产税，但 2011 年则可能还是要征收的。于是，2009 年感到体力不支，来日无多的老富人，祷告上帝，保佑他无论如何能坚持到 2010 年，哪怕是元月 1 日去世，也能省掉一大笔税金。而有的到 2010 年感到生存危机的老富人，却希望自己千万别捱过 2010 年 12 月 30 日，免得死在下一年去缴纳遗产税。这真是很紧张很搞笑的生死的选择。这让我忽然想起了莎士比亚。

莎士比亚四大悲剧之一的《哈姆雷特》，给世界留下了很多流传至今，依然在生活中经常被引用的台词。其中有一句，可说是居于首位的台词：To be or not to be. that is the question. ——生还是死，这是一个问题。也有翻成：生存还是毁灭，这是一个问题。

这可说是永恒的人生之问。因为它渗透在每一个时代、每一个人、每一个人的人生全过程之中。今天看来，这也许只是一句太普通的大白话，而在提出的当时，却振聋发聩，非比一般。欧洲的文艺复兴开启了人类从中古走向近代的途程，它涉及了科学、文艺、宗教等人类生活的各个方面，而中心则是人的解放，具体而言，是人摆脱以神权为中心的等级制束缚的解放；于是，人开始了对于自身价值的尊崇和认识。人为何而生，为何而死，是探索人生价值、创造人生价值的根本问题。正是这样一个伟大的追问，孕育出了一个伟大的理念，即《哈姆雷特》中的另一句台词：人是万物的灵长、宇宙的精华。而这个理念并非空穴来风的奇思异想，正是在文艺复兴的几百年中，涌现出了一大批被恩格斯称为"巨人"式的人物，他们在科学、哲学、文艺等各个领域，作出了空前伟大的创造，开启了人类生存与发展的新航道；证实了人类是"灵长"，是"精华"，而不是匍匐于神权脚下的没有自我灵魂的生物。

是的，对于人生价值的追问，挖掘了人的独创本质，升华了人的道德品格，提炼出人的美的理想。于是，人之所以是人，而不同于同一个地球的其他动物，开始有了愈来愈明晰的界限。

当然，文艺复兴对于人的伟大发现，对于人的伟大肯定，还只是个开始。人作为"灵长"，作为"精华"，还在生长之中，它是现实，也是理想；而这个过程漫长、曲折；返祖式的倒退，甚至进一步退三步的大倒退，时时发生。打开一部人类文明史，你会惊讶地发现，"灵长"有时比动物更愚昧，"精华"比垃圾更有害；对这个地球伤害最大的恰是人类。动物也有互相残杀，但没有人类的战争残酷；动物也会破坏环境，但没有人类的过度开发破坏性更严重。有一个突出的现象是人类的"动物化"，这恰是人类自相残杀、祸害地球的起因。而"动物化"有两种：一是人类会变成"权力动物"；二是人类会变成"金钱动物"。

人类以自己的愚昧，把智慧化为狡猾，创造了"权力拜物教""金钱拜物教"，让自己成为拜倒在权力和金钱膝下的生物，并力争成为"宠物"；于是，"权力拜物教"的宠物是大大小小的专制的独裁者；"金钱拜物教"的"宠物"是大大小小的贪婪的奸商和贪官。它们的共同特点是夸大人的身外之物——权或钱，扼杀了人作为"灵长""精华"的独创的本质，崇高的品质、审美的主体，使人在很多方面远不如动物的本能对于世界和宇宙的维护与贡献。有人说，知识让人聪慧，知识是人性更真、更善、更美的催化剂；但在权力与金钱的压力与诱惑下，知识同样可以异化，造就出大大小小的御用知识分子、犬儒知识分子，就像知识本身一样，既可用于造福人类，也可演化成更大规模和效应的杀人武器。

权有两重性。一种是为民所授、为民所用的权。它按照"以人为本"的法则，在尊重民意、并在民监督下，为民服务。一种是以武力夺取而成私产的权，在它夺取的过程中，是万物肃杀、生灵涂炭；而夺得之后，野蛮、专制、巧取、豪夺，为下一轮的夺权者创造口实；而下一轮的夺权者，可能适当吸取教训，有所收敛，甚至打出清廉与开明的旗号，创造出一时的"盛世"；但这种权力的非人本质，最终依然还原为野蛮、专制、巧取、豪夺，于是又引出再下一轮的夺权者，再一次演出大体相同的政治戏剧。这种循环往复，就是几千年的中国历史。所以鲁迅说，中国只有"做稳了奴隶的时代"和"想做奴隶而不得的时代"，而从来还没有争得过人的价值；所以他期望"第三种时代"。我想，这就是一个真正"以人为本"，使"灵长""精华"充分兑现的时代。

同样，金钱也有两重性，它既可用来为人类造福，为人类不断开辟成为"灵长""精华"的空间和动力，也可以使人变成恶兽和奴才。上面提到的一些美国老富人为了躲避遗产税而作的生死选择，排列出了一个"人<金钱"的数学公式，这是人在金钱面前失落了"灵长"与"精华"的悲哀。可还没有等我们发出鄙夷之声的时候，40 个美国亿万富翁，由盖茨、巴菲特牵头，提出倡议，拿出 50% 以上的财富用于公益事业，而在此之前，巴菲特已公布，他的 50% 以上的确定数字是 99%。我们真的不必忙于去鄙夷他人，我曾接触到一个数据，美国的人均 GDP 是中国 30 多倍，而公益、慈善事业人均支出，是中国的 3000 多倍；这就绝不是数字的差距了。2009 年第 23 期《凤凰周刊》登载的拙作《致中国富人》，阐述了这个差距的真正的含义。

五光十色、千奇百怪的人在我的面前涌现，他们以不同的方式或言或行，让我眼花缭乱、思绪万端。但，哈姆雷特之问，给了我一个很大的启发，使我纷乱的头脑陡然清晰，就像八方来水，汇而为一：所有当代人的一切的言与行，都在以不同的方式回答着哈姆雷特之问，展示着为何生、为何死的不同的状态；有的以"灵长""精华"为标的，艰难而执着地追求人的价值；有的则背弃人性，成为权力与金钱的奴隶，与"灵长"无关，与"精华"无缘，甚至是禽兽不如！

舆论是不能"制造"的

沈敏特

我们不仅常常听到，并且已十分适应和习惯了这样的词语，即每当我们要做一件大事的时候，运作策划中会有这样的一个环节，我们理所当然地称之为"大造舆论"；至于很多商业或娱乐行业的炒作中，更是把"大造舆论"作为重要的手段。

我要针锋相对提出的是：舆论是不能制造的，制造的绝不是舆论。

那么，舆论是什么呢？什么是舆论的本质特征呢？

我的专业不是传播学，也不在宣传部门任职；对舆论缺乏学理性或是政策性的研究。但在现实生活中却常要和舆论问题碰头，还是会引起我的很多的思索；而因为常常不懂，所以也常常困惑。我想把我的困惑摆出来，也许能引起行家里手的重视，带给我解脱困惑的收获。

舆论是什么？词典告诉我，对这个问题从来没有达成一致的意见。于是，一个哲学家告诉我，要知道一个事物的本质，最好的方法是找到它发生的源头；为什么发生，正说明了它的本质。于是，我寻找中国舆论的源头。

突然，我想起了有关《诗经》的记载。《汉书·艺文志》有这么一段话："古有采诗之官，王者所以观风俗，知得失，自考正也。"

这段话给了我极大的启发，它说的是"诗"，却几乎阐明了舆论的起源、特征和功能等涉及舆论本质的问题。

首先，舆论是古代执政者检验执政效果的需要；它反映着"王者"和百姓的关系，这种关系的核心是百姓能否接受王者的执政理念，能否拥护体现这理念的各种政策和措施。在王者的眼中，"诗"是一种舆论的载体，在这个载体中，他能看到民心民情民意，在民心民情民意中体察到能否接受，能否拥护他的理念、政策、措施；从而对自己的执政做出相应的"考正"，用我们今天的话来说，就是调整。"诗"作为舆论，古今皆然；"文革"中的《天安门诗抄》不正是当时最典型的舆论吗！粉碎四人帮，拨乱反正，改革开放，不正说明执政者怎样适应和顺应了舆论的一种"考正"吗！

于是，我们就看到了舆论的一个重要特征：它来自执政者的执政对象

（在专制时代也就是统治对象，在民主时代则是服务对象），而绝不是来自执政者自身。执政对象是舆论的生产者；舆论反映了他们的物质和精神的需要，反映了他们的利益诉求，反映了他们对执政者的评价，反映了他们对执政者的态度。

于是，我们看到了舆论的基本功能：它是执政者形成执政理念、建造执政制度、调整执政方式的第一参照物。所谓"观风俗，知得失，自考正也"，就是对舆论功能的一个完好表述。

舆论来自民间，而不是执政者（专制时代是"王者"，民主时代是"公仆"）之言。它一定是自下而上的。它的传播方式有今古之别。今天，我们有各种媒体，承载着采集与传播舆论的任务。古代没有诸如报纸、电台、电视、手机这样的传播工具，那么，到哪里去找舆论呢？当时的舆论大体是口口相传的信息，这种信息尤其凝聚在口头文学之中。所以才需要"采诗之官"，去进行采录。

有了对舆论的特征、功能、本质和传播方式的基本认知，我们就可以自然地引出一个结论：舆论是在执政对象的生活中，由实感而自然流露，而不听命任何他人的自然表达；对于执政者来说，舆论只能原原本本地"采集"，老老实实地面对，才能发挥"自考正也"的功能。执政者万不能制造舆论，万不能左右舆论，否则就扭曲了舆论的特征、功能，丧失了舆论的本质；到头来受到最大伤害的是执政者自身。

上溯历史，中国确有"大造舆论"的传统，如我们最熟悉的陈胜要称王大楚，就让亲信装神弄鬼，燃起篝火，假作狐鸣，发出"大楚兴，陈胜王"的叫声。还有赵匡胤的陈桥兵变，也是由亲信制造"今皇帝弱，不能亲政，我们为国效力破敌，有谁知晓，不若先拥立赵匡胤为皇帝，再出发北征"的舆论，然后将皇袍加在假装醉酒的赵匡胤的身上。执政者制造舆论的最经典的例证，是袁世凯的儿子袁克定专门给它老子制作的一份报纸，这份报纸大量制造拥护袁世凯复辟帝制的"舆论"，于是袁世凯放心大胆地加快了登基的步伐，结果是加快了走向覆灭的步伐，创造了一个王朝寿命最短（八十三天）的吉尼斯纪录。此外，如希特勒的宣传部部长戈培尔，萨达姆的宣传部部长萨哈夫，都是"大造舆论"的高手；这种"大造"确有一时之效，而最终的效果是制造了自己的覆灭。这里特别要提到一位英国记者，他的名字我已忘得一干二净，而他的一段话我却永世难忘。他说"四人帮"覆灭的原因之一，是自己给自己制造的舆论迷惑了！这位英国记者揭示了一条规律：热衷于"大造舆论"者的心理前提是对于"大造舆论"的一种依赖性的迷信，总以为这种按自己的利益需要所制造出来的"舆论"具有神奇的魔力，一定能够"把无产阶级文化大革命进行到底"，殊不知，这种人为"大造"的舆论，会有一时之效，归根到底是始于欺人而终于自欺；舆论的本质是民心民情民意，只有背弃人民才需要"大造舆论"；其结局不言而喻。应该说，英国记者的话对于当代那些迷信于左右舆论、大造舆论的人们，是一副清醒剂；肯不肯服用，对他们的命运至关重要。

执政者当然要表达自己的政治诉求。他的政治理念、政治措施，就是他的诉求。这表达是一种政治宣传，与舆论不能混为一谈。它是舆论监督的对象、检验的对象，两者一个自下而上，一个从上到下。它们不能混同，却又互相影响、互为因果。如果执政者重视舆论，认真对待舆论所承载的民情民意，以此为本来检验自己的理念与措施，作出相应的调整；再通过宣传，获得民众的理解与支持，并在实施后产生惠民的效果，这就是人们常说的一种境界：政通人和。所以，所谓的"大造舆论"，本质上就是堵塞舆论，扭曲舆论，是一种以假代真的"舆论"。

当然，如何对待舆论是一个非常复杂的任务。民众不是一个一元化的群体，他们的意见不会是单一的；而是所谓"众说纷纭"。执政者如何把握舆论所体现的导向，是一个严峻考验。这种考验尤其表现在面对那些在观念和诉求上与执政者既有的理念相左、甚至相反的舆论。

对此，首先必须坚持"我虽不同意你的意见，但我尊重你的发言权"的基本民主原则，用欢迎的态度对待不同的舆论，甚至是反对自己的舆论。没有这一条，没有这一条的制度性保障，所谓"民主"的本质，依然是专制。那种"顺我者昌，逆我者亡"的作派，无论怎样遮掩，终究要露出头来。而这，正是"大造舆论"的肥沃土壤。

其次，要冷静地分析与己相左、相反的舆论，其中很可能恰是最具改错纠偏的积极意义；逆耳之言常是最佳的忠告，这几乎是规律。那种打着"爱国""爱党"的旗号，而从无不同色调、不同声音的舆论，其误党误国之害，已为中国几十年付出的巨大代价所证明。历史也已证明，半个多世纪以来，于国于党最有益的舆论，莫过于1957年前后的"右派言论"和1976年的"天安门诗歌"所代表的舆论。这些舆论，曾因被打压，而使得党和国家付出了惨重的代价；也曾因"从善如流"，认同了这些舆论，使中华民族得益匪浅。如若不信且具雅量，我是可以一条条地摆出来的。我曾想编一本《六十年舆论是非新证》，可惜条件不成熟，只能以待来年了。

其三，即使是真正错误的舆论，压也绝非良策。错误舆论带给执政者的是清醒，这何其宝贵。而更要知道，"杀鸡给猴看"的实际效果是，猴也乖得没有了声音；因为谁能保证自己开口就是真理；更何况真理也需要认识过程，并非说出来就被认同的。

其四，开放舆论又是一个民众自我教育的大学校，不同的舆论公开地表达与交锋，是追求真理的康庄大道，也是民主的真谛。也是执政者能够在舆论中分清是非高下的最好的选择机制。在制造出来的"舆论"大行天下的时候，有过一个准确的表述："舆论一律"。在这样的舆论环境中，反右派、反右倾、大跃进、大炼钢铁、大办人民公社轰轰烈烈，后果是什么，不说大家也明白。"大造舆论"，造出的只能是这样的天下：两者属于"母子关系"。

最后，我很自然地要想到网络和舆论的关系。这是一个令人欣喜的话题。因为，对于舆论，网络无疑是实现其本质与功能的最佳保障。网络固然也可以被利用来"制造舆论"，我们可以在网络上看到大量"制造"出来的"舆论"；但我们同样可以在网络上看到更多真正承载着民心、民情、民意的舆论。正是这些舆论，已在我们的政治生活中发挥了对于执政者的监督作用，使执政者尝到了调整和提升执政能力即"自考正也"的甜头。我可以毫不夸张地说，网络使舆论发挥出这样的功能，在这六十年中是空前的。没有网络，南京市江宁区那位房产局局长的贪污行为能如此快速地揭露出来吗！没有网络，弱女子邓玉娇会获得无罪的判决吗！……政治、法制的大进步，恰与网络对舆论的本质与功能的最佳保障，使舆论自下而上、自然生成，从而真正表达的特征获得了难以阻挡的发挥。网络送给舆论最重要的礼物是：难以阻挡！

是的，网络与舆论的结合，网络对舆论的本质、功能与特征的保护，雄辩地证明：真正的舆论是不能制造的！

一个 "舆论导向" 的经典范例

沈敏特

我的评论《舆论是不能 "制造" 的》（《凤凰周刊》2010 年第 19 期）发表之后，不断有朋友向我提出了同一个问题：既然舆论是自然生成的，是民众对自己所处的自然环境、社会环境，特别是对执政团队的执政理念、方式、效果的诉诸言论的自然反应，那么，怎样理解一个很流行的概念，即 "舆论导向"；具体而言，有没有舆论导向，怎样来操作舆论导向；它与舆论是不能制造的观点是否矛盾，等等？

要回答这个问题，我忽然回想到我亲历的一个事例，也许这个事例能帮助我们深入地思考 "舆论导向"，这个我们 "耳熟" 却未 "能详" 的概念。

这得从 1948 年开始说起。

1948 年我家在上海。那时内战的战火日益逼近，上海人心惶惶。我家也在其中。去与留，成了我家的一次关乎命运的选择。当时，我还是个孩子，但已懂事，能听懂父母话语中的盘算。他们面临三种选择：一是去台湾，二是去美国，三是留在上海。去台湾，他们不愿意，对国民党的腐败，他们深恶痛绝。去美国，当时我家具备条件；父亲的好友已给我家准备了护照，在美国安排了父亲的工作，安排了我和姐姐、妹妹可上的学校。但，他们犹豫难决；想到 "寄人篱下"，把一个中国人的家庭，连根拔起放到一个陌生的土地上，能适应吗？他们没有把握。留在上海，他们也心中无底。父亲是一个对政治保持距离的高级知识分子，和共产党没有打过交道；有关共产党的各种传言，有正有反，他难以判断。于是，对于走还是留，他们采取了观察一下再作最后决定的权宜之计：把我和姐姐先送到广州的舅舅家，他们带着妹妹留在上海再看看，"情况不好"，他们再到广州同我和姐姐一起到美国去。他们留在了上海，显然不是最后的决定。实际的选择是：看看再说。

就这样，我和姐姐去了广州。但 1949 年元旦刚过，父亲突然发来电报，要我和姐姐速回上海；60 多年过去了，父亲也已去世，而至今我不知道父亲召回我们的原因。难说肯定的揣度，是有人对父亲做了工作，使他决定全家冒一次大风险，留在上海看看他很不熟悉的共产党。

回上海几个月后，解放上海的战争打响了。我家靠近市郊，离战场近，于是我们暂躲在市中心的外婆家。在那里也能听到炮声，但似乎遥远。如今记忆犹新的是那种战争环境的惴惴不安的气氛。钞票作废，暂用银圆，有袁世凯头像的银圆被称"大头"，有孙中山头像的银圆被称为"小头"，叮叮当当，街上最活跃的是银圆贩子。大家担心断粮、断电、断煤、断水，更担心可能会有的巷战。外婆忙着把米饭、面条晒干，准备救急之用。我和姐姐妹妹不能上学，过着今天不知明天的日子；父亲每天到街上去转悠，打听各种可能的变化和小道消息，心是悬在空中的；好几次，母亲对留在上海的决定，表示了怀疑和懊悔。

终于有一天，父亲出去后很快兴冲冲地回来了。"快，上街去看看，这解放军是什么样的军队！"他向我们嚷着。我们丈二和尚摸不着头脑，要父亲告诉个究竟。父亲才平静下来，说："昨晚，共产党的军队进城了，就躺在街上过夜，一大早起来，把大街扫得干干净净，不扰民啊！我见过军阀的兵，见过国民党的接收大员，没见过这么让老百姓安生的军队。看来，我们留下来，对了！"二话没说，我们都冲到了街上。一个突出的感觉是：意外。原以为，一场战争带来的是破坏，没想到，街上热热闹闹，显得更祥和，更干净了。

第二天，我们就回家了。而回家所见，却是完全不同的景象。门敞开着，弥漫着一股难闻的烟、酒和尿混成的气味；桌上杯盘狼藉，抽屉、橱门全打开着，可说是洗劫一空。看门的胖子对父亲说："他们在这儿住了几天，闹了几天，前天拎着大包小包跑了。"这"他们"是谁？胖子说明白了，是一个国民党的军官，带着一个女人和几个小兵。父亲发了这样一个感慨，我至今记忆犹新："这胜利之军和溃败之军，就是不一样。一个带来干干净净，一个留下狼藉一片。"

以后我在照片上、纪录片里，看到了解放军进上海躺在大街上的那一幕；还听说宋庆龄先生特地上街去观看这动人的景象。紧接着好几年，父亲从单位回来，总是带来很多新气象、新信息；而所有这些归为一个主题：那就是对比着国民党的腐败，赞美共产党的清廉。那几年也是我父亲心情最舒畅，工作最投入的几年。他常说："现在，是我们知识分子，该好好干点事的时候了。"有一个周末，我从寄宿的学校回到家，母亲说："你爸爸住院了，快去看看。"原来是工作太卖力，因劳累过度在一个会上晕倒了。

应该说，我父亲和我家的感受，绝非个例，而是那个时代各界人士最主要的反映；是大家不约而同的感受，并发出了大家共同的心声。作为传媒界的工作者，我今天信心百倍地肯定：这就是当时毫不虚假的舆论。正是这样的舆论，产生了巨大的蝴蝶效应。一是留在大陆的精英，像我父亲那样，深以为历经兵荒马乱的军阀混战、腐败专制的国民党统治，终于苦苦迎来了一个可以献身于建设民主、自由、富强的国家的新时代。二是召唤和吸引了大批海外华人中的知识精英、财富精英，他们曾经非常悲哀地背井离乡，而如今得知令人鼓舞的大变化，便急迫地扑进祖国母亲的怀抱，为的是贡献一份建国的力量。

问题的核心是：是什么力量，以什么方式，引发了这样功能巨大的舆论？我父亲作为一个和政界距离很远的知识分子，并没有哪一个部门或领导叮嘱过他，也没见什么文件来规定他，该说什么，不该说什么，他压根儿没有接触过"舆论导向"这四个字；只是他的所见、所闻，以及整个环境给予他的感受，使他由衷地发出了这样的心声，并由心而行，选择了报效新时代的行动。

显然，对于任何一个政权的安定与发展来说，舆论的支撑至关重要；因此需要一种力量来引导舆论向着有利于己的方向进行；这种力量可以称之为舆论导向。但，这种力量不是强制性的行政力量，更不能转化为不成文的管制力量。以此作为"引导"，背离了舆论的本质，效果已由无数的事实证明：适得其反。"舆论导向"的真谛是：它来自于某种政治力量、政治组织的所作、所为，即你的执政理念、执政行为、执政效果，以及所有这些对于环境的影响。用一句成语来譬喻，就是"种瓜得瓜，种豆得豆"；要大家把瓜说成是豆，把豆说成是瓜，是不可能的。舆论导向的真谛是：你要瓜，就好好地去种瓜；你要豆，就好好地去种豆。要相信大多数民众的本能是见瓜称瓜，见豆称豆；指鹿为马，不是民众的本能和习惯。所以，我理解的舆论导向和我的观点——舆论是不能"制造"的，是一点儿也不矛盾的。

解放军怎样开进了大上海，以怎样的所作、所为，影响广大市民的心理，可说是"舆论导向"的一个经典范例！它给"舆论导向"作了一个最通俗易懂的解读。

一个最需要讲道理的时代

——关于文风

沈敏特

当今文化界的一个热门话题是"走基层、转作风、改文风";而我最关注的是"改文风"。因为,"走基层"有没有实实在在的收获,而不是应付一下的差事,"转作风"有没有成为达到习惯境界的新作风,而不是偶尔为之的作秀,都会在文风中十足地展现出来。文如其人,每一篇文章都是此时此刻一个人(作者)的生命状态的展示,人不真变,文是变不了、变不好的。

"走、转、改"绝对是一个好的话题,但需假以时日,把它看作一个系统工程来予以运作,才能逐步见效;立竿见影是不可能的。在这个系统工程中,有客观的因素和主观的因素,而直接影响文风的是人的操守、见识、格调、气度,缘于此而有了文风之正与不正。

我这里特别要提到的是一种霸气十足的文风。这种文风多见于共和国前30年的各次政治运动中,在"文革"中尤其兴盛,而以姚文元的文章作为代表和标志。这种文风于今虽已呈衰颓,但遗风犹在,其影响则万不可小视。

那么,这种文风的基本特点是什么呢?

我在中学读书的时候,老师就告诉我,论说文有四个要素:论题、论点、论述、论据。可这种霸气十足的文风的基本特点是:论题宏大,涉及不容忽视的问题;论点决绝,有一种不容怀疑的威慑;可惜疏于论述,缺乏细致的分析,更无令人信服的论据,不提供甚至是有意掩盖与论题相关的事实与真相。其风格类似于皇帝的圣旨、法院的判词,是宣告和宣判。当然,圣旨和判词是有区别的,判词一定有附件,附件提供充足的证据和法律条款,以支撑判词,而圣旨本身就是"天宪",谁敢问个"为什么"!

前年,有两篇文章的题目引发我的格外的关注,一篇讲的是"中国道路",一篇讲的是"资产阶级民主"与"社会主义民主"的"区别"。为了理解中国国情,岂能忽视这样的论题,更何况作者都是社会科学界的领军人物，我是抱着学习和求得教益的心情去阅读的，但结果却是大失所望。一个基本原因就是论题、论点与论述、论据不相匹配；宏大的论题、强硬的论点，没有精细无懈的论述、充足真实的论据垫底，显出了虚张与骄矜。

"中国道路"有两层含义，一是中华人民共和国60年实际走过的道路；二是从60年的实践中总结出来的规律性的经验和教训，并据此而形成的治国方略。前者是实践，后者是实践基础上的升华，两者密不可分；没有后者，前者如烟尘而毫无价值；没有对前者的直面，回避掩蔽，视为无有，或各取所需，不及其余，就不可能获得科学的升华；由此而形成的治国方略必然遗患无穷。纵观历史，任何促进社会进步的道路选择，都孕育在直面社会危机的勇气之中。直面1840年以来的民族危机，才有了开始于洋务运动的前仆后继的变革中国的探索和实践；直面日本帝国主义的侵略，才有了建立抗日民族统一战线的创举，从而赢得了抗日战争的胜利；直面"文革"，敢于定性为"浩劫"，才有了30年的改革开放。而这篇论"中国道路"的文章恰是对可以引出经验、教训的实践的真相不置一词。于是失去了论据，也无从论述，所谓"中国道路"就成了无根无绊的"宣言"。

这就形成了这篇文章不能自圆其说的可笑的文风。

譬如，这篇文章把"中国道路"的内涵界定为六个"始终坚持"。这就是一个无视实践、背离真相的判断和论点。60年来，尤其是前30年，我们遇到的挫折（如大跃进、"文化大革命"等），恰是未能"始终坚持"文中所说的"始终坚持"了的"解放思想，实事求是，与时俱进，科学发展"等原则。如果坚持了，怎么会造成这样巨大的挫折呢！与此相呼应的是另一位先生的宣告："改革开放一直是当代中国的主旋律。"也就是说，改革开放始于前30年。无视事实和真相，写文章无须论据，是此类霸气文风的共同特点。

因此也带来了这篇文章特殊的论述方式，即以"只有……才能……"的句式来肯定自己的论点。这是残缺不全的论述；因为，"只有……才能……"的逻辑关系缺少不了一个万不能缺少的中介，即"为什么"。完整的逻辑关系是：为什么"只有"怎样怎样"才能"怎样怎样。没有"为什么"的充分论述和论据，"只有……才能……"就是霸气十足的宣判，而不是平等探讨、说清道理的现代论述方式。

每一个国家都有自己特殊的国情，我毫不怀疑中国应有属于自己而与他国不能完全相同的发展道路。但一篇社会科学的论文，不仅要让读者"知其然"，更要让读者获得"所以然"的论述与论证。

另一篇谈两种民主的区别的文章也是异曲同工，以霸气的宣告替代明晰的说理。

文章分别列出了两种民主的各自的特点。资本主义民主有三个特点：一是"金钱政治"；二是"集团政治"；三是"政治腐败"。社会主义民主也有三个特点：一是"有利于形成代表中国人民整体利益和根本利益的方针政策"；二是"有利于统筹协调各方利益"；三是"有利于政治稳定"。

在这篇文章中，这些论点没有得到正常文风的支撑，没有给读者心悦诚服的阐述。既然要论述两种民主的区别，得出一劣一优的结论，那就少不了面对历史和现实的实际，摆出事实，一一比较，一一解析；千万不能迷信自己身居显要，口气威慑。21 世纪要靠这一套来令人诚服，我不敢说绝无效果，但难乎其难了。譬如要批资本主义民主属于"金钱政治"来烘托出社会主义民主的优越性，就得有面对实际、有理有据的比较。金钱政治的本质就是权钱交易、权钱合流。因此我们必须回答：我们社会有没有权钱交易、权钱合流的现象。如果有，在性质和程度上，与资本主义民主造成的金钱政治有何根本的区别；在产生的根源上有什么区别，与制度的联系上有什么区别；社会主义民主如何发挥优越性有效遏制和杜绝了权钱交易、权钱合流的产生与泛滥；而资本主义民主恰恰无法遏制和杜绝。没有这样的论述，我们凭什么来接受你的结论。我没有反对你的结论，但我要求、迫切地要求，说清这些结论的来龙去脉。

这篇文章最初发表在一份重要的报纸上，由于论题的意义重大，很多网站予以转载。有一个网站设置了一个民意测试的环节，列出各种评价标准让读者投票。这篇文章的投票结果是："鞭辟入里" 8 人。"理性平实" 1 人。"启发借鉴" 3 人。"留惑存疑" 14 人。"平淡空泛" 45 人。"文不在理" 851 人。可见，我的要求不是我一个人的要求。

是的，我们的社会已经进入了一个特别需要讲道理、讲清道理的时代。改革开放是我们社会的主潮；改革开放获得了初步的成就，进入了一个需要勇气和智慧的"深水区"。此时此刻最需要的是什么？有人说，需要加强领导。这没错！但加强领导的关键目标是什么？创造一个大多数人的共识：为什么必须深化改革？深化改革要改什么？深化改革的路线图是什么？深化改革的愿景是什么？与此相关有多少问题需要取得共识，如上述的道路问题，两种民主的区别问题，党的领导和宪政的关系问题，国企和民企的地位问题，等等，可以说，在一个公民社会，任何重大举措，没有共识，寸步难行。于是，讲道理、讲清道理，无比重要。于是，为什么要讲道理、讲清道理的道理，也必须讲清。

其实，马克思首先讲清了这个关于讲道理的道理。在《〈黑格尔法哲学批判〉导言》中，马克思推出了两个相对的手段："武器的批判"与"批判的武器"。前者是指物质化的对立面，只能用物质化的手段来予以解决，如用战争、暴力、枪炮和相关的强制，对付战争、暴力、枪炮以及各种强制；后者是指精神化的对立面，只能用精神化的手段来予以解决，即用说理去对付错误的言论、观念、思想。围绕这两种手段，马克思说清了几个道理：

一是物质与精神这两种手段不能互相替代。马克思明确地指出，"当然不能替代"！

二是物质与精神这两种手段在一定的条件下，可以互相转化；即"理论一经掌握群众，也会变成物质力量"。

三是转化的条件是发挥理论的"说服"功能；即"理论只要说服人，也能掌握群众"。

四是理论的"说服"功能依赖于理论的"彻底性"，即"理论只要彻底，就能说服人"。

五是所谓"彻底"，就是"抓住事物的根本"；通俗的解读：摆事实讲道理，抵达事物的本质。

六是马克思说："人的根本就是人本身。"通俗的解读：说服的目标就是人的优化。

关于讲道理的道理，即讲道理的重要和必要，马克思说得太透彻了。可惜的是，很多声称是马克思主义的信奉者，对马克思采取了"各取所需"的态度；在行动中和实践中，"武器的批判"经常替代了"批判的武器"。譬如，用强制以至于暴力的手段应对异己的观念、理论、言说；表现在文风中就是霸气十足，蛮不讲理；不论述，无论据，依靠位高权重，营造威慑，甚至用恐吓来灌输；恰如民间说法：嘴大就是理大。

最后，说到恐吓，我特别要说一说有一种常见的恐吓，那就是"海外反华势力"这顶漫无边际的帽子。海外有没有反华势力？我的回答是：有！要不要认真对付海外反华势力？我的回答是：要！问题在于，所谓海外反华势力必须定名、定位、定性，并给予透明的对待。如今的实际情况是，在很多文章和言说（包括个别文人的文章和言说）中，"海外反华势力"成了一种万能胶式的恐吓手段，用来对付自己不喜欢的言论和行为。这种"海外反华势力"的特点是来无踪去无影，你不知它是哪个国家、哪个集团、哪个个人；就像儿童故事里的"狼来了"，喊了无数次也见不到是什么样的狼。唯一的功能是：吓人。就像"文革"中的"海外关系"，说你有这个"关系"，就像一道符咒，吓得人不敢动弹了。文风中的这种恐吓十分有害。

在海外有很多人，包括华人和华裔外籍，他们不是我们的敌人，但可能在很多问题上和我们的看法不一样，有的可能是不了解而造成的误解，这是很正常的现象。这只有依靠长期的交流、说理、澄清，特别是我们自身行为不断优化而产生的正面影响，来予以逐步缓解。这种没有边际、模糊无形的"海外反华势力"的恐吓，只能增大疑惧，激化矛盾，使自己陷于更深的孤立。

中国电影走向世界需有耐心

尹 鸿

　　2008 年奥运会以后，中国人产生了大国崛起的想象。这个想象似乎让人觉得中国文化即将成为世界文化的中心，我们强调和鼓励文化"走出去"，甚至有人提出国产电影与好莱坞抗衡的宏伟抱负。在此语境下，我们应该反思一下中国电影的国际传播面临什么样的机遇和挑战，对于我们的电影"走出去"具有一定参考价值。

　　当前最大的机遇，是我们成为电影生产大国。尽管做电影是非常不挣钱的行业，一年 600 部电影当中有 400 多部电影不能进入院线，但是投资人投资电影的热情仍无限高涨。这里面原因很复杂，其实相当一部分是非专业资金、非金融资金、非纯粹商业资金，导致中国电影繁荣当中相当一部分是泡沫，但是这部分泡沫是大家愿意吹的。从这个意义来讲，不缺钱，是中国电影的一个机遇。

　　第二个机遇，中国是一个电影市场大国。5 年以前，我们排在世界电影市场第 12 位。而在去年，我们排到了第 5 位，大概全年票房 17 亿美元，英国是 17 亿多美元，法国是接近 18 亿美元，日本是 20 多亿美元，美国是 90 多亿美元。2011 年，中国可能达到 18 亿美元。排在世界第三或者第四。有这样一个强大本土市场的支撑，为电影发展提供了内在条件，这是韩国、日本其他很多国家很难具备的优势。

　　第三个机遇，国际关注。几家国际主流媒体对中国电影的报道数量大增，表示着世界对中国的关注。

　　但是，中国电影的国际传播还是面临很多问题。

　　首先，近年来中国电影的国际影响力不增反降是一个事实。2010 年我国销往海外的电影为 43 部，是 2004 年以来中国电影海外销售部数最少的一年。最多的一年是 2007 年，达到 78 部。中国电影完全是凭借内地市场创造票房奇迹。2004 年，《英雄》曾在北美地区创造了 5300 多万美元的票房，在全球创造了 1 亿 4000 多万美元的票房。而去年北美票房最高的国产电影《三枪拍案惊奇》，在北美是 19 万美元，中国本土之外的全球总票房 30 万美元，与《英雄》相比完全不是一个量级。中国电影海外影响没有因为中国市场的发展逐渐增大，反而逐年减弱。另外，是一些本着适应国际市场的电影在国内的票房一塌糊涂，国内市场与国外市场严重脱节。最典型的是《功夫梦》，在国内创造的票房是 5000 万人民币，但在美国创造了 1 亿 7000 多万美元的票房，在全球创造了 3 亿多美元的票房，相当于 24 亿元人民币，当年中国电影海外票房总收入才 35 亿元。再者，合拍片通常是国际输出最主要的途径，但是这几年它的收入非常少，几乎海内外的票房都不好。像《寻龙夺宝》在国内只有 3000 多万元的票房，海外也没有取得很好的成绩。

尹鸿谈电影：批大片成了一种娱乐方式

网易娱乐讯

网易娱乐9月3日讯　日前，作为百花奖"大众电影观察团"的一员，清华大学教授尹鸿接受了电影频道的专访，与以往的学术讨论所不同的是，这次他要还原成一位普通观众的身份，聊电影，聊与电影有关的故事。

一、媒体猛于虎舆论导向可信度变低

作为专门从事新闻传播和影视研究的人，尹鸿深知媒体舆论对公众导向的作用。作为一名普通观众，又该如何看待舆论本身对选择电影的影响呢？尹鸿表示更相信公共媒体，他们跟专业的电影圈子没有什么关系；另外，互联网上的口碑也很值得重视，这样的舆论相对于其他来源是比较可信的。但不可否认的是，现在有很多媒体已经成为虚假信息的制造者。此前，《凤凰非常道》主持人何东在接受我们的采访时同样表示，观众的反映比媒体更真实，观众的声音是来自民间的声音，而这种声音也往往是最有力量的。

二、批大片成了一种娱乐方式

作为近几年一直颇受关注的大片现象，也成为我们这次对各位嘉宾调查的一个对象。在谈到大片时，尹鸿很积极地肯定了它们，"《英雄》推动了整个中国电影产业的一个巨大的转型。包括把中国电影推向了国际。"但是，由于此后的中国大片一直受资本市场的绑架，越来越脱离艺术规律，越来越屈服于投资规律，这两者之间造成了脱节。另外一点是，很多票房高的电影却并没有什么好的口碑，有些完全是凭借营销和推广的手段让观众走进了影院。但是，前几部大家还可以走进影院，但如果长期如此，势必会造成大量观众的流失。因此而导致了一个中国目前很有意思的现象是，"批大片比看大片的娱乐程度要更高"，如同中国足球，现在越来越多的人更喜欢把批评它作为一种泄愤的方式，从中获取娱乐的快感。

三、孩子对电影的判断可能比专家还要准

　　从事了多年的电影研究，也认识了很多该领域研究的专家，但他却认为，"孩子对电影的准确性的判断，有时候比专家还要准。"孩子对于电影的判断往往来自于自己的直觉的感性电影经验，反而是我们积累了大量影片观感的人，却丧失了这种直觉的灵敏性，他的直觉更朴实。另外，他们这一代人更接近于全球性电影经验，这已经在成长的过程中形成。很多时候，尹鸿老师喜欢和自己的女儿一起去看电影，然后去跟她交流。

被解放的姜戈，被收编的昆汀

王　舒　王运歌

　　作为美国独立电影的领军人物，昆汀·塔伦蒂诺在全球影迷中享有盛誉，但由于"一半是天才，一半是混蛋"，作品中充斥着性、暴力和粗口，其作品多年来一直无缘内地。

　　今年 4 月，获得第 85 届奥斯卡 5 项提名、捧走最佳原创剧本和最佳男配角两座小金人的昆汀电影《被解放的姜戈》终于从"硬盘"走进大银幕，这是昆汀电影首次在中国公映。然而，公映首日即被紧急叫停，坊间猜测可能是裸露镜头惹的祸，经过修改的影片 5 月中上旬有望重新在内地公映。看来"坏小子"昆汀要想结缘内地，还得守规矩。

　　其实，进入中国电影市场的这部昆汀电影与刚出道时的昆汀电影相比，已是非常守规矩了。刚出道时的昆汀被誉为"鬼才编剧""神级导演"，拍片天马行空，擅长颠覆传统。1992 年，昆汀首部自编自导的电影《落水狗》讲述几个劫匪商量抢钻石的故事，但叙事重点并不在抢劫本身，而在抢劫之后劫匪之间的内心猜忌和自相残杀。1994 年，昆汀自编自导的第二部电影《低俗小说》完全摒弃传统叙事手法，将三个看似独立却又首尾呼应的故事跳跃性地呈现给观众，不仅在当年力挫张艺谋的《活着》，夺金棕榈大奖，还以 800 万美元成本博得全球 2 亿美元票房，其精巧的圆形叙事结构和风格化的暴力美学更成为众多电影效仿的对象，对上世纪 90 年代后期的世界电影产生深远的影响。

　　昆汀的成功从某种意义上说是独立电影的成功。当大多数人以为电影只有靠高成本、高科技、模型化叙事和明星效应才能赢得票房时，昆汀所代表的独立电影以低成本证明了深刻内涵、独特风格、非模型化叙事同样可以吸引观众。

　　如今，卓然独立于好莱坞经典叙事模型之外的昆汀已过不惑之年，且名满天下，年轻时充满灵性的各种"玩法"也大有让位于轻车熟路拍出四平八稳的高水准商业电影之势，《被解放的姜戈》便是这一趋势下好莱坞电影工业流水线上的标准产品，几无悬念地演绎着"英雄的历程"这一故事模型：英雄姜戈受到冒险的召唤，脱离原来的奴隶命运，在导师舒尔茨医生的带领下，经受考验，成长为智勇双全的赏金猎手，最终获得胜利抱得美人归。

姜戈被解放了，昆汀却被收编了。被好莱坞标准收编的昆汀，按照好莱坞经典故事模型，讲述了一个昆汀式的黑奴姜戈被解放的故事，结果赢得4亿多美元的票房。这是昆汀的胜利，更是好莱坞的胜利。昆汀的胜利在于：影片充满昆汀式的感官愉悦和智力乐趣，既能让外行在冒险的故事、精彩的对白、暴力的场面中获得感官愉悦，又能让内行在各种典故、机巧、致敬之处得到智力乐趣。好莱坞的胜利则在于：不断收编各种人才甚至鬼才，永葆电影工业的创新活力，让商业电影的共性与艺术电影的个性完美结合，共同征服全球电影市场。

从东方到西方，李安的漂流之旅

——《少年派的奇幻漂流》观后

王　舒　王运歌

　　一个东方（印度）少年，举家迁往西方（加拿大），不幸遭遇海难，家人葬身海底，他和一头斑马、猩猩、孟加拉虎幸存于一条救生船上。后来，斑马、猩猩被孟加拉虎咬死、吃掉，茫茫大海上，这位食素的东方少年和食肉的孟加拉虎相互对峙，少年的"善"与孟加拉虎的"恶"互为映衬，在亦敌亦友中共同征服大海，安全上岸。

　　这个东方少年叫"派"，"派"这个名字的由来也一样充满传奇色彩——

　　"派"的叔叔是游泳健将，"派"的名字来源于一座同名的法国游泳池，据叔叔说畅游其中能接近上帝。然而在印度，"派"谐音"小便"，派因此在整个小学期间饱受同学羞辱。上初中后，派处心积虑，一次课间默写满满三大黑板圆周率数字，轰动全校，为自己赢回了"派"这个名字应有的尊严。

　　一个名字、一段奇幻漂流，构成李安首部 3D 巨制《少年派的奇幻漂流》（以下简称少年派）。3D 只是技术手段，少年派的奇幻历程才是李安真正想表达的。

　　这个东方少年的名字里包含了东方长辈对晚辈的美好祝愿，然而现实却残酷地误读了这份美好，清澈的神性在污秽的人间挣扎，唯有靠抗争才能最终赢回属于自己的尊严；派的家人带着对西方世界的憧憬上路了，却不料在象征西方海洋文明的大海上葬送了性命。在喜怒无常的大海上，在神兽共处的残酷中，从相互对峙到相互支撑，从奇幻故事到人间叙事，派经历了从神性到人性的蜕变，从东方到西方的漂流。一如李安本人，始终徘徊在东西方文明之间（《喜宴》《推手》《饮食男女》），矛盾于情感与理智之间（《色戒》），是清静无为还是积极进取（《卧虎藏龙》），就像哈姆雷特"是生存还是死亡"之问一样永恒。

　　也许上述意蕴只是我理解的，而非李安想表达的，也无妨。李安声称：

"这是一部看完可以聊一聊的电影，我负责讲故事，期望抛砖引玉，引出更多可贵的情感。"

擅长通过环境呈现叙事意蕴的李安，此次借助 3D 技术让《少年派》着实精彩了一把。《喜宴》中的婚宴现场、《断背山》中的绵延青山、《卧虎藏龙》中的瑟瑟竹林、《色戒》中的封闭卧室——李安总是让环境肩负起故事寓意的特殊功能。本片的环境是茫茫大海，李安借助 3D 技术展示救生船上的少年、老虎和大海的关系，既在技术上满足了观众的视听需求，又在艺术上引发了观众对人性的深层思考，使一个简单的海上漂流故事被赋予了丰厚的人生意蕴，让观众在猎奇之余获得更高层次的精神洗礼。

李安东方艺术情怀中的西方技术叙事，得到东西方观众的一致好评。《时代》杂志称该片是下一个《阿凡达》；卡梅隆夸赞李安运用 3D 技术成就了一部不朽巨作；卡梅隆的合伙人佩斯说李安的《少年派》触动人心，3D 与故事之间的平衡完美。在国内，豆瓣和时光上的网友将该片誉为"零差评"电影，更有影评人称："《少年派》是迄今唯一让我认识到 3D 只是技术手段的电影，如此简单的角色关系在李安高超的叙事技巧下如宇宙爆炸展现无穷威力，观众只能入戏，入戏，浑忘 3D。"

还是那个王家卫

王　舒　王运歌

　　顶着遍访现存世间武术名家、深入研究各大派别、安排几大主演漫长学武等无数噱头调足观众胃口的《一代宗师》，终于在号称经历了 6 年案头、3 年实地走访、3 年取景拍摄之后，于 2013 年 1 月 8 日在国内各大院线全面上映。

　　带着一睹民国武林大展示、四大拳派过招，梁朝伟、章子怡、张震、张晋真功夫的热切心情，当然还带着对王家卫式功夫片的强烈好奇，笔者于上映首日走进了电影院。

　　一场梁朝伟雨中战群雄，一幕张智霖青楼唱南曲，武林的血雨腥风在欢场的纸醉金迷中徐徐拉开帷幕，飘逸的动作、迷人的旗袍、暧昧的光影、怀旧的音乐、扑朔迷离的表情、洞悉世故的对白……

　　还是那个王家卫！那个重人物心理轻故事情节的王家卫；那个用景特别配乐唯美的王家卫；那个讲究人物对白"语不惊人死不休"的王家卫！

　　《一代宗师》不是没有真功夫，只是真功夫被拍得太飘逸、太唯美，以至于让人唯见其意浑忘其形，各种近景、特写、场面渲染淹没了梁朝伟、章子怡、张震拜名师苦学数年的真功夫，飞溅的雨水、爆裂的门框、疾驰的火车、满天的雪花、缠绕的动作、决绝的表情，无论是群英会还是一对一，王家卫影片中的功夫都被拍得美轮美奂，美得有点不像民国武林了，美得有点像王家卫的舞林了。

　　有人说，看王家卫的电影，你别找故事，你就盯着演员的表演、台词，看他们做了多少种表情、说了多少句话、什么时候哭、什么时候笑，只要你能感觉到演员在剧中的心理状态，你就理解了王家卫的电影。《一代宗师》当然有故事，但故事依旧讲得似拼图游戏，忽而是现在的独白，忽而是过去的恩怨，忽而是 20 世纪 50 年代的香港，忽而是 40 年代的北中国，时空穿梭来回往复中，你记住的是人物的表情、台词、眼神，以及这些表情、台词、眼神出现时的环境、场景、配乐，至于故事，早已在梁朝伟、章子怡百转千回的表演和陈勋奇影音交融的配乐中幻化成剧中人物的爱恨情仇、内心纠缠。

　　台词有味、腔调迷人是王家卫电影的一大特色。曾有影评人说，在我们爱情的每一个角落都守着一个王家卫——"我不能对你承诺什么"，那是《旺角卡门》；你想解释，"你知不知道有一种……"那是《阿飞正传》；你苦恋，可"越想忘记一个人"，那是《东邪西毒》；"如果有多一张船票，你会不会跟我走"，那是《花样年华》；"爱情这东西，时间很关键，认识得太早或太晚，都不行"，那是《2046》……《一代宗师》延续了王家卫这一"语不惊人死不休"的台词风——"风尘之中，必有性情中人"；"男人过了四十，就要做有把握的事情"；"说人生无悔，那都是赌气的话，若真无悔，那人生该多没趣啊"；"世间所有的相遇都是久别重逢"；"念念不忘，必有回响"；"不要来找我，没消息就是消息"……这一次王家卫文艺范十足的台词不知又要在多少小资口中流传。

　　《东邪西毒》，王家卫把金庸的快意江湖演绎成内心世界的搏斗；《一代宗师》，王家卫把民国武林纷争拍摄成见自己、见天地、见众生的人生教科书。王家卫就是王家卫，武学、江湖、人生、爱情，无一不婉转；服装、道具、表演、摄影，无一不精致。

　　只是，有些可惜了梁朝伟、章子怡、张震苦学数年的真功夫。

有风格的《安娜·卡列尼娜》

王 舒

　　虽说"背靠名著好乘凉"，但改编自名著的电影少有成功，多遭诟病，更何况是已被美国、法国、苏联等不同国家 11 次搬上银幕的《安娜·卡列尼娜》。

　　于是好奇：新版《安娜·卡列尼娜》会被乔·怀特这位"70 后"英国新锐导演演绎成何种模样？善于把握英伦风韵的乔·怀特会在大屏幕上怎样表现 19 世纪后期的俄罗斯风情？以乔·怀特的年龄、阅历、艺术功底，新版《安娜·卡列尼娜》能展示出托尔斯泰原著的大师风范吗？英伦女星凯拉·奈特莉能超过好莱坞巨星葛丽泰·嘉宝、费雯·丽、"法兰西玫瑰"苏菲·玛索等传奇女星曾在银幕上塑造过的"安娜·卡列尼娜"这一经典女性形象吗？

　　带着一连串的疑问与好奇，我走进了影院。

　　舞台式的处理首先让人耳目一新；然后是奢华的场面和精美的服饰令人惊艳；接着，呼啸而过的火车、划过金黄的镰刀、官府机械的工作等一系列有意味的形式共同营造出故事与隐喻相结合的美学意境；黑（安娜）与白（吉提）、灵（列文）与肉（渥伦斯基）、急促（舞会）与舒缓（草地）、逼仄（舞台）与开阔（雪地）的强烈对比，既创造性地保留了原著两条平行线索相互对照、相辅相成的"拱门式"结构，又增强了影片的叙事节奏感与戏剧张力……

　　走出影院，着实有些佩服乔·怀特在博采众家之长、保留自身影像风格、让人留下深刻印象等方面的聪明才智与创造热情。

　　首先，他巧借奥斯卡小金人得主汤姆·斯托帕德之手编出结构巧妙、视角独特的剧本；

　　其次，他让王牌美术指导莎拉·格林伍德操刀，以此保证镜头与画面的精致华美；

　　然后，他以十九世纪后期俄国上流社会崇尚欧洲文明的历史事实为依据，放大英伦元素，充分展示自己善于把握英伦风韵的影像风格；

最后，他让老搭档凯拉·奈特莉、西尔莎．罗南等出演主要角色，既保证了导演意图的完美体现，又可借助这些明星既有的人气和名望有效地引起观众的好奇与期待。

正所谓"君子善假于物也"，乔·怀特巧妙整合各方优质资源，精心打造出一部带有鲜明个人风格的怀特版《安娜·卡列尼娜》，虽有不少网友认为凯拉·奈特莉扮演的安娜不及苏菲·玛索扮演的安娜动人，但在这部形式大于内容、风格胜过演技的怀特风格影片中，男女主角的表演已退居次要，给人留下突出印象的首先是剧情的舞台式处理，其次是影像的精美奢华。

翻拍已被 11 次搬上银幕的《安娜·卡列尼娜》如果循规蹈矩、缺乏手法上的创新，是很难让人留下印象的。乔·怀特巧借他人之力实现自己影像风格的尝试值得借鉴。虽然有人评论说乔·怀特版的《安娜·卡列尼娜》有风格无深度，但风格本身已使其脱颖而出，褒贬之间已赚足眼球，更何况风格背后还有创意，创意背后总有诸多经验值得借鉴。

一次激荡心灵的演绎

——音乐电影《悲惨世界》观后

王　舒　王运歌

当音乐伴随着汹涌的海潮、将倾的巨轮扑面而来，当"Look down"的怒吼从苦难的深渊一遍遍升起，当执法者高高在上冷漠地俯视着人间苦难，音乐、场景、唱词、表情顷刻间汇聚成巨大的艺术感染力，冲出屏幕，激荡心灵。

刚刚在第 85 届奥斯卡颁奖礼上荣获最佳音效、最佳女配、最佳化妆等三大奖项的好莱坞音乐电影《悲惨世界》，以其与众不同的激情演绎，让雨果这部已 19 次被搬上电影屏幕、4 次被搬上电视屏幕、同名音乐剧已在全球用 21 种语言演出超过 10000 场的文学名著走出书本、冲出舞台，焕发出惊人的艺术魅力。

影片改编自 2010 年刚刚举办过 "25 周年纪念演唱会" 的同名音乐剧，由曾凭《国王的演讲》荣膺奥斯卡最佳导演奖的汤姆·霍珀执导，汇集了众多明星，华丽的演员阵容、经典音乐剧的影响力，无疑是该片在全球斩获 4 亿多美元票房的重要原因，但更为重要的，恐怕还是导演在音乐剧电影化手法上的探索和创新，以及由这种创新带来的文学、音乐与电影的完美融合。

影片最具创意的一点是，导演采取了演员现场演唱剧组同期录音的拍摄方式，一反以往音乐剧电影后期配音的常态，使演员的演唱与表情融为一体，既保留了音乐剧的音乐感染力，又发挥了电影画面的视觉冲击力。如安妮·海瑟薇饰演的芳汀在演唱全片第一催泪名曲《I Dreameda Dream》时，导演用一个简洁的长镜头定格在海瑟薇的脸部—— "There was a time…"，她依稀记起曾经拥有的美好生活与单纯的希望，想起生活怎样摧残了她的梦想，她的爱情怎样变为噩梦，她以无助的表情、含泪的双眼直至最后带着哭音唱出 "Now life has killed the dream I dreamed"，充满绝望的面部特写让观众的心也跟着碎了。也许是为了充分发挥电影特写镜头的艺术表现力，影片在单个角色演唱咏叹调时，常常是演员的面部占据半个屏幕，演唱过程中没有任何镜头切换或闪回。这样的处理对演员演技是极大的挑战，令人感动的是大部分演员对歌曲的理解都十分到位，声情并茂的演唱让观众为之动容。

连演了近三十年的同名音乐剧是不可多得的宝贵资源，导演将自己对原剧和雨果原著的理解融合在一起，既保留了原剧大部分著名唱段和曲目，又通过宏大的场景、特写镜头等电影手段将原著的很多细节加入电影中，以一种全新的形式，精彩呈现出雨果笔下十九世纪法国七月革命前夕波澜壮阔的社会场景，使电影拥有比音乐剧更直观更强烈的艺术感染力。如苦役犯的劳作现场、贫民区的生活场景、热血青年的游行、街垒战斗的场面等，无不显示出大片风范。当勋伯格音乐的力量被直观地影像化后，其艺术魅力也被完全释放出来——爱潘尼的《On myown》唱得人黯然神伤；马吕斯的《Empty Chairs at Empty Tables》唱得人心潮起伏；革命者们的《Do you hear people sing》唱得人热血沸腾；休·杰克曼演唱的全片升华曲目《Bring Him Home》虽与原剧演唱水准小有距离，但其精湛的演技通过电影特写镜头呈现在观众面前，足可弥补其唱功的缺憾，达到抚慰人心的效果。

雨果文学的力量，勋伯格音乐的力量，再加上霍珀电影的力量，文学、音乐与电影的完美融合，共同幻化成全体演职人员心灵激荡的演绎激情，以一种与众不同的形式激荡着观众的心灵！

教授 "炮轰" 要有诚意

王　舒

昨日，武汉市政协委员、华中师大文学院教授晓苏在市 "两会" 上炮轰电影《泰囧》对于文化产业的不良示范。晓苏认为，《泰囧》这样没有审美价值与艺术含量的电影之所以能获得如此高的票房，在一定程度上反映了国民欣赏水平偏低。"现在很多人把电影《泰囧》作为中国文化产业小投入、大产出的成功范例，我觉得但凡有一点文化担当与文化使命感的知识分子，都不会赞同这样的观点。文化产业最重要的使命，还是提高国民的文化素质与欣赏水平。"（2013 年 1 月 6 日《长江日报》）

《泰囧》火了，3000 万元的投资，上映 20 多天票房超过 11 亿元，中外电影史上罕见的投入产出比引来业界一片惊呼，各大媒体纷纷刊文，或剖析其创造票房奇迹的原因，或盛赞其对中国电影产业的贡献，或藉此展望中国电影消费市场的广阔前景，或由此反观当下中国社会的民众心理……于是 "有文化担当与文化使命感" 的大学教授晓苏也迫不及待地对此热点事件发表了上述高见。

只是晓苏的 "高见" 太过武断，以至于让稍具电影常识的人都会怀疑这个教授到底懂不懂电影艺术、文化产业？

首先，《泰囧》作为标准的喜剧类型片，其电影艺术含量不说是上乘，起码也不是晓苏所说的 "没有艺术含量"。上海戏剧学院毕业的徐铮在影视圈摸爬滚打十余载，带着自己对喜剧类型片的独特理解和对中国观众心理的透彻把握，自编、自导、自演，精心将各种商业元素调配成一部中国老百姓喜闻乐见的贺岁大片，这不是艺术含量是什么？数以千万计的中国观众口口相传纷纷走进电影院去观赏一部精心为他们打造的诚意之作，放松了心情、欣赏了美景、感受了温馨，这样的影片 "没有审美价值"，什么是 "审美价值"？

其次，"把电影《泰囧》作为中国文化产业小投入、大产出的成功范例" 是一回事；"文化担当与文化使命感" "提高国民的文化素质与欣赏水平" 则是另一回事。前者关乎商业运作，着眼于投入产出比，《泰囧》作为

"小投入、大产出的成功范例"当之无愧；后者关乎道德精神，着眼于文化产品的社会责任，《泰囧》作为文化商品也许无助于"提高国民的文化素质与欣赏水平"，但这并不能让"但凡有一点文化担当与文化使命感的知识分子"否认《泰囧》是"小投入、大产出的成功范例"啊？如此"商业运作"与"道德精神"不分也就罢了，还由此得出"《泰囧》对于文化产业的不良示范"这一结论，晓苏教授放的这一炮是不是有失逻辑水准？

导演拍电影需要诚意，观众才会买账，教授发表观点同样需要诚意才会赢得尊重，《泰囧》商业上的成功也许无法掩盖其文化上的不足，但对中国文化产业的示范作用最起码是良性的，即：尊重电影艺术规律，尊重中国观众心理。作为专家教授，如果发表观点不从实际出发，只为标新立异、哗众取宠，也就怪不得被人讥为"砖家""叫兽"了。

小时代的小众人生

王 舒

尽管郭敬明首执导筒的《小时代》自上映以来就连番遭到影评人和网友的疯狂吐槽，却挡不住其全国首映日票房过 7000 万元、上映 3 天票房过 2 亿元的商业佳绩。

与《富春山居图》凭借一堆概念与商业意图编造出来的故事不同，电影《小时代》的前身是郭敬明总销量超过 350 万册的同名畅销小说，有坚实的群众基础。所以虽然一边是片中物质为上的价值观遭到网友和影评人的疯狂"吐槽"，认为"它的炫富和堆砌达到一种病态的境界"；但另一边却是原小说的粉丝们普遍认为电影拍出了小说的魂，"非常原汁原味，和小说是一样的！不能更还原。"

"这是一个以光速往前发展的城市。这是一个浩瀚的巨大时代。这是一个像是地下迷宫一样错综复杂的城市。这是一个比匕首般锋利的冷漠时代。我们躺在自己小小的被窝里，我们微茫得几乎什么都不是。"这就是郭敬明长篇小说《小时代》开篇给生活在这部小说里的主人公们定下的人生基调：世界如此之大，我们如此渺小，渺小到只能躺在自己小小的被窝里；上海如此冷漠，我们如此热切，热切渴望被这个势利、拜物的城市认同。小说中的人生是真实的，小说中的年轻大学生和都市白领们被上海这座中国时尚之都扭曲着、改变着，郭敬明敏感、细腻而又不失幽默的文字呈现了这份真实，由此赢得千万年轻读者的心。

然而擅长用文字细腻表达青春情绪的郭敬明却连最基本的电影叙事都没能掌握，以至于让没看过原著小说的电影观众怎么也无法接受电影空洞的情节和奢靡的价值观，所以才会有影评人尖刻地指出："对物欲和美色的炫耀完全是恶趣味……这样的影片票房再高，其境界也是高下立判的。"

其实，改编自小说的电影所呈现的应该不是郭敬明炫耀物欲和美色的"恶趣味"，而是上海这座时尚之都在郭敬明这个"外乡人"眼中的真实图景；也应该不是郭敬明价值观境界的高低问题，而是郭敬明电影叙事水平的高低问题。

中国艺术研究院研究生院电影电视系主任贾磊磊在《什么是好电影》一书中说：好电影首先是选择适合于电影表现的故事题材，然后再确定与这个题材相适应的叙述形式，并在整个创造过程中逐步建立个性化的影像风格，最终创造出叙事与隐喻相融合的美学意境。按此标准，《小时代》显然不是一部好电影，首先它没有一个好故事，有的只是一些青春的小情绪；其次它没找到与这些青春小情绪相适应的叙述形式，它的影像风格是奢华的，叙述形式却毫无逻辑可言，看不清人物性格的来龙去脉，说不清人物关系的前因后果，有的只是 30 多个奢侈品品牌的密集展示和诸如"没有物质基础的爱情就是一盘散沙"之类的拜物感言，最基本的叙事没有，真实生活的隐喻也就成了没有现实落脚点的"恶趣味"。原小说的粉丝们可以脑补空洞抒情背后的大量情节与细节而大赞其小说中的人物被拍得十分养眼；对小说一无所知的电影观众只能对着花样美男时不时摆 pose 秀冷酷、花季少女动不动追名牌装花痴的细节大呼无聊病态不可理喻。

如果你看过美国电影《穿 Prada 的魔鬼》，再看过《穿 Prada 的魔鬼》的中国版《爱出色》，也许你就能理解《小时代》里时尚杂志主编的冷酷、著名作家的傲慢、林萧的自甘受虐和顾里、顾源们的病态拜物了，因为这不是他们病态，而是这个被叫作消费时代的社会本身病态。也许郭敬明们在小时代里的小情绪、小浪漫只是他所熟悉的那一小撮人的小众人生，但这一小撮人的所思所为却折射出当代中国在大步迈进消费社会时一大群渴望成功的年轻人最真实的生存际遇和最真切的人生感受，尤其是奋斗在"北上广"这些大城市里的年轻人，这些城市聚集了所有尖端人士的目光，同时也聚集了他们挥霍下的金钱，这些目光和金钱如匕首般锋利冷漠，足以让每颗年轻脆弱的心在各自的世界里沦陷。

拍电影不仅仅要会讲故事

王　舒　王运歌

《一九四二》与《少年派的奇幻漂流》（以下简称《少年派》）同档上映，对冯小刚而言是场灾难。输了口碑不说，票房也比《少年派》差许多。

本来，《一九四二》应成为冯小刚迄今为止严肃题材大片中最好的一部——与作家刘震云的完美组合；从看中剧本到全国公映长达 19 年的酝酿打磨；2 亿多元的投资；国际国内一线明星的倾情演绎……然而，有李安《少年派》丰富的主题意蕴、全新的电影表现手法在前，《一九四二》相对单一的电影主题、缺乏新意的电影表现手法，还是招致具备一定电影素养的中国影迷对其"吐槽"。

平心而论，该片相对于冯导之前的两部严肃题材大片《集结号》和《唐山大地震》而言，无论是题材选择、叙事方式，还是导演的掌控能力，的确有所突破。然而遗憾的是，这样一部各方面都堪称一流的影片，终究不敌李安的《少年派》！

冯小刚一直以"最懂中国观众心理"称雄国内电影票房，与大众的感受保持一致、拍普通人喜欢的故事向来是冯小刚所长，他自己也说：我每次要拍一部电影，都和朋友们在饭桌上讨论，不同的饭局上讲十遍八遍，看故事是否打动了他。所以有评论者说：冯小刚的镜头没有力量感，他吸引观众的是通俗的剧情，而这些，只要是会讲故事、能控制拍摄场面的人就可以完成。在没有力量感的镜头下，所有的灾难呈现出来的都是视觉上的产物，不会走心。

这一次，冯小刚又讲了一个与普通人息息相关的饥饿故事，这个故事如此中国化，然而没有同样生存背景的人很难体验其中深切的痛楚。不像李安的《少年派》，不同的人带着各自不同的人生阅历，可以体会出不同的人生感悟，就像一座山，横看成岭侧成峰。

正所谓成也观众，败也观众，太会讲故事的冯小刚恰恰忽略了电影的本质是"有意味的形式"。我想冯小刚和李安在拍电影时一定是两个套路：冯小刚会先从故事性出发，而李安在保证视觉效果的前提下讲故事。中国电影观众爱听故事的天性造就了冯小刚的票房传奇，也淹没了冯小刚的创新能力。一个不争的事实是：资讯发达的全球化背景下，中国电影观众的欣赏水平已越来越高。我们需要冯小刚来满足中国电影观众的心理需求，更需要李安来提升中国电影观众的欣赏水平。

久违却并未陌生

——有感于俄罗斯电视剧《紧紧抱着我》

沈敏特

这些年来，俄罗斯电视剧在中国荧屏出镜的机会实在很少，远不如韩国、日本，甚至墨西哥。很有一些中国观众说起韩、日电视剧能够如数家珍，而对俄罗斯电视剧，却少有评说。《紧紧抱着我》，这是央视 8 套和几个网站正在播放的俄罗斯电视剧。我有意看一看，是出于这样的设想：上个世纪的 50、60 年代，那一代的年轻人可以说是看着苏联电影、唱着苏联电影歌曲长大的，一首《红莓花儿开》至今能够勾起六七十岁的老人的怀旧之情。邦达丘克、玛列茨卡娅、贝斯特列斯卡娅等，是那一代年轻人的偶像。可 60 年代，中苏大论战，特别是一批苏联电影，如《第四十一个》《静静的顿河》等成为"修正主义"的"黑典型"被批判之后，一直到今天，苏联和如今的俄罗斯影视很少和中国观众照面。这《紧紧抱着我》自然引出我的好奇之心：今天的俄罗斯影视变成什么样啦？尤其听说《紧紧抱着我》还是当代生活题材，更让我好奇了。

可在观看的过程中，还没等看完，我的一个愈来愈明确的感受是：久违了，但一点也不陌生！

这是一部取材于当代生活的电视剧。情节的中心是三个女青年舞蹈演员——因加、卡佳、波林娜——的梦想、追求、奋斗、挣扎、起伏的命运，以及由点及面而展示的当代俄罗斯的人生百态、社会世象。对于这一切，我的感觉就像我们身边的事儿那样的熟悉；要说有什么惊讶，那就是惊讶于"太相似"。我忽然想起上个世纪 50 年代的流行语，"今天的苏联就是我们的明天"；那时我们把苏联作为我们追求的目标、效仿的楷模。"一边倒"，倒向苏联的政治决策，也是那时提出来的。当然，会有很多相似之处产生。但，观看这部电视剧时，我顺理成章地把那句话改了一下，"俄罗斯的今天就是我们的今天"（需要说明的是，我指的是相似，绝不是相同，后文还将阐明）。是的，有太多的相似。

我们都曾是强调专政，而具有浓厚"人治"色彩的国家，而如今开始了民主与法制的建设。

　　我们都曾是计划经济，而如今走向市场经济。

　　因此，我们都处在"转型期"。

　　因此，我们都有"转型期"必有的社会问题。如民主抬头，却很不成熟；法制起步，却很不完善；市场经济的味道很浓，却也有官、商、黑勾结的腐败；这必然反映在两国的日常生活、日常工作和日常的人际关系之中。

　　剧中的有些言、有些行，相似得让我禁不住笑了起来。譬如，要做一件什么事情，要解决什么难题，要找一个出路，剧中人的第一个念头几乎都是要"找人""找关系"；透出的潜意识总是"再大的本事，再高的才能，没人、没关系也是白搭"。于是，各种不同的人际关系，老熟人、老同学、老上司，尤其是血缘关系，都影响着甚至决定着剧中人的命运。最逗的是还有这么一句话："以前有关系就有用了，如今还得有钱啊！"这样的台词要移到任何一部中国电视剧中，都是标准的中国话，你会想到在今天的俄罗斯也是流行语吗！如果从总体来感受，有一种转型期的社会气氛，那就是弥漫在很多人心中的浮躁和不安，因为地位在转型期需要大调整，利益在转型期需要再分配，"我在哪里"和"我的明天会怎样"，成了让太多人焦躁的问题。

　　是的，相似的政治历史，决定了两国的社会必须转型；于是，也出现了转型期相似的社会问题。这样的历史背景下，创作的当代生活剧，我们能感到陌生吗！当然，我说的是相似，而不是相同。应该说，毕竟还有不同的、更深的历史文化传统，所以相似之中仍有差别，也许是很大的差别。

　　一个差别是俄罗斯开始现代化进程，以彼得大帝的改革为标志，比我们的洋务运动早了两百多年。有一个很"逗"的细节，为了生活方式现代化、西方化，彼得勒令俄罗斯的男人必须剪掉大胡子，这和我们民国之初剪辫子都是革新的象征，而前后有两百年的时间差。彼得去世后37年，俄罗斯又出现了一位继承彼得事业的女皇——叶卡捷林娜二世，女皇思想性格很复杂，既是农奴制的坚决的捍卫者，早年却大开文明风气，推崇法国的启蒙主义，比我们接触启蒙主义也早了一百多年。19世纪初，俄罗斯出现了一批比较彻底的民主派，代表人物是别林斯基、车尔尼雪夫斯基、赫尔岑等。他们的民主传统在俄罗斯人中特别是俄罗斯知识分子的心中是牢牢扎根的。

　　这种历史文化传统对俄罗斯人的性格、素养的影响极大。《紧紧抱着我》中的人物，显然比中国人开放得多、洒脱得多；虽也讲究"关系"，但等级制、官本位的气息，相对淡得多、浅得多。那个普普通通的退休中学女教师，关心市政建设，敢于监管官员，透出很强的公民意识，这和我们那位不知民主为何物，而以"永不投反对票"而自豪的人大代表，在现代性上相隔大概也有百年。

这里我还特别要提到的一个差别，那就是文化气质的差别。我特别欣赏《紧紧抱着我》中的台词对白，它展示了俄罗斯人浓郁的文化韵味。而在举手投足、言谈交往、礼仪待人中，还潜藏着一种贵族气息。这和从彼得、叶卡捷林娜到别林斯基时代的精神贵族对教育的影响与渗透，关系密切。我以为，"贵族"二字体现为一种政治特权是不可取的，但表现为一种高雅的精神气质，又多有可取之处，是现代精神文化建设可以吸取和融入的文化元素。而长期以来，我们曾把满口粗话、随地吐痰、不拘礼仪当作一种"无产阶级"的革命豪放，有意无意地加以推崇，而精神贵族却是我们否定的对象。这是我们精神领域的一个很大的损伤。我观赏《紧紧抱着我》，感受着一种温文尔雅的惬意；深悟人文精神绝不排斥高雅的道理。

最后，特别要提到，这部电视剧依然让我们感受到很熟悉的俄罗斯文学艺术的现实主义的风格。这个戏的主角都是舞蹈圈子里的人物，娇好的面容和健美的身材，是肯定要展示的美；而穿插其间的舞蹈表演，更让此剧美不胜收。但我特别注意到，它的现代化审美风格与那种暴发户式的奢华，与那种"烧钱"式的铺陈，毫不相干；它的美以自然取胜，以大气取胜，以文化的涵养取胜。于是我想到了俄罗斯深厚的戏剧艺术传统，想到了引起戏剧艺术大革新的契诃夫的剧作，想起了契诃夫剧作带来的新的表演体系——斯坦尼斯拉夫斯基、丹钦柯创造的表演体系的无比强大的生命力。而这种传统也渗透在这部电视剧的各个角色的表演中；男角有豪爽但不粗野，女角有娇憨但不哆气，潇洒之处不卖弄，深沉之处不做作，契诃夫那种在贴近生活的自然中求深刻的风格，在这部电视剧的表演中处处可见。上个世纪50年代，中国有两个顶级的话剧艺术团体——北京人艺、中国青艺，无不学习契诃夫、斯坦尼斯拉夫斯基、丹钦柯，培养出一批闪光的表演艺术家，至今难见超越者。这些我们曾经熟悉的艺术经典，今天对很多观众来说，也许很陌生了；在经济大潮的冲击下，我们误以为豪华、炫富、怪异、含混、装酷，是时尚的现代风格。所以，看着《紧紧抱着我》，让我想得很多很多！

期待和揣度

——关于电视剧《知青》

沈敏特

　　对一部正在播放还尚未播完的电视剧进行评论，这在我的评论工作的生涯中确为首次。电视剧《知青》，我正在观赏，确实还没有看完。因此，严格地说，没有资格评论。但是，并非我一人，关于《知青》已是嘁嘁喳喳，有了不一的声响。记得当年鲁迅巨著《阿Q正传》不是一次发表的，是从1921年年末到1922年年初逐章连续发表，而就在这进行而未完的过程中，读者与评家议论纷纷，有的揣度阿Q会不会死、该不该死，有的说阿Q就是影射某某某某，甚至有人在私下大为恐慌，生怕写的就是自己，等等等等。一部作品，还没有发完，就引出了反响，这本身就是一种具有社会背景的文艺现象；它初露的内涵，已经触动了人们的心灵。它可能引发重大的社会关注。果不其然，《阿Q正传》成了公认的巨著。《知青》不一定是巨著，但它引出的种种话题、种种认同、种种诟病、种种担忧、种种揣测，会有非同小可的意义吗？

　　总体而言，电视剧《知青》的开场戏不算很成功。我观看时的第一感觉是有点累。这是一部"群戏"，角色特多，那张演员表就很长很长。一上来涌出那么多的角色，让人应接不暇，大都模模糊糊，想弄清楚，就有点累了。而我们知道，一部小说一出戏，剧情的开场、人物的出场，是大有讲究的；只要想想《红楼梦》的宝玉、黛玉、王熙凤等人物的出场，怎样活灵活现，个性十足，怎样突出地揭示了深刻的矛盾，给人留下了牵肠挂肚的悬念，就知道戏剧的开场、人物的出场，是很大的艺术课题。第一集中有一个场面，生产兵团的领导对刚到的知青宣布临时组织和临时班长；这个场面显然是为了对主要人物给予初步的介绍，但人太多而又太匆匆、太一般，听清了姓名，对不上脸面，看到了面孔，不知姓啥叫啥，印象依旧是模糊。只有一个角色，就是那个资本家出身的女青年周萍给我们较深的印象，原因是她带出了矛盾冲突；由于她的出身成分"不好"，虽有"脱胎换骨，改造自己"的决心，却依然没有通过"政审"而为兵团接受。"文革"盛行的

"血统论""唯成分论"，在这个人物的命运和性格中，有所展示，铸成了这个开场戏最有艺术价值的元素。

而如何开场，如何出场，连接着一个作品的整体的构想与目标。

知识青年的上山下乡虽始于上世纪 50 年代，但大规模（1600 多万，几乎是城市人口的 10%）的运动，则始于"文化大革命"中，也终于"文化大革命"之终；是"文化大革命"中的一个重大事件，也是"文化大革命"的组成部分。这是产生知青题材作品最根本的时代背景和社会土壤。而"文革"正如中国共产党的历史决议的定性，是一场民族的"浩劫"；实践证明，这个定性是准确的、毋庸置疑的。它对政治、经济、文化、社会造成了全面的破坏和摧残。这就成了读者阅读或观赏一本知青题材的小说或一部电视剧的根本参照系。读者、观众、评家的认可、质疑、担心、悬想、期盼、揣度，都和这个参照系紧紧相连。

第一集的整个气氛是：知识青年满怀"革命的理想和豪情"，到达了北大荒，涌下火车就高声呼唤"北大荒，我来了"；而那个没有"资格"进兵团的周萍，也在不顾一切地力争融入这个看来可以实现青年"革命价值"的团体。那个歧视周萍的吴敏，则因为自己符合"革命资格"而自豪。这可以理解为电视剧对于"浩劫"的思想基础的揭示；没有貌似崇高的"革命的理想和豪情"，就没有形成"浩劫"的可能。是的，愚忠加上缺失理智的唯意志的精神状态，是支撑"文革"（包括知青上山下乡）的群体思想基础。接下来，观众希望看到的是，这些青年要经过怎样的磨难，才能从这"浩劫"的迷途中苏醒过来和解脱出来。"浩劫"十年之久，磨难必深，代价必重；这个电视剧的创作者，敢于面对，敢于揭示吗？观众将信将疑地期待着、揣度着！

电视剧一开始就给了观众一点希望，那就是文明和人性的闪光。是的，认识"浩劫"，清理"浩劫"，彻底地摆脱和摒弃"浩劫"，靠的一定是现代文明和现代人性的张扬。周萍能在兵团存留下来，能在歧视排压下保留生存的勇气，靠的是老站长和一批知青文明尚存，人性未泯。虽然是自发的、残缺的，是大石的重压下艰难生长的小草，却是观众的希望所在。但是，人们现在清醒地知道，与文明和人性相对抗的力量有最陈旧、最稳定的文化传统，有最新颖、最"革命"的包装，并且和强大的"物质力量"融而为一；文明和人性的生长与张扬，必是一个需要付出巨大代价的过程，不会有一丝一毫的玫瑰色的梦幻。这个电视剧的创作者，有这个勇气吗？有这个力量吗？有这个坚定的目标吗？这正是观众深切的期待，它蕴涵在对剧情进展的揣度之中。

　　所谓"浩劫"，一定有深刻的历史内涵，是经济的、政治的、文化的、社会的种种的根由。它们会在知青的领域获得折射，并产生影响。譬如从经济上看，生产力发展的总趋势是一个由低向高的过程，即由靠体力向靠体脑结合、由以体力为主向以科技为主的发展。从全球的经济形势看，20世纪60年代，正处于工业化向信息化的突飞猛进的转型之中。与此相配套的是人的培养方式和教育理念的转型。中国的发展和进步，原本应该是大踏步地赶上这个总的趋势，而我们的文革与知青上山下乡却反其道而行之；"停课闹革命"，就是用"革命"替代教育；上山下乡，就是让千百万知青止步于信息化的现代生产力，去重复面朝黄土背朝天的古老的生产方式；而本来应该培养千百万掌握现代生产力的青年，以现代化的目标去为农民服务，为农民治穷治愚，这才是农民最大的福祉，却用"接受贫下中农再教育"的口号，予以替代和取消。为什么1600多万知青上山下乡，没有改变农村的面貌，而迎来的却是"文革"的一个这样的结果——经济濒临崩溃。与此相连的是，很多人被卷入冤假错案，文化几如沙漠。这样一个全面的大倒退，才是"浩劫"的内涵；它必然融入1600多万知青的命运之中，化为各式各样的人生戏剧，而主调当然是悲剧。我们继续观赏《知青》，必然会带着这样的期待和揣度：能不能直面1600多万知青的人生戏剧，挖掘"浩劫"的根源。这自然不必瞻前顾后、疑虑重重；因为"浩劫"的定性，来自于中国共产党的历史决议。

　　在众多关于知青的文艺作品中，很流行的一个词语是"无怨无悔"；此次《知青》的播放中，它仍在流传；有的认可，有的不受。

　　其实这个词语弹性很大，本身是中性的，可以多角度地予以解读。

　　最不能让人接受的是阿Q式的解读：上山下乡，让我得到了锻炼，是我难忘的青春岁月。这个解读的毛病是，忘记和忽略了整体的审视，它背离了现代生产力的发展，用整整一个时代，耽误了民族和青年的现代化的发展与成长的进程。用"无怨无悔"来稀释它的重大过失，是不能容忍的。

　　最合理的是向前看的解读：事已如此，时光不会倒流，因而怨无用，悔也无用；重要的是深刻反思，吸取教训，把损失转化为未来健康发展的借鉴和动力。这就超越了"无怨无悔"，成为改革开放的精神动力。

　　这里有一个与"无怨无悔"相连的哲学命题需要廓清，即"坏事变好事"。坏事可以变好事，但坏事绝不等于好事。阿Q式的解读，恰是把坏事等同于好事；仿佛亏得有个文革和上山下乡，使我们得到了一个千载难逢的锻炼的机会。最近还有人为此提供"确凿根据"：我们当代各级领导干部很多就是当年的知青，这是可以拿出统计的数字和比例来的。他们忘记了，坏事可以变好事，但有一个绝不能缺少的条件和前提，那就是：认识坏事，总结教训。否则，坏事依然是坏事；拿它当好事，在今天来履行，那就是"浩劫"的卷土重来。我想，当年的知青变成当代的优秀的领导干部，必有一个从理论到实践和"文革"彻底切割的过程；把"文革"看成"浩劫"，既是坚定地执行党的决议，也是自我完善、自我优化、提高党的执政水平和能力的前提。

　　我会带着上述的期待和揣度，看完《知青》。这也许是全面评论这部电视剧的一个极好的准备，因为它包含着准确评价《知青》的根本标准。

艺术构思的道德、法律底线

沈敏特

　　最近正在热播的电视剧《咱家的那些事儿》，虽是有声有色，能让我看得下去，但看着看着就觉得有点不是味儿，有一种无法顺畅接受的感觉。紧接着我想起了前几年被某省隆重推出的另一部电视剧《阿霞》，也是类似的感觉。这两部戏使我认定，有必要提出一个问题：一个作品的艺术感染力应不应该内含着道德、法律的界限？人性是艺术感染力最核心的元素，这个元素能不能突破道德、法律的底线？

　　《咱家那些事儿》的重要情节是李家的小儿子国强，拿了二姐夫公司一笔资金，远走高飞，无影无踪。

　　《阿霞》的中心情节是农村相依为命的母子二人，因为娶不上媳妇，通过人贩子，买了一个被拐来的少女。

　　两部戏共同的特点是：主人公在道德上伤害了他人，又都触犯了法律。而在艺术构思上，却是渲染着国强和这母子二人的正直、善良甚至可爱。而我，从感情到思想，都无法产生同情和好感，并且找不出同情和好感的理由。

　　一个根本的原因是，他们的被认为合理的欲望，都以践踏他人、伤害他人，无视他人的痛苦作为得逞的前提，并且突破了法律的界线。

　　国强主观地认为，他要做的项目比他二姐夫的项目更挣钱，足以全数归还，完全不顾这是一笔决定二姐夫公司生死存亡的关键性的资金；结果，二姐夫无法履行合同，不但前功尽弃，还要赔付高额违约金，公司无可挽回地宣告破产，二姐夫债台高筑。父母伤心伤身，全家陷入痛苦的深渊。爱他而因此轻信他的女会计，真以为他的用途正当，并毫不怀疑他会及时返款，把钱转到了他的账户，结果承担的后果是：不仅丢了工作，还背上了"同伙"的罪名，无法正常再就业。而他却不管不顾，关闭手机，隐匿行踪，逃之夭夭。

　　那个通过人贩买媳妇的犯罪后果也极其严重，失去女儿的父母悲痛欲绝，母亲承受不了巨大的刺激，丢了性命。而买了媳妇的母子二人，虽是可怜巴巴，对媳妇的看管却是严严实实，毫不放松。最后竟然是无德无法，换来了有妻有子的幸福家庭。

丧德必责，犯法当罪，天经地义；而这两部剧作，却以淡化道德和法制的底线的手法，浓墨重彩地渲染这两个犯罪分子优秀的"人性"。

在我们的文艺创作中，经历了从一个极端走向另一个极端的过程。我们曾经把人性简单化为阶级性，于是一个"反动阶级的人"就从头到尾、从出生到死亡一切都"坏"；否则就是"美化敌人"。而"革命阶级的人"，特别是"英雄"，那就只能完美无缺；否则就是"歪曲""丑化"革命人民。在这种理论被否定之后，我们强调"人性的复杂性"，这当然是没错的，但却走向是非不分，缺德变成了"合情"，犯罪变成了"非罪"，并对此不嫌恶，不谴责。而任何人（不管这个人有什么优点），只要为一己私利违反了道德、触犯了法律，就必须谴责，必须惩罚，这是不能打折扣的。

大师毕竟是大师，在这样的问题上是毫不含糊的。在列夫·托尔斯泰的作品中，人性是复杂的，是非是分明的。最典型的就是他的代表作《复活》中的主人公聂赫留道夫。他是一个青年贵族，在姑妈的庄园度假，见到了姑妈收留的一个女农奴生下的私生女玛丝洛娃。这是一个美丽的姑娘，她令聂赫留道夫神魂颠倒，在离开庄园之前诱奸了她。他毫不在意，扬长而去；而怀了孕的玛丝洛娃，却被赶出庄园，沦落为一个以自暴自弃来掩埋痛苦的妓女。之后，一个醉死的嫖客又让她被诬陷为谋财害命的罪犯。在法庭上，陪审员聂赫留道夫见到了罪犯玛丝洛娃；而在心灵的审判台上，两个人的地位完全颠倒了；聂赫留道夫无法摆脱一个灵魂的判决：造成这个悲剧的"第一罪犯"正是他自己。这部小说的主线正是这个"第一罪犯"在心灵的审判台上被揭发，被谴责，被鞭挞，以及他在真诚的自责和悔悟中人性复活的过程。

在道德与法的底线上，托尔斯泰是毫不容情的，他以灵魂撕裂之痛，惩罚聂赫留道夫，并向纵深开掘，揭露聂赫留道夫之罪与整个农奴制之罪的关联。这是一个震撼人心的展开和深挖的过程，使这部作品成为人类精神道德的宝典。

而上述两部电视剧却大相径庭，缺乏的正是这个从外到内、从罪责到自责的审判过程；渲染的却是"两大宽恕"：一是对穷人的宽恕；一是对亲人的宽恕。

他为什么要从人贩手里买妻呢？因为他穷得娶不了妻；男大当婚怎么办，万般无奈，只得买人。他为什么要把阿霞像管牲畜那样，看得死死的，不让她和父母团聚？因为如果阿霞走了，就无钱再买一个女人了。

他为什么要拿走姐夫的钱呢？因为姐夫是自家人，又不是外人。所以姐夫要报警，理所当然有人以亲人的名义，予以劝阻。他为什么精心策划骗取女友的信任，而无心理负担，严重的后果也引不出他的严厉的自责？自我告慰的理由是：我发了财就会还钱，并不亏待亲人。

是的，穷，特别是中国畸形的城乡差别所造成的穷，是必须同情，必须尽快予以解决的；从执政者到全体公民，都有这个责任。

是的，亲情应当导出互爱与互助，以及对缺点与错误的理解与帮助。

但是，人类社会从原始的、蒙昧的时代走出，而进入文明时代，任何形态的社会，都不能因一己之利而伤害他人；这是人类社会得以维系和发展的起码的道德底线与法律底线，是找不出任何理由可以不顾和突破的底线。

作为执政者和每个公民，都应该思考：怎样去创造和优化一个整体的环境，这个环境有益于道德情操的培养与提升，有益于法制观念的普及与坚守。但作为每一个公民个人，要不断强化一种自控的自觉和抗力，守住道德底线、法律底线。"威武不能屈，贫贱不能移"，是一个应该发扬光大的民族文化的精华。在一个社会大转型的历史时期，这就显得更为重要。

鲁迅对受压迫而又未觉醒的百姓的态度是"哀其不幸，怒其不争"，他把"哀"与"怒"区分得了了分明，使"不幸"与"不争"绝不互代；这正是现代文化先驱者对人民的高度责任感和伟大的爱心。用对穷人的同情，用对亲人的照顾，淡化道德与法律的遵循，恰是我们文化中腐蚀人性的毒性极大的元素。不幸的是，在我们当代的生活和文艺中，这种淡化已泛滥成灾。

一部 "诗意的思想者" 的新作

——简评《敏特言》

刘星河

大概是上个世纪末，著名碑文专家许有为教授对文化学者沈敏特当年的作品称之为 "诗意的思想者" 的作品。这里有两个关键词，一是 "思想"，二是 "诗意"，两者的融合，可说是上好的内容与上好的形式的佳配。近日，我拿到了刚刚出版的沈敏特的新著《敏特言》，匆匆先翻阅一遍，马上想起的就是许有为教授的 "诗意的思想者" 的赞语；再细细品读，我延伸出的感受是，"思想" 更加深厚与前卫了，"诗意" 更加浓郁和蕴藉了。

《敏特言》是沈敏特新世纪撰写的大量文化评论和文化随笔的第一部选集。那么多大大小小的文章，给我的第一印象是 "无所不谈"；但又 "散而不散"，它是有主线和主旨的。最近沈敏特在广东 "岭南大讲堂"、深圳 "文化中心" 等很多地方用一个题目进行演说，即《现代文化与现代人》。不错，这也正是《敏特言》的主题。只是，演说是按现代文化与现代人的理论系统，给予逻辑性的阐述，而《敏特言》则 "散而不散"，把五光十色的珠子串联在一起，从各方面挖掘出、展示出现代文化的思想品格和现代人的精神风貌。

沈敏特在各种场合，多次言说他的文化观的基本结构。

他认为总体而言，文化就是人类为了生存与发展，所创造的物质财富和精神财富的总和。这个定义既有文化创造的出发点，即生存与发展；又有文化创造的落脚点，即物质财富与精神财富；更有文化优与劣的评价标准，即是否有利于人类的生存与发展，有利为优，不利是劣。

物质财富与精神财富，从另一个角度看，又体现了人类的三种关系与三种认识：人和自然的关系，人对自然的认识；人和社会的关系，人对社会的认识；人和自身的关系，人对自身的认识。人只有处理好这三种关系，获得这三方面的正确认识，才能逐步创造一个宜于人类生存与发展的和谐的世界。《敏特言》的丰富性在于它从方方面面观照了这三种关系与三种认识。

在沈敏特看来，建设文化总体，首先要优化的关键不是硬件，即各种各样的文化设施，如校舍、图书馆、剧院等；而是软件，即渗透在千百万民众心中的价值观、道德观、审美观，并转化为他们的思维方式、生活方式、行为方式，于是才能形成推动历史前进或阻碍历史前进的实际的文化力量。这正是为什么鲁迅把自己一生的文化使命概括为五个字：改造国民性。

所以，一本《敏特言》，说天谈地，横扫东西；忽而政治，忽而经济；也指文艺，也道体育；还有七七八八的这个与那个；但万变不离其宗，核心的观照是流行于今的价值、道德与审美的观念。给我最深的印象是，所涉的问题大都发生在今天，发生在身边，目睹耳闻，司空见惯，甚至就是我们自己的所想所作；但在沈敏特笔下，点点拨拨，敲敲打打，我们马上会发现，自己竟是犯了"心智麻木，熟视无睹"的大毛病。它的前卫性不是远去千里万里，到了触摸不到的天际，而是要告诉我们，我们对自己的所见所闻所想所作，缺少了现代文化的观照。于是虽然熟悉，其实陌生；虽说知道，其实不知。各种各样的不合理、不公正，让我们容忍又难忍、焦躁又无奈的社会现象，其实都和整个社会的认知平均线不高、不新有关。我们处在一个需要启蒙的时代。

沈敏特在践行现代文化的观照时，还特别强调了现代性的一个重要组成部分，即全球性的胸怀和眼界。一翻开《敏特言》，前面几篇文章是谈9·11事件。这几篇文章不是简单地描述这个轰动世界的大惨剧，而是强调了一个人类新视角——地球村村民的视角是准确把握9·11事件本质的关键。国家的国民视角必须和地球村村民的视角融合，才是真正的现代爱国主义。一个游离于世界和平与发展的主旋律的国家，看不到各国人民的共同的利益，看不到合作共赢的大趋势，只能使本国停滞、倒退，成为坑害本国人民的极端民族主义。

《敏特言》正如出版社的责任编辑所说："本人对您的文字功底和博学多才深感钦佩，老实说，这是我在出版社所编辑的书中质量最高的一部。因此我在编校中，没有以往的枯燥和乏味。有时因沉浸于内容中而忘记校差错了。"而最早的一批读者已传来反馈，其中一位教授说："细读《敏特言》，拍案叫绝！生活中大事小事信手拈来，皆成文章，可谓左右逢源。"而另一位教授则说："文章愈发简白老辣，尤其是文字，笔底风起，率性之作。"我想，这就是"思想"的独特深刻与"诗意"的灵动激越融而为一所产生的魅力。

文字是作家与读者心灵沟通的桥梁；沈敏特很在意这种沟通。在本书的"跋"中，他说："我很不喜欢这样的'宣言'：'我爱怎么写就怎么写，我才不在乎你爱不爱看。'……如果不在乎有没有人看，又何必写何必发呢，只要关起房门来自言自语就行了！"显然，强化文字的沟通作用，是沈敏特自觉的追求。他特别强调，评论文字要具有走出"圈子"（指专业同行）的能量。我在阅读中深深感到，《敏特言》吸引我的是一种风格和魅力：理性的睿智深刻，感性的儒雅通达，加上具有亲和力、召唤力的文字，三者融为一体，给你带来了一种豁然开朗、进入新境界的快感。

　　文化学者胡野秋先生在"序"中说得好："有些书读完了，也就完了。有些书读完了，你的思绪才刚刚出发。""《敏特言》就属于这后一种书。"是的，这是一本这样的书，值得你细细地读、慢慢地品、深深地思。

　　　　　　　　　　　　　（注：《敏特言》，海南出版社 2012 年 3 月出版）

新时代需要新智慧

——评长篇小说《心机》

沈敏特

一、展示特定领域的真相

放在我面前的是加籍华裔作家陈思进和他的合作者的新作《心机》。封面上明确标明了它的基本内容："首部跨国金融商战职场小说"；还有明确的提要："看穿华尔街的圈子圈套　洞悉金融商战局中局"。显然，它要提供的是一个特定领域的真相，而"首部"则是强调它是"前所未有"的崭新的披露。从商业角度看，这就是它主要的卖点。

二、当下需要的认识价值

那么，这样的卖点在今天包含着怎样的价值呢？

小说是艺术，是审美对象。但，它提供的审美过程始终和认识功能难分难解；它的审美愉悦总是和发现真实的惊喜同步。因此，小说的价值少不了历史价值、认识价值的融入。恩格斯对巴尔扎克的《人间喜剧》的现实主义成就的肯定，有一段经典的论述：巴尔扎克的作品"汇集了法国社会的全部历史，我从这里，甚至在经济细节方面（如革命以后动产与不动产的重新分配）所学到的东西，也要比从当时所有的职业历史家、经济学家和统计学家那里学的全部东西还要多。"是的，恩格斯毫不掩饰地说明了他在巴尔扎克的作品中，深化了对历史、对社会的认识，包括其中的经济运行。当资本主义从封建社会中孕育而出的关键的时代，这种认识是何等的重要。

我从恩格斯对巴尔扎克的经典论述中，找到了一把开启把握《心机》价值的钥匙。因为，世界历史又到了一个需要重新认识的关键时刻，而《心机》的作者，如前所述，正有这样的自觉和担当。

第二次世界大战之后，全球有个两大阵营的对抗从冷战到冷战逐渐消解，而"和平与发展"的世界进步的主题愈来愈彰显的过程；尤其是社会主义阵营的崩溃和信息时代的到来，加速了经济全球化进程。毫无疑问，这是一个世界性的新课题层出不穷的时代。其中，有一个需要特别审视的问题，即美国在世界政治与世界经济中的地位与角色的问题。所谓两大阵营，即以苏联为首的社会主义阵营与以美国为首的资本主义阵营；当社会主义阵营崩溃，美国的全球地位达到了空前的高度，在全球的政治与经济的总格局中，举足轻重。于是，在和平与发展的总体趋势中，重新认识美国的全球影响（正面的、负面的），成为各国认识自身发展环境的重要课题。

三、认识的重心：金融

面临这个历史性的认识任务，《心机》选择了一个当代极为重要的领域，即金融，作为认识美国世界影响力的平台，绝非偶然。第一，核武器的高度发展，使战争的杀伤力变得不分你我；具有起码理性的政治家都获得了一个常识性的认识：一旦发生全面的世界性的核战争，绝不是某些低智商的战争狂人所设想的那样，出现常规战争的结果——"消灭敌人，保存自己"，或"虽有牺牲，保全大部"，而是世界性的毁灭。爱因斯坦睿智的描述是：若问我第三次世界大战用什么武器，我不清楚（按：新武器还在发展），但我知道第四次世界大战用什么武器：石头。因此，核武器的发展反而强化了避免世界大战的共识，奠定了和平与发展的理性基础。于是，美国要维护影响世界的地位，除了保持核威慑，更重要的是转移重心，强化经济的全球影响力。第二，人与人、国与国的经济交往早就走出物物交换、钱物交换的框架，而扩大为资本的投入与产出，在钱与物之间形成了一个资本运作的巨大的空间，这就是金融；二战以后，美国的经济强大，突出的特点是：美国的金融中心成为世界金融中心；世界最重要的商品交易，如大宗的石油、粮食，是用美元来结算的。于是，揭示金融的真相是认识美国操控世界经济的一个必经的渠道。第三，揭示这个真相，是当代的客观需求，但需要一个相应的主观条件，那就是谁来揭示，谁能揭示？恰好，《心机》的作者具备了这个不可或缺的主观条件。

作家，特别是小说的作家，不是靠文学系的课程能够培养出来的。它最需要的是作者特殊的经历，以及在这个经历中熏陶出来的特殊的品性。没有伏尔加河边的流浪生活，就没有高尔基的成名作"童年三部曲"；没有铭心刻骨的贵族生涯和震撼肺腑的克里米亚战争的经历，就没有托尔斯泰的《战争与和平》《复活》。而《红楼梦》则处处流淌着曹雪芹家族兴衰的斑斑血泪。《心机》的作者之一陈思进，前几年出过一本自传体的报告文学《闯荡北美》，这个"闯荡"有两个重点：一是闯入华尔街，获得了零距离观察的机会；二是亲历9·11，成为这个举世瞩目的大事件的幸存者，激发了深入认识华尔街的觉悟与激情。小说主人公昭阳当然不是作者的克隆，但植入了作者的经历和心理过程的基因。

客观的需要与主观的契合，构成了这部小说宏大的主题。从华尔街引发的金融风暴，席卷西方、东方，化为各个国家形态各式各样的经济危机，造成了世界性的心理恐慌，就如一个破坏性巨大的怪兽突然从天而降，人们却不知来龙去脉，更无十全的对策。《心机》正是在这个当口，面对这个全球性的话题，力图从源头上揭开真相，促进人们理性的探求与思考；以至于前加拿大银行中国区总裁陈林龙认为，《心机》所展示的金融界的"高端对决"，是"迄今最真实的"。

作为金融外行，我对书中所揭示的全部金融现象是否完全准确，难以作出很自信的判断；但，我从中至少获得了很多对现代金融的印象，成为我进一步思考当代人类经济关系的一些资源。我深刻感受到了金融的两面性，就如一把双刃刀一样。没有金融业的资金组合，就没有现代生产力；但正因为在资金和生产之间有一个金融的链接所包含的复杂的环节，这就让资金背离生产的目的获得了可能与机会。谁都知道，只有资金用于生产才能增值；金融是跨时间、跨空间的价值交换，核心的价值交换是：把资本的既成价值转化为资本的增值价值，金融本身并无增值功能；正如我们常说的"零和游戏"；恰如一块既成的蛋糕，不会增大，但怎样切这块蛋糕，在场的每个人能吃到多少蛋糕，却有很多学问。很可能该吃的人没吃到，不该吃的却把最大的一块带回家去。我们对金融功能的应有认识是：把资本引向发展生产的天地，是金融的健康功能；反之，通过金融资本未能达到发展生产的目的而满足了不正常的私欲，这就是病态的金融。

于是我们在小说中看到三个问题：第一，美元的世界地位相当于切蛋糕的掌刀人，印钞票的权力就是改变币值的权力，它直接影响世界经济，一升一降之间，改变着你手中货币的含金量，改变你的财产的拥有量。第二，美国的民主制度有很多可圈可点的优势，但对金融监管却有制度性的缺失。第三，金融界的高管是人不是神，制度的缺失就给人性中的贪欲提供了膨胀的空间；很多金融的衍生产品，就是满足私欲的陷阱。它扭曲了资金的流向，把金融引向危机。于是，《心机》给我们带来了一个清醒的警示：美国的金融监管制度需要完善；世界的经济格局需要改革。显然，当代人类需要这样的认识来优化自身的智慧。

四、认识与审美的融合

如上所说，《心机》应运而生于认识美国金融的当代需要，但它不是金融学讲义、教科书，它是一部艺术小说。它所包含的认识功能，不是赤裸裸的理论形态，用形式逻辑来进行推理；它溶化在人物的命运、性格的发展和心理的流程之中，并在故事、情节、细节中展示出来。而归根到底，它必须是人性的观照。

小说的基本结构可用四个字来概括：一线两翼。"一线"就是主人公昭阳的命运和围绕着昭阳的命运所展开的各种人物的关系，如父子、兄弟、夫妻、朋友、同事，还有跨国的人事关系，等等；"两翼"就是以华尔街为中心的美国空间，以昭阳的家族——韩氏家族为中心的中国空间。主人公的命运的流动牵引着两个空间的互动，给我们展示了一个具有当代世界性规模的生活画卷。要强调的是，主人公昭阳的命运的流程与转折同作品具有认识意义的主题是水乳交融、紧密结合的。用一句话来概括：闯入华尔街，走出华尔街。"闯入"是认识华尔街的开端与延续，"走出"是认识华尔街的升华。当昭阳走出了华尔街，具备了新的历史担当的自觉，他的认识升华了，他的命运获得了一个新的开端；作品的主题也达于完满的体现。

评论小说，我一直坚守一个基点：小说的审美本体，即它的不可替代性是什么？故事情节、人物性格的元素并非小说独有，在可听可视的叙事艺术，如戏剧、电影、电视剧中都有这些元素，并且更加具象化；那么为什么人们特别是文化素养更高一点的人群，还是要看小说。中国的"四大名著"都不止一次地被搬上了戏剧舞台，拍成了电影、电视剧，而忠实的读者仍然不放弃阅读原著。原因就在于它不可替代的审美元素和审美方式：一是它的直接的心灵剖析，人们盛赞托尔斯泰展示的"心灵辩证法"就是小说独有的审美元素。二是小说的审美的媒介不是可听可视的具象，而是文字记载的语言，所以小说大师一定是语言大师。他们是通过文字语言，调动读者的联想、想象、知识储存，在读者的心中化为各有特色的音像、图像、人的具象；这是一个更加高级、魅力更加神奇的审美过程。所以，我认为尽管目前视听艺术几乎把小说挤到了边缘，但随着教育的发展，人们文化水平的提高，小说一定会占据更大的审美平台。在此之前，《心机》的作者已撰写了七八本书，也尝试过写小说（如《绝情华尔街》），再一次选择小说这样一个具有高级审美意义的体裁，显然对小说不可替代的审美特点，作了充分的研究，并取得了可喜的效果。而我要建议的是：更深地挖掘人物心灵的冲突和摇摆，进一步强化语言的灵动和张力，应该是继续努力的重要课题。

　　我预祝作者在今后的创作中取得更大的成功；因为，长期生活在两种文化的空间中，是一个当代创作的优势，理应继续利用和发挥！

（注：《心机》，安徽人民出版社 2013 年版）

选择：公民的权利与义务

——序陈思进《看懂财经新闻第一本书》

沈敏特

陈思进最近两年来多产。又是一本新书的书稿摆在我的面前。在北美20年的摸爬滚打，升沉起伏，冥思苦想；积累了亦乐亦痛的经验教训；终于激成了一个不吐不快、要把自己的积累和大家分享的急切的冲动。于是而有连续性的图书的出版。而我作为一个读者的所得，是一个任务：作序。

序，当然不是这本书的提要，看提要不如看书的文本；序，需要从一个角度，使读者能从书的文本中找到和自己的生命与命运相连的元素，从而主动地开掘自己的潜力，使自己的人生丰富而不杂乱，乐观而不盲目，理性而不冷漠，忧患而不迷惘。

我阅读这本书稿，伴随的是我的盘旋的思绪，忽然，有两个字从思绪中冒了出来：选择。对了！这本书带给我的就是这两个字，这是非同小可的两个字，是中国人付出了多大的代价才换来的两个字。

是的，我们曾经生活在一个无可选择的时代；这话如果太偏激的话，可以改成，选择空间极小、风险极大的时代。因为选择的前提是自由、自由的空间有多大，选择的空间就有多大。而我们的60年，是一个从丧失自由，到自由有所恢复，更需重建和完善的过程。

那时候，首先是思想无可选择。有一个人"洞察一切"，于是大家再去思考岂非成了完全的多余。于是，无须思考，只要读他的书，听他的话，按他的指示办事；并且是理解的要执行，不理解的也要执行。到了"文革"，更有"公安六条"伺候一边，你若有什么"自己的想头"，无须是成体系的，只要"一闪念"，如果流露出来，就成了惩罚的对象。因此，当时在思想上的最好的选择，就是不选择。

那时经济生活进入了比"战时共产主义"略好一点的计划经济时代；个人也几乎是无可选择。大多数人是几十元工资享受了20多年；用"理财"两个字来对付这份小得可笑的工资，那就太荒诞了，这两个字在当时的人脑中是冒不出来的。你不必去想什么奢侈浪费，因为无此可能，几十元就是个活命钱；甚至也不必去想什么节衣缩食，因为，无可节缩，就这么几两油、几斤粮、几两肉、几尺布，再节再缩就活不下去了。个人需要计算的数字，有幼儿园的加减能力就足够了，乘除法都显得多余。当时的一大快乐就是"穷省心"，不必有什么选择的烦恼。

可如今，中国人的生活翻天覆地，大变化。"满足民生""建设民主"已是可以说出来的口号，并且已经成为执政党公开的承诺。与此匹配，几千年来的"臣民"正在向"公民"转化；转化的中心内涵就是维护公民权利的自觉，履行公民义务的自觉；它必然体现为政治、经济、文化上的选择能力的不断提高。

当然，毕竟是痼疾太深，还有对当"臣民"乐此不疲的人物，他们以不会选择而自豪。如堂堂的人大代表、政协委员居然理直气壮地宣称对任何议案"绝不投反对票"，为的是"不给党添乱"。有这样的"拥护者"，实在是共产党的大大的不幸。他们完全不知自己生活在 21 世纪，中国共产党已是一个领导中国人民进行改革开放的执政党；是一个倡导民主与法制的现代政党；是一个为人民服务而没有党的私利的公仆党；自觉地接受人民的监督，是考验执政能力、维系执政生命的题中应有之义。一个人民代表、政协委员投下赞成票、反对票、弃权票，都是十分正常的，而前提必须是为了维护人民的利益，经过调查研究、独立思考，所作的郑重选择。以为盲目跟从，就是拥护，是对一个现代政党的曲解，是本质意义上的"添乱"。一个政党只有眼观六路、耳听八方，在各种意见的比照中，才能作出比较正确的决策，才能在出错后得到及时的纠正。这才是执政党的大幸。反对意见等于反动派的逻辑，曾使共产党和中华民族付出了惨重的代价。所以，每个人自觉依托独立思考，对政治行为作出郑重的选择，是现代公民的权利和义务。

那么，在经济生活中也是如此。在计划经济中生存已久的我们（包括我），没有自我的经济选择的习惯和能力。而随着市场经济的曲曲折折的发展，随着平均个人收入的增长，居民储蓄的总量也达到了世界第一；据 2009 年的统计，超过了 6 万亿元。这笔钱，怎样流动，或消费，或投资，怎样消费，怎样投资，有了一定的自由，已成为赤贫人群以外的公民的巨大的选择任务。而事关重大，这选择的总体状况，关系到整个国民经济能否健康有序地发展，也关系到每个个人能好能坏的命运。市场经济是一把集破坏和建设双重功能的双刃刀；有坦途，也有荆棘；有抓手，也有陷阱；有阳谋，也有阴谋。如何选择，极其复杂和艰难。选择能力的培育，任务紧迫，而道路漫长。在这个问题上的公民教育，严峻地摆在中国人的面前。

陈思进的这部新作，可说是应运而生；很需要，也很及时。它涉及诸如专家之言如何听，财经新闻如何看，谁在炒房，谁在股市赚到了钱，什么是正确的财富观和消费观，等等，无不是为了回答一个问题：在当前，面对腐败丛生，贫富巨差，诚信大失，而又与整个国际经济连接紧密的现实的复杂局面，如何把握自己的经济选择，推动整体经济的健康发展，是每个公民要思考，要提高，要担当的义务。

　　我是地道的财经外行，这部书给了我很多专业方面的新知识，引发我很多对于经济的新思考。我没有权威，把这部书定为对于大家的选择具有指导性的教科书，但这部书有参考价值，有提醒作用，却是可以肯定的。

致崔永元的公开信

沈敏特

永元老弟：

　　这么称呼你，是因为我比你痴长了几岁；同时这封信既非"讨伐"，也不是"歌颂"，只是坦露胸怀，交换想法，这称呼也许能够造成一种促膝畅谈的气氛。

　　我对《实话实说》是首肯的，对此，我时常的感慨是：不容易。因为，在中国，最难的事情就是实话实说。你有的节目给我留下深刻的印象，如那个因为在"文革"中伤害了老师的人，花了多年的工夫要找到老师，要当面倾诉自己的愧疚。这是对一个荒谬的时代的控诉。又如你找了一些小孩子，来道出对父母的"缺点"的指责。这中间蕴含着崭新的教育思想的萌芽。

　　而我写这封信的主题却是要流露一下对您最近的一个节目的不满；我指的是那个对"心连心"的过度赞美的节目。

　　"心连心"集中了一批优秀的、甚至是中国"顶级"的艺术家，到基层去为群众演出，我当然是赞成的。这是好事。

　　但这好事到了什么程度却应当给予冷静的、恰如其分的估价。

　　中国有13亿人口，虽然有了九年义务教育法，实际上还有相当数量的孩子上不了学，还要个"希望工程"来补充，这本身就让人有点怪，有点悲哀。在中国如何进行文化建设，必须系统思考，系统解决。出了个"心连心"，大家便一拥而上，大声鼓噪，以为这就代表了先进文化发展的方向，这就代表了文艺为人民服务的方针，这就解决了党中央和人民"心连心"的问题，其效果令人怀疑。

　　因为，这只是个好事，是个善举，代表不了什么样的"方向""方针"。13亿人口的文化建设，没有踏踏实实去打基础的决心和措施，是解决不了的。靠"心连心"去代表，只能令人失望。据统计，即使在北京，离退休的老人中能够享有比较充实的文化生活的只占百分之十几，不到20%。首都北京尚且靠一场"心连心"解决不了问题，广大的中国国土，尤其是穷乡僻壤，更谈何容易？

有一群饥民见到了一个富翁，富翁大发慈悲，按万分之一的比例选出几个饥民，请他们到海鲜馆大嗽一顿。这些饥民因而激动得山呼万岁，并表示永志不忘。如果事情到此为止，不失为一件好事。毕竟有几个人吃了顿好饭。但如果因此传媒界一哄而上，认为这是解决全体饥民生活问题的方向，代表了全体饥民的利益，找到了解决饥民生存问题的有效途径，那就成了荒唐；如果还要想方设法让人坚信不疑，那就是欺骗；如果还要动员全体饥民出来表示感谢、感恩，那就是在培养奴才。

你和几位嘉宾，动情地渲染群众欢迎"心连心"艺术团的场面，让我特别难受。有位嘉宾说，老百姓起早赶多少里路到达欢迎现场，就像当年老百姓夹道欢迎解救他们的红军、八路军和解放军。

我想，当年老百姓欢迎共产党的军队确有"解民于倒悬"的意义，确实是人民解放的标志。今天，半个世纪过去了，又出现这样的场面，而欢迎的却是大明星，这又意味着什么呢？是文化解放？是文化翻身？建国50多年了，我不好意思作这样的回答。还是让电视中出现的老百姓自己来回答吧，他们说："我们从来没有看过这种节目！"显然，他们有一种极度文化贫困中的极度饥渴。因此，跑几十里路，到了那个大广场上。其实，那么大的演出场地，除了前面安排好的若干排座位还能看清和听清，后面那些坐在墙头上，坐在树杈上，小孩坐在父亲的肩膀上，也就只能看个热闹了。他们也只是别人表现"为人民服务精神"的活道具，远远谈不上是什么文化享受。等演出团走了之后，就像饥民吃过一顿海鲜的感受，足以让他们谈上个好几天，而他们生活的文化含量依然如故，不会有任何变化。

但别人的"功劳"可就大啦。你的节目"评功摆好"有两大内容：

其一，你们看，我们的演员不取任何报酬，纯粹是共产主义式的服务。其实，我要是演员的话也会心甘情愿承担这种共产主义式的服务。听说，有的演员为了能"挤"进中央电视台的节目，岂止是不收报酬，还愿"付费服务"。谁都知道在中央电视台上一露脸，无异于重金包装，以后到别处去演出，出场费至少可以增加10个百分点。

其二，中央电视台文艺部的头头不无自得地告诉大家，"心连心"所有的费用没有让地方上承担，全部是中央电视台支付的。是的，这是一笔可观和高额的支付，是了不起的"送温暖"（这三个字很流行）！但是，我以为没有一丝一毫值得夸耀。

我要问，你中央电视台的钱是哪儿来的？

我想，中央电视台的初期建设费用可能是财政拨款。那是全国公民纳税之后，通过税务系统转入财政系统的政府收入。这是纳税人的钱。

中央电视台还有一笔巨额收入，那就是广告费。要强调说明的是，中央电视台的广告费并不取之于公平竞争的市场。

在"一部分人先富起来"的呼声中，中央电视台的工作人员进入了这个行列。中央电视台的工作人员有私家车的比例很高，这已是众所周知的。是他们的才能比别人高？是的，中央电视台有人才，你就是一个。但，中央电视台之外也有人才，收入未必这么高。差别的原因是垄断。是他们的贡献比别人大？有贡献是肯定的，比别人大则未必。我见过很多劳动模范，收入很低。附带提一句，中央电视台工作人员的整体水平还是有待提高的。这每天都有的错别字，就是一个例证。

依靠纳税人的贡献，特别是依靠超经济的垄断收入，聚集了大量财富，让自己"先富起来"；再拿出一点儿钱，搞一个"心连心"；这样的"心连心"对13亿百姓的文化教育建设来说，还不如撒胡椒粉，不值得大轰大嗡，上升到什么"方向""方针"。

当这些老百姓黎明即起跑了几十里路，然后在墙头上、树杈上、父母的肩膀上，看一看模模糊糊的人影，听一听来自远方的声音，之后还要表现出激动万分的表情，讲一大串感恩戴德的颂词，我实在心有不忍。并且想起了一个真正共产党人的肺腑之言，胡耀邦说："我们欠账太多！"我们连公仆都没有当好，还有脸去做什么"救世主"吗！

我们应该踏踏实实地做一点真正和老百姓"心连心"的事。譬如我们应该限制一下"官本位"，我们应该反一反各种特权，我们应该创造一个人才公平竞争的环境……而作为媒体最重要的是向老百姓灌输科学与民主的现代观念。

永元老弟，我上述的话，算不算"实话实说"？请你给我交个底，可以吗？握手。

《沈敏特："好声音"与"绿色收视率"》

——2012 年 12 月 21 日《苏州日报》"苏周刊"采访记

陶冠群

一、电视从业人员要有高度的现代文化自觉

苏周刊：今年夏天，《中国好声音》在众多电视节目的竞争中异军突起，赚足收视率的同时，还受到国家广电总局的表彰，可谓"叫好又叫座"。您认为这档节目成功的主要原因是什么？

沈敏特：说来也巧，你问的这个问题正好和我这学期的课程内容有关。所以还有点发言权。有个背景先要介绍一下。当时我到这个学校（中国传媒大学南广学院）来有个要求，过去讲过的课我就不讲了，要开新课，不炒冷饭。有幸的是领导也很支持，这样就策划了一门新的课程。这门课程原来的名称叫电视文化评论，为什么以电视为主呢，因为电视是目前覆盖面最大的媒体，高、中、低文化水平的人都离不开电视，它的文化影响也是最大的。但是电视媒体存在一个基本矛盾：电视从技术层面上来讲，这二十多年来日新月异，进步得非常快，但是文化层面却严重滞后，并没有成为现代文化建设的重要推动器。无论是讲政治、讲经济还是讲文化，我们都能在目前的电视节目中找到许多非现代化的因素。再加上我考察了很多传媒类的大学，发现他们大多也是着重于传媒手段的教学，对传播的内容特别是传播内容的现代化这个问题严重忽视。我问很多学生，你搞传媒你要传播什么，竟没有一个明确的回答，缺乏现代文化自觉。当代传媒人应该有这样的自觉意识，要善于通过各种各样的节目、各种各样的媒介产品来分清现代观念和非现代观念的区别。

我们为什么把鲁迅叫作文化旗手或者文化主将，就是因为他抓住了一个文化的核心问题——改造国民性。什么叫改造国民性呢，就是把封建主义制度下培养出来的臣民改造成现代社会的公民。我觉得任何一个做传媒的人，特别是电视，它的影响这么大，它的从业人员一定要有高度的现代文化自

觉。于是我就开了"电视文化评论"这门课。在之后一段时间的教学实践中，发现很多文化问题涉及其他类型的媒介，像报纸、期刊、新媒体等，它们在文化问题上基本是共通的，所以开课两年后就把课程名称改成了"媒介文化评论"，把新的老的所有媒介都"卷"进来，成为我们的文化评论对象。这门课的主要任务就是用现代文化的观点来审视所有的媒介产品。

我们这门课是面对现实的，现实中有比较典型的媒介文化现象出来，我们就可以评论。真是非常巧，这个学期刚开学的时候，我在课上做了这么一个单元，让学生对《非诚勿扰》和《中国好声音》这两档收视率都很高的节目进行文化比较，没想到两个月后你提出的恰是这个问题。

二、相亲不能成为电视节目的题材

苏周刊：确实这两个节目都很受关注，成了比较典型的媒介文化现象。那我们就先来说一说面世时间更长一点的《非诚勿扰》吧。这档节目推出几年来一直挺受欢迎的，但您在 2010 年就在《解放日报》发表文章明确表示您"从根本上不能接受电视中的相亲节目"。您"不能接受"的主要理由是什么？

沈敏特：《非诚勿扰》这个节目一开始出现的时候，我就是持反对意见的，甚至我还在文章里批评了广电局。广电局对它的批评只是说它传播了一些"三俗"的东西，但我的观点和广电局的区别是，我认为相亲压根不能成为一个真人秀节目的题材。我当时就连续写了两篇文章《电视"相亲"的文明考量》和《"隐私产业"的文明考量》来阐述我的观点。《非诚勿扰》的核心问题在于，它把相亲作为题材，而且把恋爱的过程，也就是发现爱人、培养共通点一直到最后恋爱成或不成的整个过程作为节目的中心题材，我认为这是反文明的。爱情作为一个公共话题是可以谈的，因为爱情里面有很多问题是涉及社会问题的，但爱情的本体即每个个人的性爱过程是不能展示的。人是有个性的，这种个性突出地表现在婚恋中。恩格斯有一句话说得非常清楚，他说现代性爱是"最个人的"、也是"最崇高的"人类之爱。一对具体的恋爱中的男女，作为个人，他们的恋爱过程是私密性的，这是基本规律，没有哪个人到大庭广众之下去谈恋爱。而且，恋爱双方的相恋过程千差万别，是最个人的，没有一种模式概括它。现在你不但要把它公开化，而且要变成一种模式，就出现一个不可克服的矛盾，成为一个文化问题，这就是爱情的私密性和节目的公开性之间的矛盾。

爱情是人类从野蛮走向文明的标志之一，爱情是不能模式化的。著名的性学专家李银河曾经提出这样的观点：两性关系的道德、法律底线有三条，一是双方都是成人，二是双方自愿，三是具有私密性。违反了这三条，都是不道德的，有时甚至是违法的。爱情是不能进行公开规划和策划的。表演真人的恋爱过程是荒唐的。一个自尊自爱的人不会去参与这种了无文明的节目。我开玩笑讲，如果我的女儿去参加《非诚勿扰》，我就和她断绝父女关系。

不过在这儿我要申明一条，我批评《非诚勿扰》这个节目，但我并不呼吁广电局去禁止它。不要禁止，百花齐放嘛，大家有评论权就可以了，当大量的观众感到了这里面的文化问题而不能接受时，说明大家的文化水平提高了。这是解决文化问题最彻底的方法。不要用"禁""杀"的办法。观念的问题、理论的问题用"禁""杀"的办法是不能解决的，而只能通过"百花齐放，百家争鸣"，公开地讨论，大家共同来分析、沟通，通过取长补短来解决问题。

三、好的大众文化必须既"适应"又"提升"

苏周刊： 您在课上让学生对《非诚勿扰》和《中国好声音》这两档节目进行文化比较，比较后有什么发现呢？

沈敏特： 可以通过三个文化问题来比较分析这两个节目，从而看出它们的区别。

第一，从大众文化的角度来分析。大众文化的核心问题是两方面的辩证统一。第一个元素是"适应"，就是大众文化必须适应大众的需要和接受能力。第二个元素是"提升"，就是在适应和满足大众需要的过程中提升大众的文化素养。我们现在所需要的大众文化就应该是"适应"和"提升"的辩证统一。一个节目大众要看，你做出来后收视率在上升，这不错，但同时你要提升大众。像《非诚勿扰》这样一个节目是适应了大众的某些需要，比如窥私欲，也跟很多观众的接受能力相接近，但你没有提升。这不是我们真正要的大众文化。好的大众文化必须是既"适应"又"提升"的。"适应"和"提升"的冲突造成了大众文化的危机和机遇。"适应"与大众文化的通俗、流行、时尚化、娱乐化等特征相连，"提升"与人文启蒙、科学启蒙相连。两者的矛盾统一，蕴涵着大众文化的两种方向的斗争。《非诚勿扰》和《中国好声音》，正是代表了应对危机的两种策略。

第二，可以从"娱乐"这个问题来分析。娱乐是人类追求快乐、宣泄和缓解生存压力的一种天性。它的特点是一种感性的愉悦，而且停留在感性层面就可以了，我们不可能一天到晚皱着眉头思考问题，也需要放松。感觉歌唱得好、舞跳得好，有幽默的东西让我们快乐或者感觉悲伤让我们宣泄就行了。

在这个问题上，我们需要重新认识"寓教于乐"的文化价值。因为尽管娱乐偏于感性，但它背后也有理性的支撑，至少有健康与否和高雅低俗的区别。我对学生讲，你们不要反对这个古老的美学命题。你们能不能找出一个节目是绝对一点"教"都没有，只有快乐的，恐怕很难找到；哪怕笑，还有层次区别，有因何而笑的问题。这是一个规律，是摆脱不了的，一定是"寓教于乐"。作为观众来讲，他可以不去探讨这个理论命题，但作为从业人员、搞娱乐节目的人，得懂得这个美学命题。所谓"寓教于乐"的"教"不是说教，而是对人的熏陶和陶冶。在如何处理娱乐和人性健康发展的关系上，《非诚勿扰》和《中国好声音》作出了不同的选择。

第三是有关"隐私"的问题。窥私、暴隐，打隐私的"擦边球"，是娱乐节目中庸俗、恶俗、媚俗的重心。隐私的产生和得到尊重，是人类进化从野蛮到文明的一个标志。隐私作为人类现代文明的一种表现形式已经得到道德和法律的保护。隐私问题突出又集中地表现在两性关系之中。刚刚我就说过，恩格斯把人类性爱定性为"最个人"和"最崇高"，而李银河也对两性关系的底线提出了"成人、自愿、私密"这三个要素。正是在"隐私"这个问题上，《非诚勿扰》和《中国好声音》也作出了不同的选择。

四、《中国好声音》以"真"取胜

苏周刊：您刚才分析了这两个节目的很多不同之处，指出这两个节目在一些文化问题上都作出了不同的选择。虽然这两个节目呈现的节目形态和内容大不相同，但它们都有很高的收视率，受到大批观众的追捧，在这一点上它们是相同的。

沈敏特：这两个节目确实也有很多相同之处。比如，两者都是引进的节目，《非诚勿扰》来自于美国的《贫民百万富翁》《单身汉》，而《中国好声音》来自于荷兰的《荷兰好声音》。两者在舞美、灯光、服装、化妆、音乐等方面都力图达到"制作精良"的标准。同时，两者都力图推出一流的主持人和嘉宾。

这两个节目都创了收视率的新高，而《中国好声音》的收视率更超过了《非诚勿扰》。当然，收视率的成因是复杂的，高收视率的出现既有正面因素也有反面因素。最终决定两者的文化有高低之分的关键在哪里呢？我认为一高一低的区别在于"真人秀"的"真"字上。《中国好声音》是真的歌手来唱歌，把歌唱好了，让观众听到了最好的声音，就达到了货真价实的效果。为此，节目团队围绕这个宗旨下足了功夫，选歌手，进行培训，考察歌手的成长历程，在歌手和导师之间构建人文关怀，等等，达到"至真至爱，立志励志，大善大美"的境界。于是，艺真、情真、理真、爱真，使真人秀的"真"得到兑现。所以说它在刚才提到的大众文化、娱乐、隐私等三个文化问题上都作出了正面的回答。

苏周刊：和以往很多音乐选秀类节目不同，《中国好声音》从一开始就强调自己最关注的是好声音本身而不是其他因素，似乎一心回归音乐本身。但是，随着节目的不断制作播出，有关好声音学员的各种爆料层出不穷，大有场外故事比场上表现更抢镜的趋势，有人还戏称这节目成了"中国好故事"。对此您怎么看？

沈敏特：场外的、背后的延伸的东西很复杂，我们管不了那么多，我们只能从节目本身所呈现的内容和状态看。"好声音"是以"真"取胜的，大家都真的在唱，真的展示自己的才艺；而几个导师也真的在发现培养中国的歌唱人才，他们赞成的人，我基本上感觉到是应该赞成的，确实有较高的歌唱水平而不是靠走后门。在节目之内的层面上看不到什么虚假的东西，他们确实在培养人才，而且这种培养不仅是歌唱技艺上的，还包括人的人格和感情等的培养，有很多充满了人文关怀的东西在里头。所以这个节目总体上是很健康的，是非常"真"的。而《非诚勿扰》是真不起来的，因为没有真人会这么去谈恋爱。

五、《非诚勿扰》成为品牌节目是文化上的悲哀

苏周刊：您之前提到"表演真人的恋爱是荒唐"的，因为成了"表演"，所以节目中呈现的很多东西就不可能是真实的。

沈敏特：是的，《非诚勿扰》恰恰在核心策划中失去了达到"真"的可能。它的策划中心是"适应现代生活节奏的大型婚恋交友节目"，"我们将为您提供公开交友平台，高质量的婚恋交友嘉宾，全新的婚恋交友模式"。由于婚恋的基本过程是一个私密性的过程，因此，这个节目宗旨的每一句话都极不靠谱。因为节目的公开性与爱情的私密性是无法融合的。婚配的过程只能是私密性的过程，否则，一定荒诞和荒唐。节目中 24：1 的选择过程，是对人的人格、尊严的践踏和亵渎。选爱人，不是选代表；选爱人，不是选妃子。少数服从多数的原则在这里是用不上的。人不是动物，没有人有资格

和权力，能让一批人放在眼前供一个人任意选择。虽然我作为业界人士也不得不看看这个节目，但看着很难受。

爱情是自然而美好的过程，每个人的恋爱过程有其不可重复性、不可替代性和不可克隆性。爱情的价值判断是极其复杂的。有人赞赏《非诚勿扰》策划爱情完成的三个阶段：爱之初体验，爱之再判断，爱之终决选。这就极为不实了。事业成功和爱情质量，学业水平与爱情热度，社会地位与爱情纯度，财产多少与爱情深度，外貌风度与爱情牢度，都有关系，但不一定成正比。这一切只能在两个人的个性的长期磨合中发生千差万别的作用，都不是能在一台节目的几十分钟时间内见分晓的事情，这就决定了节目中呈现的这三个阶段的虚假性。总而言之，以个人的恋爱选择过程作为题材就决定了节目最终非假不可。因为早期节目里有女嘉宾说出"宁可坐在宝马车里哭泣"之类的"名言"，还有相关一些事件都引起很大争议，广电总局曾发出专项通知，"不得邀请个人品德有问题或有争议，持不正确或非主流价值观、婚恋观的人物参加节目"。此后江苏卫视也作了很大努力，采取了一些弥补措施，嘉宾的文化水平越来越高，还办了"加拿大专场"等，请的个个都是高学历的留学生或海外华裔中的成功人士、高级知识分子或高级管理人员。但嘉宾素质的提高也解决不了爱情的私密性和节目的公开性之间的根本矛盾。

我觉得《非诚勿扰》作为一个省级电视台的品牌节目，是文化上的悲哀。

六、出卖隐私成为一种产业是人类的悲哀

苏周刊：近年来，广播电视节目过度娱乐化甚至低俗化的倾向为人所诟病，近期江苏教育电视台就因为在这方面太出格而受到国家广电总局停播整顿的处罚。您觉得可以通过哪些方面的努力来防止这种倾向，净化我们的电视荧屏？

沈敏特：这涉及人性的问题。人由兽而来，人身上既有灵性又有兽性。文明就是要发扬人的灵性，限制、约束和规范兽性的一面。大众媒体应该帮助人类实现文明，倡扬灵性、限制兽性，而不是利用人的兽性。所以我写了《"隐私产业"的文明考量》这篇文章，批评的就是利用人的窥私欲去赚钱的这种不良现象。这个问题在娱乐界是非常突出的。我曾经还写过一篇文章题为《从三角到三点》，我说当年鲁迅批评那时的文艺娱乐新闻都是写三角恋之类的东西，而当代更是露骨地暴隐私，大量娱乐新闻都是女明星衣着暴

露、走光之类的内容。用"三点"来卖钱,隐私成为一种产业,这是人类的悲哀。实际上,就算是在美国这样比较开放的国家,在法律和道德上也是非常尊重隐私的。珍妮·杰克逊在公开演出中走光露乳,还要向公众道歉并赔款。作为一个文明社会,不能不遵守这个东西。

苏周刊:这又涉及所谓"绿色收视率"的概念,我们怎么来理解和实践它?

沈敏特:所谓绿色收视率,就是要以健康的、有益于人的精神升华的作品来吸引受众,而实践证明,这样的作品也能赢得市场,比如《中国好声音》的收视率和经济收益都不比《非诚勿扰》差。这就是靠"真善美"的东西去赢得观众的喜欢,我觉得这更具持久性。

几年前,一个电视从业人员的会议在北京召开,崔永元在会上提出收视率是万恶之源的观点。客观地讲,制作了节目就是希望有人看,要求提高收视率是必要的。在市场经济条件下,电视要有收视率、电影要有上座率、报刊要有发行量等都是正常的,但用什么来实现是有选择的。实践证明,并非高雅的、提倡真善美的作品就没人看、没钱赚。

市场经济条件下,媒介产品鱼龙混杂的现象不可避免,也很正常,但我不大赞成用"禁"的方法。马克思有两个词,一个叫"武器的批判",一个叫"批判的武器"。对于精神层面的东西,用"武器的批判"是不能真正奏效的。而是要拿起"批判的武器",还是要通过百花齐放、百家争鸣,大家介入到批判的层面上来,在这个过程中交流、沟通、互相批评,从而得到提高。在媒介高度发展的今天,,你没有办法让一个孩子永远看不到色情或其他负面的东西,但你要培养他对这种东西的批判能力。所以鲁迅有句话,"是故生存两间,角逐列国是务,其首在立人,人立而后凡事举",这是有关文化建设的核心的东西,意思是说人生存于天地之间,要参与世界的竞争中去,要取胜,首先是"立人","人立"才能"凡事举"。现在很多管文化的人不是用培养人的办法来管理,不是把人培养成能够自己辨别、能够自己做出很好选择的人,而是采取"我不让你看,你看不到"的方式,但现在的传媒生态下想要完全做到这一点是不可能的。人是有自觉选择的能力的,我开文化评论课程也是在培养这种选择能力。从事文化事业的人都要记住马克思的话,武器的批判、批判的武器是不能互相替代的。

七、文化的发展是个沙里淘金的过程

苏周刊:全国各地的卫视相继上星后,大都以综艺节目为主打的非新闻类节目作为争夺观众的主要筹码。一旦哪个节目走红，跟风现象很普遍。而且，那些走红的节目的原型大都来自欧美国家，这是不是说明了业界在这方面的创新能力并不是很强？您认为广电节目创新的关键是什么？

沈敏特：引进没有什么不好，但不要是完全的克隆，需要有所选择、补充和创新。引进不是就得亦步亦趋，而是可以从中吸取好的东西并进一步发展。文化不论东西，文化不论今古，有益于人类生存和发展的都是好文化，不利于人生存和发展的都是坏文化。

我给学生讲过一个文化的定义，是从关于文化的上百种定义中选择其一并适当加以修饰的，我自己认为这是最好的一个定义。文化是什么呢？文化是人类为了生存和发展所创造的全部物质财富和精神财富。为什么说这个定义好呢？它强调了文化的主体是人，也强调了文化是人类为了生存和发展，它的落脚点是物质财富和精神财富。同时它也体现了文化创造的标准，就是要有益于人的生存和发展。

在中国，创新的问题不是一个孤立的问题，它跟整个社会环境有关系，还是需要百花齐放、百家争鸣的环境。文化的发展就是一个筛选的过程，是个沙里淘金的过程。没有沙的存在，何来淘金。出现文化垃圾不是反常现象，该讨论就讨论，该批评就批评，不能简单地一禁了之。文化永远是沙里淘金的。中国文化的特点是生存能力强、发展能力弱，一直到今天都是，这需要大环境、民族文化观念的改变。

论 春 晚

沈敏特

为什么用这样一个庄重的题目来研究和探讨中央电视台的春节联欢晚会，是因为春晚面对的问题，远远超出一台节目的优劣成败，它已经成为具有普遍意义的民俗学的课题；是一个研究文化如何大发展、大繁荣的课题。

一、历史地、具体地对春晚作出估价

春晚从红红火火、赞美如一，到七嘴八舌，众说纷纭，历经整整 30 个年头。有人甚至说，它和赵本山一样，已到了该歇息的时候。但是，至今仍有海内外几个亿人口的收视率，而骂声不断还没有达到普遍的不屑一顾的程度，又让人似乎感到，还没有达到该判"死刑"的地步。于是，一要办、二要改的呼声，此起彼伏，以至于每一年新上任的总导演不得不在"改与创"的旗号下费尽心机；但效果却又总是不尽如人意，上不去，下不来，无奈成了很普遍的心态。

近几年来，我在各种场合推荐德国哲学家杜勒鲁奇的一句名言："从起源中理解事物，就是从本质上理解事物。"其实这句话和中国的成语"刨根究底"是很接近的。对春晚，我们如果从它的发生开始审视，给予一个恰当的历史评价，是我们把握它的发展和前途的一把钥匙。

1983 年的春晚，几乎是文化领域的"蘑菇云"，具有很大的爆炸力。紧接着的几年，春晚成了老百姓的文化期待，就像孩子们年年盼望压岁钱一样。据说，那时的春晚能让全国的街道静寂无声，家家都围坐电视机旁，津津有味地欣赏着每一个节目；还传说，连小偷此时此刻也暂时"罢偷"。

从浅显的层面看，在上世纪 80 年代，我们不得不承认春晚明显的四大效应：

其一，央视利用自身的两大垄断性的强势，创造了走进千家万户，为几亿观众接受的新民俗。这两大强势是：一是利用央视垄断性的功能，在全国整合文艺资源；二是当时无可匹敌的覆盖全国、影响世界的高科技传媒手段——电视。

其二，在全国范围推出了一系列成为家喻户晓的艺术精品，有的堪称一绝。

其三，造就了一批为观众仰慕、可以走出国门的大腕级的艺术人才。

其四，春晚的广告创造了令人瞠目的经济效益。一台节目能有这样巨大的广告效益，不能不说是空前的。

由浅入深，从深处的层面看，不得不承认80年代初春晚的两大功绩：

一是它证明了一条规律：面对需求，满足需求、是文艺生存与发展的基础。当时的中国百姓刚从"文化大革命"所造成的令人匪夷所思的"八个样板戏加一个作家"的"文化沙漠"走出来，精神的需求处于如饥似渴的状态，春晚对于他们来说，不能不是"久旱逢甘霖"般的文化盛宴。这是春晚的一大贡献。

二是当时的春晚顺应了思想解放的民情民意，很多作品成了推动思想解放的佳作。李谷一唱的《乡恋》，是一部纪录片的插曲，一出来就遭到来自要人的批评，被视为与邓丽君歌曲等同的"靡靡之音"，有人戏称李谷一是"李丽君"。在那年已定的节目单是没有列入的，只因当时的春晚有一个观众可以点要节目的环节，在观众多次点要的促进下，主管春晚的领导才鼓起勇气，允诺李谷一当场再唱《乡恋》。这一唱轰动全国，成为家喻户晓之作。究其原因，就是思想解放；具体的内涵则是：回归人性。人有七情六欲、喜怒哀乐。而"文革"把人性归结为"阶级性"；而革命阶级的阶级性就是革命性、战斗性，表现在文艺作品中的革命风格就是：高、快、响、硬。所以样板戏所有的核心唱段都是这个风格；为了避免似水柔情，样板戏绝不涉及男欢女爱，谁也不知道李玉和、杨子荣、郭建光有没有老婆，李铁梅、小常宝有没有妈妈，阿庆嫂的阿庆哥是什么模样。于是一首《乡恋》，其实所表达的还不是恋情而是乡情，只因为它的风格是低、慢、弱、软，就让有的人大惊失色，仿佛一个妖魔化的邓丽君打到大陆来了。应该说，《乡恋》在艺术价值上还算不上经典，但在春节联欢晚会上演唱，在当时确是具有象征意义的一个思想解放、回归人性的符号。它成了至今令人怀念的歌曲。此外如姜昆的相声《如此照相》等，都是让人摆脱"文革"思想捆绑的佳作。这是春晚的又一大贡献。

二、历史地、具体地面对春晚的当代危机

种种迹象告诉我们，春晚已面临危机。对策是不断更换总导演，不断提

出改进的方案，却又难见大的成效。

我反复思索产生了一个个人的认识：人们只是看到了危机的信号，却没有把握危机的本质；所谓改，也只能是头痛医头，脚痛医脚，得不到根本的改观。譬如，取消广告，大可不必。影响观赏的植入性广告当然不好，冠名权式的广告，赞助式的软广告，有何不可；办春晚是要花钱的，只要取之有道，用之有节，对办好春晚是一个必需的物质基础。这是市场经济的必然。又譬如对于"老面孔""老一套"的指责，这也不是绝对的，"老面孔"真的推出了震撼人心的好节目，一定要排斥吗！"老一套"中的《难忘今宵》拿下了，就真的提升了春晚的质量了吗！在我看来，这首歌到目前为止，还真是没有找到可以替代它而显得更加出彩的作品。2012年春晚的不少"改革""创新"显得局促和无奈。

那么，春晚关键性的危机是什么呢？我的个人看法是：曾经促成春晚诞生和初期发展的垄断性的强势，已随着时代的前进，显出了它的局限性；垄断功能的过度使用，与艺术创作的规律发生了难以调和的矛盾，已远远不能满足观众日益增长和提高的精神需求。因为，垄断的功能是有限的，艺术的欣赏与创造的发展是无限的，这个矛盾在既成的格局中是难以解决的。

具体而言是：

央视作为至今不变的春晚的创作主体所掌握的，可以整合的艺术资源已显枯竭；十几年来唯一的方法是在一个既定的格局中，频繁地更换总导演，显出了回天无力的创造力下滑趋势。2012年的春晚最显眼的变化就是高科技手段的强化使用，造成一个更为眼花缭乱的奢华的空间，带来的效果是审美的疲劳和麻木。这恰是透露出了文化内涵的空洞，精神深度的缺乏，尤其匮乏的是当代丰富的文化精神。

央视作为春晚的创作主体，在30年前是没有问题的，当时没有一个地方电视台可以和央视抗衡；而如今创作主体不变，其功能已逐渐转化为一种压抑，限制了华夏大地蕴涵的艺术创造力的喷发。很多地方电视台已想方设法办自己的春晚，这可以说是一种"叫板"；但春晚的时间段只有一个——除夕夜，可说是"有你没我"，而这个时间段被垄断了；地方台的春晚不能不感受到难以伸展的压抑，而期望除夕能成为共创共享的时间段。

央视是主流意识形态的主要"喉舌"，因此春晚节目的创作过程主要是一个层层把关、反复审查的过程；这显然不是一个贯彻双百方针的空间，也难以继承春晚初期思想解放的传统。为什么很多腕级的艺术家对参加春晚已兴味索然，有的明确表示不再参加，原因即在于此。自由创作是艺术繁荣的必备条件。精品是在齐放中涌现，是在争鸣中选出。几个"评审领导和专家"是无力承当的。

三、需要根本性的结构性的改革

在探讨春晚的改革前，我以为有必要审视一下外国一些著名的节日文化活动长盛不衰的原因，对春晚如何改进可能会有所启发。

我这里特别要提到的是维也纳新年音乐会，以巴西狂欢节为代表的各种狂欢节。前者是剧场型的，演员与观众你表演我观赏，角色不同，了了分明；后者是广场型的，全民参与，一个人可以是观赏者，同时也是表演者。但两种类型在根本宗旨上有相通的元素。它们都有百年长盛不衰、而今愈加红火的历史。

首先，它们都有民族性、经典性、久经历史检验的文艺作品，作为节日文化活动的支柱。前者是施特劳斯家族的圆舞曲、波尔卡；后者是被称为"国舞"的桑巴舞；没有一个奥地利人、巴西人会对施特劳斯音乐的演奏和桑巴舞的表演指责为"老一套"而表示"厌烦"，相反却乐此不疲，不可或缺，是它们永远的民族骄傲。

其次，这些作品天生有一种节日所需的轻松、欢快、同乐，能让人获得充分的释放和宣泄。圆舞曲、波尔卡来自民间的舞曲，经过伟大音乐家的整合、延伸、升华，达到了一种展示民族性格的经典的高度。与古典交响乐相比，它没有那么深沉；与通俗音乐相比，它没有那么轻佻。奥地利人所崇尚的典雅、淡然、内敛、幽默，恰能在施特劳斯的乐曲中获得共鸣。而桑巴舞源自非洲，经过在巴西的演变，成了巴西人表达激情的一个共同的载体。巴西是一个多种族大融合的国家，但激情、狂野、充分的发泄是他们共同的选择，于是来自非洲的野性十足的民间舞蹈，演变成了巴西的国舞。

再次，它们没有官方的意识形态的色彩，而期望融入对于真善美的共同的依恋和追求。当《蓝色多瑙河圆舞曲》响起的时候，当桑巴舞跳起的时候，奥地利人、巴西人的感动和激情是没有官与民、贵与贱、贫与富以及种族的差异。特别有意思的是，威尼斯狂欢节，人们都戴着假面具，这就意味着需要不分差别的同乐与狂欢。

最后，也是最重要的，它们成为一个国家长盛不衰的节日文化，有一个发展过程；这是一个老百姓共同选择和创造的过程，而不是一个官方特许和审查的过程。桑巴舞在巴西有一个官方不认可甚至禁止、到终于接受和给予支持的过程。

根据中国的国情，在梳理春晚30年的贡献和危机的基础上，参考国际节日文化的经验，对春晚的改革，形成了我的建议性的思考和设想。

春晚是还要办的。从人性的自我调节的需求看，从民族凝聚力不断强化的需求看，一个民族应当维护自己的传统节日，需要不断优化传统节日的文化内涵。因此，不是不要春晚，而是需要一个更好的春晚。

因此，春晚必须针对中心危机——垄断和艺术规律的矛盾，进行彻底的改革。

改革的基本理念是：走出垄断，兑现"双百"，万众一心，创造经典。

具体而言是：

作为改革的第一步，春晚由央视独办，改为由央视牵头，各省、自治区、直辖市、港澳特别行政区电视台联办。央视由独办的角色变为组织者的角色，在组织功能中发挥央视的优势。

联办的具体工作目标和形式是：贯彻"双百"，追求经典；春晚变成每年一次的省、自治区、直辖市、港澳特别行政区电视台之间的春晚节目大竞赛。

这将带来一连串的良性效果。

除夕不再一家独用，而成了全国电视台共用共享的特级黄金时段；春晚成了公开的、透明的、友好的，合作共创民族文化新经典的大竞赛的平台。各地电视台暗中"叫板"就不需要了。

春晚改变了"我做你看，我累你骂"的格局，观众从被动的受众变成了主动的评论者，与春晚的浅层次的互动变成了深层次的参与。多年来被大家诟病的"老一套""老面孔""重北轻南"也必然迎刃而解。

多年来，让大家感到很厌烦的少数人的所谓"审查""把关"，变成了不断提高全民族文化素养的"双百"方针的实践。"双百"是中国共产党按文化发展规律提出的科学的方针，所以此举绝不是削弱或否定党的领导，而恰是科学发展观意义上的党的领导。

要实现这样的理念和构想，还应有一套具体的要求：

一是双轨并行。既要有地方传统文化的发掘和整理，又要有面对现实，充满时尚气息的创新，让丰富多彩的地方性、民族性、现实性得到更充分的张扬和展示。让我们真正感受到一个多民族的、历史悠久的、正在向现代化大步迈进的中国的气度。

二是解放思想。要发扬春晚初期解放思想的好传统，直面人生，面对现实，贴近民众，表达民意，敢于针砭，是非分明；要扫除观众极为厌恶的回避现实无关痛痒的过度娱乐化倾向；力争振聋发聩，深入人心；成为立言、立德的标杆。一个转型期的中国的转型的动力，就是解放思想。

三是精简节约。这不只是经济要求，更是艺术规律的要求。契诃夫说："简洁是艺术的姊妹。"而"以少胜多"正是中国艺术的优良传统。传统戏曲、传统诗歌、传统绘画，处处显示着"以少胜多"的艺术魅力。迷信豪华、过度奢华，既是暴发户式的病态炫富，也是思想空虚、艺术创造力枯萎的暴露。

四是保培并举。这是说，要在大竞赛中，既尊重和发挥老艺术家的创造力，也着力为新人的成长提供机会。

五是科学掌控。一个全民参与的大竞赛需要科学的管理、缜密的程序，需要周全防伪，便于操作，以实现民意的真实表达。这当然少不了高科技手段的配套设置和恰当引用。

六是设立大奖。这项大奖面对全民同乐，面对追求经典，应高于现有的各项文艺奖励。这需要大的投入。因此，不必忌讳广告收入和公益性的赞助。生财不是罪恶，只要取之有道，用之有理，就是新道德。

从青歌赛文化考试说开去

马缘园

一年一度的 CCTV 青年歌手电视大奖赛作为一项在歌唱领域最专业、权威的比赛，每年吸引了大批热爱音乐的青年参加，也在全国掀起了收视热潮。观众热议的不仅仅是哪首歌好听、对哪个歌手印象最深，面对参赛选手错误百出的文化综合测试环节，观众更是众说纷纭。

关于青歌赛设置的文化知识考试的环节，有网友发帖说："优美的歌声让我陶醉，只为听歌，没必要看答题。"有网友质疑："乍一打开电视机看见选手答题，我以为在播开心辞典，青歌赛设答题是为了赶益智的潮流吗?"也有观众认为文化知识考试是对选手的一种刁难，更有观众对于参赛选手不辨国旗、不识李白、不懂三曹、连北京申办奥运的口号均不太熟悉等缺乏常识的回答大感诧异。

关于要不要设置文化知识考试的问题，我想一个简单的例子就能说明问题：音乐学院的学子们每当学习一首新的经典曲目的时候，并不是从接触旋律开始，而是要先深刻理解歌词创作的历史背景和内涵，在此基础上加以声乐的专业练习。真正有感染力的音乐不等同于卖弄高超的歌唱技巧，一百个歌手可以对音乐有一百种自己的理解和认知、浸染着一百种自己的情感体会，从而可以唱出一百种味道的"我的太阳"。因此我想说：文化知识考试并不是青歌赛的一个噱头。没有后天的文化积累，即使具备先天的歌唱天赋也不能成为一个优秀的歌唱家。即便是没有受到高学历教育的民间歌手，也同样饱含对生活的热爱、感悟和认知，从而能使歌声引发共鸣，成为群众爱戴的歌唱家。因此对于青歌赛中选手错误百出的回答，我们就不难理解为什么著名作曲家徐沛东会惊呼"可怕"、为什么大赛总策划秦新民及海政文工团副团长等专家会对"折掉文化之翼的青年歌手能飞多远"深表担忧了。

有痛惜选手的观众认为青歌赛的文化知识考题设置本身是一种刁难，但实际从考题内容来讲，关于"采菊东篱下，悠然见南山"的作者是谁、中国地图上标出的三条江河——黄河、长江、珠江的位置辨析等问题都是九年制义务教育中的基本常识；对于羊毛标志、健康食品标志的辨认也是最基本的生活经验；至于北京申奥的口号，连观众席的小朋友都能情不自禁地大喊答案，更能有力地说明问题的易答程度。为何如此常识性的考题会难倒选手呢？这不由得使我们对基础教育的质量感到了深深的担忧。

长期以来，我国的基础教育过分注重升学率，虽然推行了多年的素质教育，但实际上学生依旧背负着升学的压力，家长依然追求分数和排名，甚至连教师的奖金都与班级排名挂钩。先进、科学的教育理念的缺失已成为我国基础教育的顽疾。在这种教育大背景下，我们就不难理解为什么在青歌赛文化知识考试中，选手连最基本的常识都忘记得一干二净，多半是在应试完成后就原封不动地还给任课教师了。某日，有热心观众致电节目现场，建议大赛对考试范围出复习手册以供选手赛前复习，试问：靠"临时抱佛脚"的暂时记忆来应对文化考试，不正是基础教育中被学生惯用的失败伎俩吗？若该建议被采纳，只能说：青歌赛的文化知识考试就失去了它本身的意义吧。

2006年冬，我在一次南京地区的高考艺术类考生招生面试中曾经问到多位南京籍高中生"南京大屠杀大致发生在哪个年代"的问题，多半学生均表示不太清楚，最令人震惊的是有考生回答是"1981年"；有部分学生不清楚时任国家主席和国务院总理是谁。看来基础教育的失败是普遍的，这着实让人担忧。基础教育的效果尚且如此，给后续的高等教育也带来了无穷的隐患。此外，从小学习艺术的学子，对于艺术科目进行了长时间的精打细磨，但对于文化科目投入的精力却相对较少，再加上高考文化科目的录取分数线较低，这也导致了艺术生文化素养不高的普遍现象。经过了青歌赛的文化考试，我们是不是该对这种现象多加警惕，重视基础素质教育，重视艺术特长生的文化素养教育呢？

我想：真正的素质教育应该包含先进、科学的教育理念，应该首先重视对学生独立人格、道德情操、想象力和创造力的培养，其次才是知识技能的传授。这不是单一的应试教育和仅仅注重分数的考试所能达成的。

回顾这一轮观众对于青歌赛文化知识考试的热议，我想，我们没有必要再去单方面指责选手的文化知识的匮乏，也没必要把"连国旗都不认识"的文盲歌手当作茶余饭后的谈资和笑料来诟病，当这种基础常识匮乏的情况已普遍成为一种青年普遍存在的现象时，更应该引起的是我们对于我国基础教育和艺术生文化素养普遍匮乏现象的深思。

告别赵本山，期待"赵本山"

——下一个"赵本山"是何模样？

李劲强

30 日，赵本山在北京大兴星光影视录制江苏卫视春晚，录完节目后在郭德纲主持的脱口秀《郭的秀》中，赵本山宣布从现在起收山，将不会再登台演小品，他表示要多思考自己的作品，把空间留给别人。(1 月 31 日新京报）

终于，赵本山决定退出小品江湖了。这是他赖以成名的舞台，这是他焕发光彩的平台，但岁月不饶人，喜剧之王也抵不过时间这把刻刀，在两次临时退出春晚舞台之后，赵本山甚至彻底不再出演小品。这种决绝的态度，也从此断了电视观众的一个念想：以后，他们只能在电视剧中看到本山大叔搞笑，那个所谓的本山陪大家过年的新年俗，从此一去不返了。这是一种功成身退，这是一次不带伤感的告别。

也许，有人会说，赵本山的坚决是因为江郎才尽。坊间传闻，两次退出春晚，只是因为他的作品不尽如人意，尤其不能令春晚导演方面满意。这样说，也就说了。一个艺术家的确会有创作的疲倦期，当赵本山已经在春晚纵横驰骋二十多年后，他怎么还会有创作的新鲜感？而且，他也无须靠一次春晚来扬眉吐气，证明什么，当他不需要春晚的名与利时，上春晚更多成为一种习惯、一种对新人的提携，在本山大叔的传媒盘子里，已经不差春晚这盘菜。

所以，当本山挥别春晚时，于其个人，人们应该表达敬意，是他把东北小品带上了春晚，娱乐了全中国的观众，他是当之无愧的喜剧之王。这个地位的获得不是一次春晚可以成就的，也不是一次春晚表演可以成全的，这个地位来自春晚的曾经传奇，来自观众的一直追随。就凭他创造了"看春晚，看本山，过大年"这一年俗，他就是我们这个时代最应该记住的人，最应该感谢的人。

但于春晚和社会而言，当本山告别时，人们应该追问：下一个本山在哪里？是郭德纲？据说，郭德纲在春晚剧组的地位已经直逼曾经的赵本山，他已经开始享用赵本山专用的休息室，而且他在春晚上的时间安排和节目时长也受到了特殊关照。俨然，郭德纲就是下一个赵本山。但两人还是有区别的。赵本山的独特在于，他的底层身份标签和他的真诚的幽默，这两点，郭德纲与之不同。他是另外一个路数。尽管，他也是一个喜剧大师。

先说底层的标签。数十年来，本山的一身行头都没有多大改变，他靠这身行头塑造了无数个性格各异的农民形象。但无论个性怎么变化，不变的是农民的身份标签。这种标签化有时会限制其表演，甚至会引起"是在作践农民"的质疑，但毫无疑问，这种标签化本身就是一种对外表达——让一个现实中处于弱势的群体，能够有一个准代言人向外传递着他们的喜怒哀乐。这一点在话语缺失的现实中是多么重要。就像本山的乡村爱情系列一样，有人批评这样的剧集矫揉造作、胡编乱造，但除了他，谁会用如此多的时间和篇幅来叙述乡村的爱情与生活？在缺少关注时，关注本身就是一种力量。

再说真诚的幽默。喜剧来自夸张、来自不对称，那些变形的扭曲的东西总会惹人发笑。但还有一种喜剧来自对生活的观察、对生活的感受，其笑点来自生活本身。这样的喜剧能够给人带来温暖的感觉。尽管，有人质疑赵本山以一个农民的形象回避了很多现实问题，其小品批判性不够，但更应该看到的是，他的喜剧尤其是不差钱之前的喜剧，更多来自生活，来自生活的智慧——这样的小品就是小品，对生活、对人生的细细品味。这难道不好吗？当喜剧沦为放肆表演，刻意编造时，真诚的幽默会让人看到内心的真实。在今天，能够给人这样感受的喜剧作者越来越少，一个尚在路上的徐铮就让人惊呼，并毫不吝啬地给了 11 亿票房。这证明，好的喜剧表演是多么稀缺。

一个时代有一个时代的幸运，一个时代有一个时代的英雄。赵本山已经宣告彻底告别小品舞台，下一个赵本山在哪里，我们不得而知，但可以乐观期待。只是下一个赵本山也应该是有自己身份感的，一个人明白自己来自哪里真的很重要。这个人也应该是真诚的，只有对生活、对观众真的抱有热情，才会热诚地对待艺术，对待观众，不离不弃。这两个要求本来不高，但在一个喧嚣的娱乐化的时代，具备这两个要求的人可能就是一个传奇。

电视 "相亲" 的文明考量

沈敏特

电视 "相亲" 成了一个问题，而我认为，根本问题在于，真人相亲的实际过程能不能作为电视媒介的题材，使它成为一种大众文化？在上海的一个关于电视的大会上，不少著名的电视主持人，对节目本身就表达了不以为然的态度，我是赞同的。因为问题的关键不在于怎样做、谁能做，而在于这样的节目该不该做。

恩格斯曾将两性关系视为一种一对一的最严格、最个性化的选择，是 "最个人的"，也是 "最崇高的" 人类之爱。

至于相亲，即使在古代，也仅止于牵线搭桥；牵线搭桥之后男女双方是否进入恋爱以及怎样恋爱，是谁也不能进入、不能参与的领域。

有人会说，我们的性教育不是公开的吗，甚至进入了课堂，还在乎什么其他的隐私呢？这恰是一个大混淆。性教育所涉及的都是公共话题，如生理层面、心理层面的一般性的共同的问题，它决不展示个人的性行为，包括一对一的性前的心理交流。为什么 "毛片" 在各国都属于非法音像出版物，为什么台湾的璩美凤事件（偷拍个人性活动）成为一个刑事案件，偷拍的当事人需要罚款、服刑，因为展示或侵犯了隐私。要强调的是，男女性前的生理性的、心理性的恋爱行为，都属于不可触犯的个人隐私。

有人会提出这样的问题：男女双方的爱情的实际过程，在很多文艺作品中不是大大地展示了吗？对，这正是特别要廓清的问题。文艺（包括文字的和视听的）是虚构的产物，它没有隐私的主体；贾宝玉、林黛玉不会从书中走出来，状告作者侵犯了他或是她的隐私，艺术形象的本质是典型，是公共性的精神产品。至于那些文艺性的传记或写实的作品，如果涉及这方面的内容，需要对象本人的授权；而一般来说也只是抽象性、概括性的叙述，不会有如实的描绘。而经典性的爱情作品，中国的《红楼梦》也好，西方的《罗密欧与朱丽叶》也好，以至于现代的《魂断蓝桥》《生死恋》（日本），突出的还是过程中精神世界真、善、美的因素，几乎没有肉欲的渲染。

　　说到这儿，大致可以明白，我为什么从根本上不能接受电视中的相亲节目。

　　在这些节目中肯定不会仅止于相亲中的牵线搭桥，这显然不是"卖点"，与收视率的追求完全无关。这里最突出的还是怎样构成爱情的选择过程。把一些活生生的个人的千差万别、微妙无比的观察、审视、探试、流露、回应等百分之百的属于隐私的过程，变成公之于世的展示，变成供人欣赏的视听产品，这本身就有悖于人类千百年来形成的文明的原则。

　　更令人难以忍受的是，它完全背离了爱情的本质。爱情的选择是个人的选择，它的场合、条件、机遇是在很多无法设计的偶然中自然发生的，它千差万别、绝不相同，如今却成了一个仿佛选代表、选模范的荒诞无稽的公选活动。爱情本来就是个人的行为，它没有绝对共同的标准；爱情的结果不是大家选出来的，是在一对一的相处中碰撞与磨合而或分或合；如今却让一大堆姑娘手中操弄着亮灯的电钮，仿佛灯亮得多就是优势，灯亮得少就是劣势，这无疑是对人的尊严和人格的摧残、伤害。也许是成名心切、走红心切，否则，一个自尊自爱的青年是不会参与这种了无文明的节目的。爱情的选择变成了公选活动，这活动怎样才能扣人心弦地进展呢？嘉宾们为了达到她们"脱颖而出"的"既定目的"，就要千方百计地使出绝招。于是，被选的男士就成了她们攻击、贬损、歪曲的对象。本来一个人长得不够帅、口袋里不丰实、社会地位不高，或是有自己的习惯，都不是罪过，而这一切却成为嘉宾们突出自己、抬高自己的垫脚石；在这里看不到展示人性美的对人的尊重、关爱、宽容。当然，在苛待别人的同时，有些嘉宾自己内心的丑陋也必然露出马脚。譬如，为了表示对贫穷的鄙视而说出的"名言"："我宁可坐在宝马车中哭泣"，充分表达了以丑为美的灵魂。要知道，在任何社会的任何媒介中，嫌贫爱富都不是正面形象。你要嫁给"宝马"，嫁给"凯迪拉克"，嫁给"劳斯莱斯"，那是你的自由（而我知道，尚有良知的富人对于只认钱不认人的女士，即使她美若天仙，也是避之唯恐不及的），但你要在主流媒体中堂而皇之地宣扬，是没有人敢于给你辩护的。再堕落的媒体不要里子，还要面子呢！当然，关键的问题还在于，一个背离文明的节目构架，不爆出咄咄怪事才是咄咄怪事。它是低俗、恶俗的诱因和温床。

　　那么，这样的节目为何仍有相当的收视率呢？这并不奇怪。人性中本有动物性的成分，正如有的哲人所说，人是天使，也是魔鬼；它常常表现为非理性的冲动，包括窥私的欲望。而由于人类文明的发展，起着引导、约束动物性的作用，使人能够控制这种欲望的恶性膨胀。文明的一大功能，就是**调节人性中的动物性因素，张扬和升华真、善、美的精神因素，使人身心健康**

地成长。国外、境外，很多电视节目和电视人，常以"打擦边球"的手法，利用这种欲望来攫得收视率，几乎成为特种产业、特种职业，但绝不会成为主流文化。而当我们的媒体，特别是主流媒体，片面追求收视率而置文明底线于不顾的时候，就给这种欲望获得了发泄与膨胀的空间和机会——高高的收视率，由此而来。我们能不慎重对待吗！

　　我很理解，电视人也要吃饭，也要生存，何况头上还悬着一把收视率"末位淘汰制"的刀子。但，我们能不能找一点干净的饭食，饮一点干净的水。前几年业界人士提出了一个很好的概念：绿色收视率。让我们一起来总结一下，那些传播科学、文明、健康文化的节目，为什么获得了骄人的收视率？让我们一起来思考一下，除了末位淘汰制，是不是会有提高电视节目质量更好、更科学、更人性化的途径？

隐私产业的文明考量

沈敏特

有两件事，让我联想到人类隐私意识的起源。而正像德国哲学家杜勒鲁奇所说："从起源中理解事物，就是从本质上理解事物。"把他的话倒装一下，就是：你要把握事物的本质，就要寻找它的起源。

一件事是，在群体中生活的每个个人，开始用树叶遮住自己的私处。与此同时，具有了羞耻之心，每个人把私处的公示，认为是奇耻大辱。

一件事是人类从群婚，即不加选择的性生活，变为一夫一妻的婚姻，伴生于这种婚姻制度，人类开始萌生了恩格斯所说的"最个人"也是"最崇高"的性爱（即爱情）；在恩格斯看来，这是有史以来"最伟大的道德进步"。

在这里，你可以看到，个人性器官的最私密化，性活动的最个人化，性心理的最崇高化，是和羞耻之心的具有、是和道德的进步、是和人类区别于其他动物的个性化的逐步发展几乎互为表里、同步进行的。隐私作为一个名词，它的出现也许要晚得很多很多，但它所包含的诸多元素，却早就产生，并随着人类的文明化，一步步地丰富和扩展，最后用"隐私"这个词来加以概括和包容，成为一种自觉的道德，并进入法律系统，是人之所以为人的人格基石。这就是人类文明史的一个重要组成部分。

但，人类生活中每一个文明化，都和它的悖论、反文明化相对应，相生相伴；就像有了汽车也有了车祸、有了飞机也有了空难一样。人类有了私有财产，就同时有了被掠夺、被剥夺的危机；人类有了爱情自由的需要，就有了门第、地位、金钱、家族利益等的冲击与干扰；各种各样的悖论，无时、无地不在。

而这种相生相伴的悖论，恰是人类理想的来由。如人类盼望一个财产得以保护的稳定的法律、安定的社会；如人类"愿天下有情人终成眷属"。隐私也是一样，蔑视隐私、窥视隐私、以利用隐私达到各种不正当利益的反文明的行为，与隐私如影随形。于是，培养尊重隐私的道德观念，建全保护隐私的法律规范，成了我们建设公民社会的伟大理想的组成部分。

　　而今天，我们特别要看到的是，这是一个多么艰难和漫长的过程；它不是一个直线的进步，而是有进有退、螺旋上升；在整体进步中包含着局部的大倒退。当今社会，无论是尊重隐私的道德观念，保护隐私的法律规范，都有了极大的进步，但侵犯隐私的欲望变本加厉，侵犯隐私的规模和手段空前膨胀和提升。其中一个突出的现象是采集隐私、加工隐私、销售隐私，已经形成庞大的甚至是国际化的产业。

　　上个世纪60年代初，意大利导演费德里柯·费里尼在名为《甜蜜生活》的影片中，塑造了一个以窥探隐私营生的摄影记者，专门追踪名人、拍摄隐私。一张照片出售可以高达数万美元。香港人把这个会追踪、追逐隐私的人形象地称为"狗仔"。在当时，这样的人基本上是个体化的，即使称为"队"，也只是几个合伙人。如今已形成包括策划班子、网络化的眼线，专门追踪的文字的、摄影的记者，以及把成果在媒体上展示的庞大的组织系统。英国那个追踪戴安娜王妃的狗仔队，给人留下了天罗地网、无所不在的印象。

　　上个世纪30年代，阮玲玉的隐私成为新闻话题，依靠的是个别的黑社会人物，个别的小报记者，对象、目的也都单一。而如今已经远远超过这样的目的和手段。再加上高科技、新媒体，更是今非昔比、如虎添翼。广角的、长焦的、红外线的相机，单是拍摄手段已具有大的覆盖率、深的渗透性；又用手机、电脑、网络来通风报信、来快速广泛地传播，效果之显著，影响之深，是难以描摹的。就在这样的新环境、新条件下，隐私产业得到了空前的发展。

　　由于窥探隐私已经成为一种产业，所以对隐私的价值判断也发生了变化。在阮玲玉的时代，阮玲玉作为隐私主体，是受害者。今天由于隐私产业化，它成了高价商品，隐私主体已不完全是受害者，很可能是得利者，甚至是主动的策划人和销售者。暴露隐私，也不一定是为了泄愤或报复，其中并无恩恩怨怨，而纯属经济行为。譬如，同克林顿私通的莱温斯基，开始可能是受害者，但当她把自己和克林顿的交往变成了可以出售的出版物，她成了出售隐私的主体和经济上的获利者。又譬如，中国的一对明星夫妇，在离婚后大打笔仗，互相揭发和指责，一人出版了一本自传性的、纪实性图书。据我所知，此书版税可观：一位责任编辑为此获得的奖金都达到了六位数，在当时是可以买一套很体面的房子的。另有一位歌星，离婚再婚的事儿，一会儿说是真的，一会儿又说是误传，扑朔迷离，在媒体上整整闹腾了三个月，这其实是一种以隐私换眼球效应、最后获得经济效益的操作。隐私主体有时装作受害者，但实际上心知肚明，是受益者，是达成协议的共谋者。所以，隐私主体很少会诉诸法律；往往热闹一阵，烟消云散。你看，所谓"艳照门"，还有这"门"那"门"的隐私主体，一个个都活得更滋润了。

保护隐私在人类主流文化系统中，是道德自觉，是法律规范。因此，隐私产业应对性的操作，具有很高的策略性。他们知道，触犯底线是要付出代价的。香港《东方日报》的总编辑为此吃过官司，入狱服刑；东方报业集团被判 500 万港元的罚款。美国著名歌星杰克逊的妹妹，在电视台演唱时露乳，被罚向公众道歉并罚款 50 万美元。台湾璩美凤性爱光盘事件的偷拍、制作与传播者，也是服刑与罚款。于是，隐私产业的对策概而言之，我称之为：游走边缘，轻触底线，引发联想，不动真格。譬如，台湾一位颇有名气的电视节目主持人，她扬言要成为全台湾男子"性幻想的对象"；在节目中，也无非穿得暴露一些，然后对名人提出一些诸如内裤什么颜色，和情人亲吻是"干吻"还是"湿吻"的低俗趣味的问题，至于你是否回答，则并不在意，当然更不会要求演示。在铺天盖地的娱乐新闻中，其实也是贫乏透顶；最突出的仅仅是八个字：不离绯闻，不离"三点"。包括那些甚至属于主流媒体的网站，娱乐新闻的标题大体也是《某某已婚女星身边出现神秘男子》《盘点 10 大丰乳肥臀女星》《某某明星波（按：指乳房）涛汹涌的惊艳造型，给全球影迷留下深刻印象》。这都和隐私有关，但在操作时的看家本领也大体如此。绯闻呢，云遮雾罩，扑朔迷离，绝不真相大白；"三点"呢，把住尺度，尽量靠近，无非是胸衣更低了，裤裙更短了。他们利用的是心理学上的一个元素：意淫。因为，意淫可以动员联想，以少胜多，获得更大的效果。鲁迅有过很生动的描绘，他说，中国人见到手臂就会想到什么什么，如此延伸，最后想到的是性交。

从文化学的意义上来审视，隐私产业提供的精神产品，内涵极为贫乏。但是，为什么它能规模大、产量大、影响大呢？他对人类的进一步的文明化，究竟有什么关系呢？这才是我们必须深思的问题。

我在另一篇文章中说过，这与人性的构成有关。人从动物进化而来，逐步具有了追求真、善、美的精神生活，但并不消灭动物性的一面，而是在文明的发展进程中，通过教育、陶冶、道德与法律的教诲与警戒，给予约束、控制、调节、升华，使之文明化、审美化。譬如，雕塑维纳斯，是一座女性的胴体，具有女性的性征，但融入了人类的精神理想，成为爱与美的化身。没有人把她归入黄色属类。但，整个人类社会还在文明化的过程中，人性也在完善的过程中，神性与兽性还在激烈的交战之中，离开理想的境界还十分遥远。用恩格斯的话来说，人还在人的史前阶段。通俗的解读，就是整个人类还没有完全人化。物质条件的缺失、教育的缺失和政治制度的缺失，都会给动物性的失范甚至恶性的爆发，留出空隙，提供空间：轻则意淫窥私，重则纵欲奸淫；轻则骂架斗殴，重则暴力征战。这都是不同程度的兽性的失控或发作。

我们的整个的社会正在转型之中，真、善、美的精神生活还缺乏充分自由的发展空间；在物质上，温饱初具，而离富裕尚远；再加上制度改善严重滞后，使分配不公、贫富加剧，公平稀缺、诚信有失，因而虽有温饱，经济压力、生存压力却显得更为狰狞。于是，文化的深度需求无法抬头，精神生活不仅平面化，更常被动物性的发泄所代替。你常会看到这样的场面：一首首语意含混不清、节奏杂沓、旋律几无的歌曲，可以引来疯狂的鼓噪、失却理性的欢叫。这就是发泄，而绝不是审美。这就是隐私的销售对象。

有需求就有市场：面对这样广大的市场，你不得不承认，隐私产业还有生存与发展的前景，行政措施只能使它改头换面，绝不能使它销声匿迹。根本的改观只能是一个釜底抽薪的过程：包括政治、经济、文化（尤其是其中的教育）的整体性的文明建设一步步进展，使隐私产业市场一步步缩小的过程。在这个过程中，需要的是使命感、责任感，以及高远的眼光、博大的胸怀和坚韧的意志。

情色广告，不可触及的底线

刘星河

近日，《金陵晚报》（6 月 9 日）因一则涉嫌擦边情色广告的报道采访了我，让我谈谈对情色广告的看法。

事情的缘由是：有网友反映办公楼电梯两侧的电视墙中，循环播放着"艺龙网"宣传广告的"情色镜头"。我从网上看了这则"艺龙网广告 45 秒完整版"，画面上，一对男女进入电梯，做着挑逗暧昧的动作，上网查找信息，手机显示"酒店预订""酒店团购""机票预订"等功能信息。画面切回电梯中，男抚摸女臀部及大腿；电梯上升一半，"艺龙网"logo 再次出现，女主角闭着双眼，伴随着咬耳、贴身的动作；画面再切到"艺龙网"，显示男女主角正是通过"艺龙网"预订的酒店。

当前，情色充斥广告和媒体的现象不乏其例。"情色"广告是一个美丽的陷阱。有人说，色情和情色的界限模糊，《现代汉语词典》解释"色情"为"男女情欲"。其实，情色以情为主线，色为辅线；色情则是以色为主线，情为辅线。它们的一个共同点就是宣扬了性。火辣身材、低胸、爆乳、黑丝、白领…让女性瞠目结舌，让男人血脉贲张。这样的情色广告说白了就是"色营销"。

从传播渠道来分析，情色广告不仅仅是传统媒体渠道，已从一般户外广告牌、平面广告、电视广告，日益渗透到网络媒体，在地铁电视、楼宇电视、移动 TV、门户网站、微博、跟帖等上面，通过视频的视觉渗透性和动态的、形体的"色诱"，挑战公众的承受力。

情色广告，诉诸观看者的生理本能反应来吸引眼球；在国际广告界，表现在广告中的性暗示因素十分强劲：同性恋、SM、女权主义，恋童癖……好像成为绕不过去的坎儿。然而，做影视广告的同行都知道，营销是目的，创意是生命。为了极端的创意而不惜牺牲社会道德、对未成年人造成不良的身心损害，是广告创意道德应该避免的。那些时尚广告、网游广告，乃至"艺龙网"营销广告，挂"情色元素"，打擦边球，以低俗化、"色诱惑"，比大胆，比创意，显然有悖于社会道德。

　　那么，在创意与社会效果之间，我们的影视广告应该取何者为上？有网友认为该广告有创意和吸引力，但也指出该广告明显用情色吸引眼球，在人流量较大的办公区域播放，对孩子的影响不利。报道说，等候电梯的年轻母亲为自己的孩子捂住双眼，忍受不了广告画面对年幼孩子的不良刺激。显然，这样的视觉画面，对于十几岁的青少年都是有害的。很多网民已经感到情色广告的"出格"，甚至被高中生指证其中的色情意味。每个国家都有自己的法律与道德的底线来维护社会其他公众不受伤害。我国《广告法》就明确规定，"任何人、单位发布广告，广告内容均应当有利于人民的身心健康，遵守社会公德和职业道德，不得含有淫秽、迷信、恐怖、暴力、丑恶的内容"；《广告法》第八条规定："广告不得损害未成年人和残疾人的身心健康。"当然，一个国家的法律与道德的底线会因时代的发展而有所变动，但是在现实阶段，对一部分未成年人群体，《广告法》的规定是必须遵守的，影视广告的创意不应该造成对这部分群体的社会"视觉污染"。说白了，法律与道德的底线不许触及。

　　那么，谁该对这类情色广告负责？情色广告的主体是广告公司和企业。有的企业本身就喜欢有争议性。更有些"专家"认为它在拓宽人们对人性、对世界的关注。因此，如果把情色广告的防范之责交给受众，无异于让病人自己医病，是不负责任的表现。首先，有关管理部门应该界定情色广告到色情诱惑的范围、评定标准；其次是加强行业监督；再次是发布媒体进行自检与审查。当然，由于利益的相关性、广告发布现行体制的弊端等原因，单纯依靠广告主与广告企业及发布媒体自律都是很难的，好比让猫看鱼。

　　企业应当具备公德心，承担社会责任。像艺龙网的"情色广告"敢于直接挑战法律和道德的底线，"最直接的原因是源于经济利益的驱动，但最根本的原因则源于社会责任的麻木、源于职业道德的缺失、执法机关的不主动作为"。按照《广告法》，工商行政管理机关应责令负有责任的广告主、广告经营者、广告发布者停止发布、公开更正，没收广告费用，并处广告费用一倍以上五倍以下的罚款；情节严重的，依法停止其广告业务；构成犯罪的，并可依法追究刑事责任。

　　在现阶段，需要的是在观察中积极探索广告文化发展的趋势，从国情和社会实际出发，从法律规范、道德自律、行业约束、公众监督等多方面，来规约情色广告对社会的不良影响，尤其是对未成年人的负面塑造。其中，广告发布的分级制度也亟待细化完善。

牛皮癣的"进化"

王国杰

以前城市的大街小巷随处可见非法小广告：办假证、买卖枪支黑车、收售假烟假酒假药、治疗性病、卖淫嫖娼……往往是今天清理干净，明天又层层叠加恢复如初，影响市容，却难以根治，这被人们形象地称作城市"牛皮癣"。如今"牛皮癣"街道上少了，荧屏上却泛滥了。以前贴在电线杆上时，路人完全可以视而不见；如今在电视节目中见缝插针，循环播放，观众的眼睛想绕也绕不开了。从趁夜色偷偷摸摸张贴在电线杆上到堂而皇之地在荧屏播放，从户外走进户内，从制作粗糙的纸制品到精美的影像广告，已是天壤之别，可谓是大大地"进化"了。传播效果也随着形式的"进化"而"进化"，以前一夜之间最快也只能贴满全城，如想贴另一个城市，还要转移阵地，依次逐个城市张贴，不知何时才能贴完；如今只要电视一播，几秒钟便能传遍全国；以前只有识字的人，才会偶尔停下来看看广告内容，如今声音配合着图像在屏幕上轮番轰炸，老少皆难逃脱了。

这些牛皮癣广告一个比一个吹嘘得离谱：几万元的金银首饰可以打折到几百元，手机可以无限量地打免费电话，赠品价钱远超过购买品，化妆品可以一次美白，洗脚、吃树皮就能长命百岁，不孕不育症、白癜风、癫痫病能够轻而易举被治愈，等等。每个广告都讲得神乎其神，煞有介事，但是只要稍有生活常识的人，冷静地想一想，就晓得这些违背常理甚至违法的广告产品肯定是骗人的。

然而我更关心的是，这些牛皮癣广告昔日贴在街道上的时候，人人喊打，如今却为何堂而皇之地贴到荧屏上？不仅各县市电视台、广播台播放，也充斥于各省电视台、广播台栏目的间隙。难道那些电视工作者们都被蒙蔽了吗？如果谁这么问，那肯定要遭人嘲笑。电视台本身便是新闻集散地，记者编辑们个个见多识广，有什么事情能瞒得过他们呢？像这种牛皮癣广告，常人都能一目了然，他们又岂能不知底细？之所以助其泛滥，无非是为了广告费罢了！但我想他们肯定也要以此为理由敲一竹杠，抬高牛皮癣广告费，而牛皮癣广告商家呢，既然他们敢到电视台做广告，想必早已跨过中产阶级了，也不会介意多出一点广告费，何况有了电视台给自己做广告，既能躲过市容工作人员的罚款，又能利用电视台的信誉去骗取观众，一举两得，至此两者一拍即合。结果是牛皮癣广告商家赚了数不清的昧心钱，电视台渐渐在大众心中丧失了信誉，信以为真的善良观众被骗去血汗钱，青少年在这些低俗广告的熏陶中成长。

关于时尚与阅读的当代危机

沈敏特

只要把心沉下来，稍稍细想一下，你会惊讶地发现，最常见、最熟悉的事儿，却常常是最不知其所以然的事儿；略加追问，竟是无言以对。譬如，我问过很多人，包括高学历、高职称的朋友：每有隆重的集会，我们高唱"五星红旗迎风飘扬，胜利歌声多么嘹亮"，那么，这五颗星指的是什么，为什么要成为国旗的标识？再譬如，每有隆重集会，我们高唱"起来，不愿做奴隶的人们"，这是国歌；那么，国歌的精神是什么？很遗憾，回答不出，竟不是少数。而这知与不知，绝非无所谓的小事，它牵涉到每个人的人生大事：你生活在什么样的土地上，在这片土地上，你该做什么，不该做什么，我们曾经做过的事儿，哪些做对了，哪些做错了，等等。

我这篇文章，再一次摆出了两个词儿：时尚、阅读，这又是大家耳熟至极的两件事情。如果我们就此提出一个问题：我们今天如何认识这两件事情，对这两件事情，我们该如何应对？恕我直言，大概也只能说个大概，很难比较到位。而我近来愈来愈感到，治国也好，做人也好，其实并非深不可测的大学问，只要把最贴近我们的生活、属于常识的几件事情弄懂了、做好了，就已十分辉煌；就怕大概念愈来愈多，大口号愈来愈响，而最近身、最日常的事情却让人困惑和无奈。于是，我决定尽力说说时尚和读书。

一、时尚——个性潜力的提升

时尚，不仅常挂嘴边，更是我们特别是女士们付诸行动的追求；这追求孜孜不倦者有之，近于狂热者也有之。譬如某国的女士，只要经济上承担得起，几乎没有不整容的，在脸上、身上动过好几刀的，也并非罕见；那种敢冒风险、敢受疼痛的精神，几乎不亚于江姐面对酷刑的从容，常让我不懂而又钦佩。至于进了时装商场，便流连忘返、醉倒于中，更是不在话下的小菜一碟。若细问一下，时尚为何，则大都不甚了了，最多获得一个字面上的回答："时"者，时下的意思；"尚"者，崇尚的意思。再深问，就无从说起了。甚至有这样一种说法："时尚是什么？就是你不懂的别人的生活方式，那个让你不懂的人自己也不懂。只有不懂，时尚才谓之时尚。"

这似乎也有道理。尤其是就事论事，可以让你愈想愈不懂。

譬如，裤筒小而又小，把屁股绷紧了，大家说，这是时尚；忽然又放宽了，松松垮垮近乎一个面粉口袋，大家说，这是时尚。长发是女性的标志，由来已久，故有"女人头发长，见识短"的成语。可如今女人也可以搞一个近乎男性的"小分头"或是"运动头"，大家说，这是时尚；甚至女性最时尚的是光溜溜的"和尚头"。而男人呢，向最短与最长两个极端发展，短到了光头，长到了披肩，甚至扎起个小辫。大家说这是时尚。不是玩笑，如今走在街上，辨识性别，有时成了难题。至于头发的颜色，原先中国女性的美的标准是"乌黑油亮"，甚至西方女性若有一头黑发，如那些瑞典的女明星，尤其像著名的嘉宝，是令人艳羡的对象。可如今满街飘扬着红、棕、黄三色的美发。大家说，这是时尚。可为什么这就是时尚，无人回答；再追问，就有人发出鄙夷之声：老土！在这里，不懂也不想懂，也是时尚；而想懂，偏要打破砂锅问到底，就有点土了。这土，在北京称之为"傻冒"；在上海则称之为"阿木林"。

而我，偏要土一回，说一说时尚之本。

时尚的一个最突出的特点是：变幻无常。而这恰是人性的本质特征。考古学家在波罗的海岸边发现一块蚂蚁的化石，这块化石对于我们认识人类，意义重大。它告诉我们，几千万年前的蚂蚁的生存方式发展至今，几乎没有变化；而经历千万年的人类的生存方式却发生了说不尽的变化。细察，你会发现：蚂蚁是一个没有明显个性的动物群体，与之相比，人类是一个由有着千差万别个性的个人组成的动物群体；因此，人类与其他动物相比，具有无可比拟的创造潜力，而人类的历史发展过程就是不断解放个性、充实个性、提升个性，从而使人类的创造潜力得以发掘和展现的过程。基于个性的创造性，表现在自然科学领域就是发明；表现在社会科学领域就是变革；表现在日常生活中，特别是穿着打扮，就是没完没了的花样翻新——这就叫追求时尚。

这种头发忽长忽短忽直忽曲，衣裤忽长忽短忽紧忽松，色彩忽浓忽淡忽纯忽杂的变化，让你眼花缭乱，说不出所以然。是的，孤立审视，似乎不可理喻；为什么长比短好看，反过来又成了短比长好看，谁能说清！但，总体把握，恰是人性的特征——求新求变的创造欲望的表现。

中国传统文化观念中有一个最糟的糟粕，就是拒绝变异，排斥异端，把变异归入邪恶。如今的女孩子把头发染红了，指甲涂黑了，眼圈画得就像熊猫，你可以不喜欢，但敢于标新立异，与众不同，而没有遭到强制性的禁止，至少也是一种社会进步。当然，这只是浅层次的进步。

纵观历史，一个停滞沉闷的时代，必是时尚追逐萎靡不振的时代，也是人性惨遭压抑的时代。如"文革"中，时尚几乎是"资产阶级腐朽生活方式"的同义词。裤子、裙子紧了、短了，都是不允许的；加上经济贫困的现实，每年每人几尺布票、几团线票，每年能有一件新衣都是难事，谈何时尚的追逐，"新三年，旧三年，缝缝补补又三年"，成了艰苦朴素的标志。

由此，有无时尚的追逐成为检验一个时代的标尺：是一个发展变革的时代，还是一个停滞倒退的时代；是一个人性张扬的时代，还是一个人性压抑的时代。

所以，时尚是什么？回答：人性的张扬。

人性张扬的条件是什么？回答：相对宽松与活跃的时代。

要指出的是，人性千差万别，有品位、素养的高低和深浅的差别，表现在时尚的追逐中也有层次或上或下的区分。

最下也是最普遍的层次是：从众。

你穿什么，大家穿什么，我就跟着穿什么。想变花样，却只能跟着大家变。个性处于半睡眠状态。于是，有"流行"之说。上海话是"行（读ang）"（即普通话：流行）。这让我想起了美丽的西施带来的成语：东施效颦。颦是皱眉，西施皱眉，平添妩媚；东施效仿也皱眉，却未必妩媚，于是有了这个成语。当然，这种从众层次的时尚追逐却有着很高的商业价值。某明星戴一顶帽子，大家都说好看，于是一拥而上，这就是商机。时尚与经济的结合，主要集中于这个层面。

其次的层次是：贫乏的求异。

时尚需异，但仅仅求异也并非完整的时尚。这种时尚追求的心理状态是：在与众不同中追求出类拔萃的效果。这在西方很突出。譬如，整洁、光鲜、亮丽是人们对外形的具有普遍性的美的要求，而某人却偏要以邋遢、破败、杂乱为美。好好的衣服挖几个洞，谓之"乞丐服"（据说价格不菲），年纪轻轻留一脸刺猬一样的胡须，头发乱得有如生了癞头疮。一种不健康、不美好的与众不同，绝不是人类需要的时尚。这是不甘平庸而又内心贫乏的一种可悲、可怜的心理表现。这需要经过人生的磨炼、文化的修养，使内涵充实，才能把求异升华到一个更高的具有美学价值的层次。

时尚的最高层次是：创造性、审美性与整体素养的统一。这种时尚追逐是由内向外的，有充足底蕴的外露。几年前，美国有一次以时尚为主题的活动，即选出时尚的代表人物。一个逝世多年的人物，却众望所归，令人信服地位居榜首，被赞美为时尚的"风向标"；她就是奥斯卡金像奖获得者奥黛丽·赫本。为什么？她与众不同，但不怪诞；靓丽，但不张扬；性感，但不风骚；谈吐优雅，但不矫揉造作……给人增一分嫌多，减一分嫌少的适度美；而这一切汇成一个奥黛丽，又是绝不能复制的"这一个"。

真正的时尚是真、善、美的开发、创造、升华，是为了更真、更善、更美。它可以通俗，但远离庸俗、低俗和媚俗。

需要提醒的是，当代中国的时尚追逐面临着危机。篇幅所限，这里仅能概而言之，指出这种危机的基本特征：时尚不再是人性向上的标志，而成为过分追求物欲、肉欲的手段。它扩而大之，渗入生活的方方面面，使物欲、肉欲的贪婪恶性膨胀，而排斥了高尚的、优化人性的精神追求。譬如，现在很流行的一个"时尚"就是"露"的竞赛，比的是谁露得多，露得大胆，露得更透明；连带出了一个常用的名词，叫"大尺度暴露"。人类既有男女之分，性感自是美感中的一个组成部分，但性感与暴露隐私是不能画等号的。于是，仿佛大家都在追求时尚，却不见道德的净化、风度的优雅。

时尚的追逐正在考核一个社会的质量。

二、阅读——思维能力的保卫

美国的小布什是个热度很高的新闻人物，他上台之后，大事接着大事，9·11事件、阿富汗战争、伊拉克战争，等等；于是围绕着他的政治新闻、经济新闻，连篇累牍、汗牛充栋。可有一条新闻鲜为人知，我是在图书馆一个文摘类的小报上看到的，篇幅仅一二百字，小豆腐干那么大；说的是小布什拨款多少亿，推动青少年的阅读。至于为什么，也无阐述。我当时也不经意，可回到家中，愈想愈坐不住了。我意识到，这小豆腐干承载的是一件大事，不亚于政治、经济的大事。不久，我在一个儿童文学的讨论会上，表达了对此事的认识；在场的上海《少年文艺》编辑立马约我就此写一篇文章。

为什么是大事呢？

阅读，我指的是文字的阅读，已有几千年的历史。为什么到了21世纪，又成了个问题，需要列入总统的议事日程，甚至必须应对与决策，来推动它的解决？其中必有新的情况和原因。我想试着来回答这个问题。

20世纪末到21世纪初，信息传播的途径进一步多元化，最突出的是视听手段空前快速的发展，声音和图像铺天盖地涌到了大家的面前；连那些识字不多的百姓，也能通过电视获得不少信息。无疑，这是人类社会巨大的进步，它正在改变着我们的生活方式、思维方式、工作方式，包括当政者的执政方式。可以说，这是发明蒸汽机和电力以来最伟大的科学的进步。

　　但，伟大的进步，也必有相伴的负面效应。这就是，信息技术、视听手段日新月异也给人们带来了一个误解，即以为电视、电脑提供的画面与音响，已足够提供人类所需要的信息与知识，超过了文字的功能。于是人们片面地认为，人类已进入了所谓的"读图时代"。这个"读图时代"说法，流行至今。

　　人类社会的信息传播与留存，是从"图"到"图＋字"，并逐渐以"字"为主。在字以前，有岩画、壁画、结绳等以图会意的信息传播和留存手段。中国文字是按六种方式（即象形、形声、会意、指事、转注、假借）构成，首先包容了绘画的元素，为什么中国的书法艺术最发达，就因为中国的文字来自绘画。但它已不是实物的原象，而是人类思维抽象力的产物。所以，文字的构成，与思维抽象力的展示与融入是一个统一的过程。正是有了字，字连贯成句，句连贯成段，段连贯成文，使人对信息的梳理、整合、升华在由此及彼、由表及里、由浅入深的思维运动中达到认识与记载的相对完整化。这样一个过程和结果，离开了字而代之以图，是无法进行和完成的。于是，我们必须考察，所谓"读图时代"是人类进步的呼唤，还是倒退的标志呢？

　　在我看来，以图代字的阅读，带来的只能是人类思维能力的弱化。所以有人把图像比为锤子，把文字比为锥子。

　　首先，人类几千年思维成果大部分是以文字储存下来的，只有扎实的文字阅读能力，才能占有这些成果，研究这些成果，并转化为现代思维进一步发展的高起点，使后人超越前人，保证一代又一代地向前发展的总趋势。其实，危机已经存在。我们常说我国的历史文化如何丰富，但记载历史文化的大量典籍，缺乏相当阅读能力的人去破译、去挖掘。而不管高科技如何发展，典籍的保存都有时限，因典籍的毁损而使历史文化湮灭，是有极大的可能。而有多少建设中出现的问题，我们只要一翻书，就发现是没有阅读前人文字记录的低级错误。恕我直言，北京的建设是失败的典型：空气、水源、交通、下水道都成了问题，成为全世界十大"人不宜居"的城市之一，而且排行靠前。它的错误都是西方早期城市建设犯过的错误；按理说我们追求"跨越式发展"，第一个前提就是通过阅读，了解发达国家城市建设犯过的错误，走过的弯路；我们第一做到不重蹈覆辙，就是一个跨越式的发展；而我们不但重蹈覆辙，而且是变本加厉。人家犯过的错误，我们都要再犯一遍，而且是错得更厉害，更严重。譬如泰晤士河的污染与治理，巴黎地下水道的修建，既有正面的经验，也有反面的教训。可笑的是，我们曾把"浓烟滚滚，烟囱林立"，"高楼万丈平地起，车水马龙夜不眠"，作为社会主义建设的美景加以歌颂。教育也是如此，人家走不通的路，我们还在拼命地走；最小的例子是课件，大的则是自主阅读。

其次，更为重要的是，书面文本的阅读，是培养青少年思维能力的"基地"；放弃"基地"，就是放弃思维的锤炼。

为什么说，书面文本的阅读是培养思维能力的"基地"呢？我们可以在三种文本的比较中，来理解这个问题。

一是书面文本中记载的可以在日常生活中使用的口语。如老舍小说中人物的语言，是在生活中直接使用的。但，这是经过加工的口语，融入了作家经过思考的选择和洗练，它比原始的生活语言更精练、更有条理，通过阅读可以净化和提升我们的口语，有助于思维的净朗和快捷。

二是可以用来朗诵却不宜作为口语的书面文本。如诗、散文诗、美文等。这种文本中的语言已和口语拉开了距离，如生活中的口语变成了朗诵调，一定非常滑稽，让人无法接受，但用来朗诵，却使人的情感更凝聚、更激昂，或是更内敛、更含蓄，心灵活动更细腻、更深入，从而激活人的思维活动，即所谓浮想联翩。

三是既不能用作口语、也不能用来朗诵的书面文本，必须一个字一个字地逐句阅读、咀嚼、深思、反复深思，那就是自然科学、社会科学、人文科学的学术著作以及经典的文艺巨著；它是人类最精密、最深刻的思维的记录和成果。缺乏或缺失经过这种阅读的思维能力的锤炼，自然科学、社会科学、人文科学以及高雅的文艺创作是不可能发展的。这说明文本愈来愈拉开了与口语的距离，突出了文字阅读的不可替代性。它不能靠图的看视，不能靠声音的聆听，要一个字一个字地读下去，然后到脑子里，由抽象的文字转换为对于一个事物的感知和理解。这就是一个由此及彼、由表及里的思维的过程。文字阅读的过程是一个逼着你非得去思想的过程，一个感觉与思考融为一体的过程。

这三种不同层面的文本，从不同的角度予以证明，文本阅读与思维的多维度的连接，具有不可替代性；没有另一种手段，如可视的线条、色彩，如可听的节奏、旋律，能够如此直接、精确、严密地记录、反映思维的过程和成果。它是人类文化建设的一个核心的环节。中国古代，把文化人称为"读书人"，是耐人寻味的。

我在教育家朱永新先生的著作中，看到一则颇得启迪的资料。那就是犹太民族对于阅读的尊崇。中国有一个习俗，要让满月的婴儿抓东西，如果抓书，预计他将是读书人，抓算盘，预计是个生意人，等等。而犹太人的习俗是，在书本上涂一点蜜，让婴儿舔舔，以培养对书的亲近感。犹太人的读书平均量在世界上位居前列；犹太人在各个领域的创造，也令世人瞩目。譬如，人类的认识有三大块：一是对自然的认识，二是对社会的认识，三是对自身的认识。而在三大块中，犹太人都有影响当代的顶级人物，如社会科学中的马克思，自然科学中的爱因斯坦，人类自身心理研究中的弗洛伊德，都是犹太人。以色列本土 600 万人口；全球不超过 3000 万人口；美国名教授 1/3 是犹太人，名律师 1/4 是犹太人，大富翁 1/3 是犹太人，全美文学、戏剧、音乐领域的一流专家，60% 是犹太人。美国作为世界第一强国，犹太人功不可没。

文字阅读与一个民族的思维能力的消长至关密切。即使是以画图为生的画家，也因读书的多寡深浅之不同，而分高下；真正的美术，也依赖思维的发达程度。而以图代文的所谓"读图时代"带来的是思维能力的衰退和萎缩。有些影视明星的答记者问，常是语不成句、词不达意；流行歌曲的歌词，无逻辑、悖语法，让人不知所云；一些标榜前卫的理论文字，则常有意晦涩、故弄玄虚，把人带至云雾之中，以掩盖思维的贫乏。

是的，以图代文，还是图文并茂、以文为主？一场以阅读为焦点的民族思维能力的保卫战正在进行！

解决了为什么必须重视文字阅读的问题之后，要探讨读什么书与怎样读书的问题。

我不喜欢开书单。因为怎样选书本身就是一种能力的培养，不能代劳；而书千千万万，怎么可能让我开出一份适合所有人的书单呢！我只能提出如何选书的几个可供参考的途径：

第一，要突破对付应试教育的教科书，特别是提供"标准答案"的教辅；建立"自主阅读"的习惯和能力。每个人的需要和兴趣是不可能一样也不应该一样的。要善于在阅读中实现自我、优化自我，使个性充实化、优质化。人们阅读的过程就是个性的培养与提升的过程。

第二，个性的培养离不开一个普遍的要求，就是三种关系的认识的提高，即对人与自然的关系、人与社会的关系、人与自我的关系这三种关系认识的提高。每个人的个性都离不开这三种关系。我这里特别要强调一下的是，当前我们最需要的是认识人与社会的关系——其中的重点是对中国社会的认识。三大关系中，这个关系目前最重要，它直接影响我们的思维方式、生活方式和行为方式。我因此爱看鲁迅的作品，黄仁宇、唐德刚、袁伟时的历史著作，白盾的史论《历史的磨道——论中华帝制》。

第三，什么书报刊都翻一翻，不受职业的拘束，也不受自己的兴趣的拘束。人需要一个广阔的眼界和一个无限的思维空间。每期《南方周末》我都浏览一下，却不篇篇细读。

所以，我把怎么读书分成几块：一是翻阅；二是精读；三是选陪伴终身的图书。我以为三者缺一不可。

缺的不是读书节而是对读书有用的认知

李劭强

全国政协委员、中国出版集团公司总裁聂震宁自去年两会之后再次建议，将孔子诞辰日 9 月 28 日确定为"全国读书节"。聂震宁表示，经过政府和社会各界多年来的提倡，国民阅读总体上呈增长态势，但据有关媒体调查，只有 5. 6% 的国民知道身边有阅读活动或阅读节，有 74. 4% 的国民表示身边没有阅读活动或阅读节，另有 20. 0% 的国民表示不知道身边是否举办过阅读活动（3 月 11 日人民网）。

虽然聂振宁委员说国民阅读总体呈增长态势，可国人不喜欢阅读已是事实。因此，聂委员的建议有其针对性。但如果我们明白，国人不读书的原因并非缺少一个节日——其实已经有一个世界阅读日，而是因为缺少读书的环境和对读书有用的认知，之后就会明白，这样的建议只能暂时让难堪缓解一点，并不能让国人就此养成读书的习惯；哪怕是这个读书节的时间选定为孔子的诞辰日，在阅读困境面前，孔子也不是灵丹妙药。

国人为何不喜欢读书？原因可以说很多，但关键的一点，是认为读书无用。自在以来，我们有着一心只读圣贤书的传统，但是，当读书渐渐变得无用时，人们对读书的价值和意义便产生了根本动摇。这是必须看到的现实。若回避这个现实，就算每天都列为阅读日，也不可能提升公众的阅读率。

这种读书无用的感觉和认识来自两个方面。首先，是知识改变命运的信念在动摇。无论是过去还是现在，人们的读书观都有一些功利的成分在。如果人们坚定地认为读书能够改变命运，那么人们就会热衷于读书，在工作前是这样，在工作之后也是这样。他们会认为，读书可以让自己进步，可以让自己得到承认。但现在的情形是，知识改变命运的认知在动摇，人们看到了读书并不能换来一份体面的收入和工作，他们对读书难免产生一种怀疑、排斥的心理。

当读书无用的感受与坚硬的现实相遇时，人们更是不会选择读书。读书是需要时间和心情的，读书是需要空间和情境的。当人们特别是年轻人在现实的压力面前灰头土脸且缺少安静的空间可以读书时，他们怎么有心情读书？在房子、孩子、车子，让年轻人透不过气来时，他们想的是如何买房，如何付房贷，如何让自己的孩子可以上一个好学校。这是年轻人的悲哀，也是读书人的悲哀，对于背负房奴身份的年轻人来说，他们必然变得世俗而务实。

有人会说，读书是个宽泛的概念，读书并不等于考试，读书可以开拓人们的眼界，提升人们的素养，为何不读书呢？这其实也反映了国人对读书无用的新理解——读书并不能获得社会认同。这是人们对读书无用的第二个理解。的确，读书可以提高人的修养，可能让人在社会中获得更高的评价。但是，这也只是理论上推演而已。现实社会，人们相互评价的标准不是一个人的素养和文明程度，而是一个人成功与否。这个成功与否更多指向金钱和地位，而非指向读书多少。

所以，书读得再多，也难以在社会上获得广泛的认同，人们更愿意拿金钱和权势来对一个人做评价。而且，在人与人交往的过程中，人们也不会把读书与否当成是一种素质的评价，相反，会以更世俗的标准来建立自己的关系。事实也证明，这些庸俗的关系和世俗的标准，在现实中往往能起到更大的作用。当整个社会弥漫着成功的浮躁时，人们自然会认为读书是一件无用的事情，因为它根本不会给自己带来社会认同；甚至连真正热衷于读书者也忌讳在别人面前谈起自己读书，他们觉得这有些难为情。

当读书既不能改变自己的命运，也不能获得广泛的社会认同时，人们为何还要读书？尽管读书是个人的选择，读书的成本也没有那么高。但别忘了，读书是需要环境和认知的，只有当社会给予读书很高的评价，而且读书也确实能够对个人的发展产生实质影响时，我们才能够在快节奏的生活中重拾读书的兴趣，才能觉得读书是一种自我的提升；否则，即使设一个读书节也无济于事，即使人们读书，也只是读工具书而已。

"深入生活"的不可替代

沈敏特

一、"深入生活"的文艺观并未过时

对于《在延安文艺座谈会上的讲话》（简称《讲话》），我在上个世纪80年代的看法，至今未变。那就是：《讲话》对今而言，有三个部分：其一，当时正确，至今仍然正确；其二，当时有用，今日已属过时；其三，当时就错，今日更错。

"深入生活"就属于第一部分，它和"生活是创作的源泉"相连，属于过去正确，今天依然正确的文艺观点。当然，具体阐述要防止过去曾有的片面，例如，不能把深入生活等同于"下乡、下厂、下连队"，生活是多样而丰富的；当然，就创作的整体而言，关注工、农、兵的生活是重要的。不能把深入生活仅仅理解为把握事情的来龙去脉，更核心的是，理解事件中的人；当然，把握事件的时代性是重要的。不能把深入生活，理解事件中的人，归结为认识人的阶级性，人的阶级性只是人性的一个组成部分，并且不是绝对的、不变的，而是游动的、交叉的。"文学是人学"，决定了深入生活之不可或缺；当然，在今日中国这伟大的社会转型的时代，特别要关注现实生活中公民的人和臣民的人的区别，以及后者向前者的转变的翻天覆地的过程。鲁迅"改造国民性"的文学宗旨，今天不但没有过时，而且显得更加重要和迫切；这就决定了特别需要研究的一个问题：深入生活的当代性。

二、一个当代的文艺课题

于是，我想到了深入生活在当代，无法回避一个崭新的问题：互联网与深入生活的关系。

毋庸置疑，互联网不但进入了我们的生活，并且改变着我们的生活方式、工作方式，以至于思维方式；它是一个扩展人类视野、分享全球智慧的空间；它的及时、广阔、公开、透明，使它成为中国共产党实现为人民服务的宗旨，达成政通人和、社会安定的重要条件，也是贯彻党的"百家争鸣，百花齐放"的方针，让大众在广泛、公开的交流中培养公民素质、实现自我教育的大学校。它不能不影响文艺事业的发展与繁荣。

这里，首先要承认互联网对于深入生活的推动作用。它史无前例地开阔了文艺工作者的生活视野，使文艺工作者能在全球的范围内，及时捕捉人类生活不断变动的信息；文艺创作不可或缺的观风俗、察民情、知世势，获得了一个无比广阔的空间；使文艺创作所必需的对于生活的体察与理解，有了一个更丰富的参照系。文艺工作者无论走到哪里，除了带纸带笔，还得背上一台笔记本电脑，这已经成为广大文艺工作者深入生活的一种新的景观。

然而，我在这里要强调的是，互联网对于深入生活来说，是一个新的助力，新的推动和新的扩展，却绝不能取而代之，成为深入生活的最重要的途径。充其量它只是深入生活的众多途径之一，很需要，但不是全部，更不是最重要的。没有电脑，可以产生曹雪芹、鲁迅、巴金、冰心、艾青、公刘，以至于陈忠实、余华和很多新近的作家，但若无深入生活，他们无法进入文艺的殿堂。对于读者来说，他们都并不存在。

三、互联网能替代深入生活吗？

有人说，有了互联网，真正做到了"秀才不出门，能知天下事"。我的回答是否定的。于是在今日，有了一个新的问题：虚拟世界和实体世界的关系问题。

知，是分层次的。即如新闻，有消息报道、跟踪报道、深度报道，读者从中所得之"知"，是不同的。新闻有五个要素，即五个 W：WHEN，是什么时候；WHERE，是什么地方；WHAT，是什么事；WHO，是有那些人；WHY，是这个新闻发生的原因是什么。这就是一个由浅入深的认识过程。单靠互联网是解决不了的，还得以实地实人的采访为基础。文学是人学，它需要展示完整的故事情节，展示这故事情节中的完整的人。高尔基干脆把故事情节称为人物性格的发展史。没有对活生生实地实人的碰撞、感受、理解，文学的虚构就没有了升华的基地。

互联网作为一个虚拟世界，它提供的信息来自四面八方，来自千差万别的人物（或统称网民）。而网民，包括官方网站的工作人员，他都是人。网上的任何信息都是千差万别的人的自我的展示。而自我至少有三种：真实的自我，真假参半的自我，虚假的自我；他们由各种不同的原因铸成。因此，一旦进入互联网这个虚拟世界，这些经过人脑过滤的信息，是真还是假，是全面还是片面，是深刻还是肤浅，应该对此采取什么态度、什么对策，归根结底，都只能通过对实体世界的调查研究，才能定夺。前几年，网上沸沸扬扬的信息有邓玉华杀官事件，华南虎图片事件，"我爸是李刚"事件，"躲猫猫"事件，等等，以及还在进展的吴英死刑案，应该说，这些事件的正确解决和有望正确解决，互联网功不可没。但这"功"是提供线索、引发关注、展示民意，是一个事物达成认识的"开端"，而它的"终结"，哪怕是其间的"阶段性认知"，都只能靠实地实人的调查研究。

文艺具有认识功能、审美功能，在此基础上的教化功能（我所说的教化功能，不是意识形态意义上的，当然也可以包括科学性的意识形态，而是指人的全面素养，在今天尤其是现代性的公民素养）。而所有这些功能的实现均来自于文艺创作者个人的生命状态。这种生命状态的形成过程，远远大于高于一次实地实人的调查研究，它是一个沉浸于生活中的漫长的过程，创作者需要和社会直接交往，和各种各样的人直接交往，在这个过程中主观与客观不断地碰撞、交流、排斥、融合，形成丰厚的生活积累，形成把握生活、创造生活的独特的看、听、想的能力。我曾不止一次地以高尔基早年的《童年三部曲》为例，这部成名作，与他青少年在伏尔加河边流浪生活有关，但伏尔加河边的流浪汉上千上万，为什么高尔基仅有一人呢？这说明生活不等于深入生活，后者是有心地看、有心地听、有心地想，从而重塑生命、优化生命的过程。离开这个在实体世界中的生命重塑与优化，仅仅守着电脑提供的虚拟世界，收一点信息，查一点资料，那等于"吃着别人嚼过的馒头"，难有创造性的生命，能出一点"快餐文化"，甚至是"垃圾文化"，也许是可能的。

四、深入生活的重心在人

我在此特别要强调的是，文学作为人学，所需要的深入生活，核心是对于社会中的个体生命的感知和认识，离不开和各色人等的直接的接触和相处；需要面对和感知完整的个人。面貌身材、音容笑貌、言谈举止、喜怒哀乐等生命现象，概莫可缺；不仅是外观的体征，更有精神世界的深入、体察、把握，其细致相近于对于爱人的全人的拥抱；绝不仅仅是生命的某几个碎片。

马克思在给爱人燕妮的信中写道：我对你的爱，不是费尔巴哈的"人"的爱，不是摩莱肖特的"物质交换"的爱，也不是无产阶级的爱，而就是对亲爱的你的爱，使我成为一个真正意义上的人。

费尔巴哈、摩莱肖特是旧唯物主义哲学家，他们对人的界定拘囿在物质范围，而无产阶级的阶级性，也代替不了一个完全的人的个性，而这里的"亲爱的你"，就是一个独特的、不可替代的、完整的个人。这也正是作家要在生活中把握的人；有了这样的把握作为基础，才可能在艺术中创造出栩栩如生的典型人物。

在英国的维多利亚时代，有一对诗人夫妇——勃朗宁先生和夫人伊丽莎白，他们的代表作是《葡萄牙人十四行诗集》，被誉为"维多利亚时代最美丽的爱情商籁体诗歌"。这美丽的诗歌，与他们亲身经历的极富浪漫色彩的爱情生活密切相关。美丽的勃朗宁夫人在少女时就因过人的才华，名闻遐迩，而为勃朗宁先生所仰慕。不幸的是，她在一次骑马时从马上坠落，造成终身难愈的瘫痪。当勃朗宁先生登门拜访，正式与她见面时，她已是39岁、一个瘫坐在椅子上的中年妇人。但心中装满了她的美丽的诗歌的勃朗宁先生，仍在她闪烁的目光中感受到了稀有的睿智和才华，感受到一种不可替代的精神的魅力，从而产生出一种绝不放弃、绝不回头的爱情的追求。可是伊丽莎白的父母，坚决反对他们的婚事；因为从世俗的观念看，比他小六岁的丈夫，是不能给她持久的幸福的。而他们不顾一切地私奔了。在葡萄牙，他们共同生活了15年，充满了爱情带给他们的幸福；伊丽莎白是在毫无痛苦的状态下，逝世在勃朗宁先生的怀抱之中。那本旷世之作，是在他们共同生活的第三年完成的，包含44首十四行诗。其中融入了他们在整个爱情生活中的具体而细微的感受，犹如一篇评论所说，有起始时的疑虑，与父母抗争的恐惧，亲亲爱爱的甜蜜，爱情战胜一切的喜悦，等等，这是彼此把握对方、理解对方、参透对方的美丽的结晶。

五、结 论

一切比方都是跛足的。我绝不是说只有在爱情生活中才能真正地深入生活；我只是说，应该像爱情那样对人的投入，对人的深入，对人的持久、完整的探求，才是深入生活的真谛。而互联网上传送的关于人的信息，并非毫无价值，它可以成为我们深入人心的参照、启迪、引导；但它是间接的、片断的，缺乏完整的直感，缺乏持久的相处，缺乏深入的交流。因此，虚拟世界绝对替代不了在实体世界，深入生活的重心永在实体世界，尤其是实体世界中活生生的个人。

贴近生活 "是现实主义的入口处"

沈敏特

　　暂不说原因，但有一个事实是有目共睹甚至是大家心知肚明的，那就是我们的大众文化（包括大众的文艺与娱乐），倾向于脱离现实，甚至是回避现实。尤其是叙事类的大众文艺，无论正说与戏说，提供给大家最多的是明君、清官和义侠（济公是个僧人，其实也是义侠，可称为侠僧吧）。把学术大众化、娱乐化的"百家讲坛"，更是方针明确：虽曰"百家"，非古不谈。然而，我们毕竟生活、工作在此时此地的今生今世，我们赖以支撑的精神资源，又必然主要来自于我们自己的生活领域；脚踏今日的土地，耳闻目睹并感受着今日的现实，头脑却安置于昨日的梦乡，谁能做到呢！于是，再大的困难，也挡不住人们思考现实、认识现实、表达现实，并进一步优化现实的要求和欲望。一部分反映现实的当代题材的叙事作品，包括作为大众文化的影视作品应运而生，并集中为一个政策性的文化口号：贴近生活。

　　但是，我们细细品味这些作品的时候，不能不发现一个值得玩味的现象：贴近生活同样可以成为脱离现实、回避现实的庇护所。相对于历史题材，它的庇护性更强；而历史题材，也可以成为现实性的载体，正如一位哲人所说："一切历史都是当代史。"这就看你怎样认识历史了。

　　于是，我可以得出一个结论："贴近生活"，只是走进现实主义的一个入口处，从此，你可以深入，你可以浅入，你可以稍稍沾边而在入口处徘徊。这就演绎出五花八门的文艺现象。

　　譬如公安题材，这当然贴近生活。但，你可以走侦探片的老路子，把它纳入破案过程的技术层面的展示；至于其中的人，可以偏于对如何破案的经验和睿智的描写；让我们看到一个新时代的福尔摩斯或是霍桑。但，也可以进入意识形态的层面，突出表现公安人员的政治责任感，或为人民的安全甘于自我牺牲的精神。当然还可以深入社会历史与人文关怀的领域，挖掘犯罪嫌疑人如何堕落的社会历史根源以及充满冲突与挣扎的心理流程，把个人的悲剧命运的展示与社会历史的梳理纳入统一的系统，体现出一种对犯罪分子既打击又挽救的深刻的人道主义精神。

　　譬如反贪题材，这当然贴近生活。但，也可或浅或深，甚至有意规避一些敏感的话题。如可以像某些公安题材的作品那样，局限于贪污案件的侦破过程，向侦探片靠近。也可深入一点，从人性复杂性的角度作一些探寻，让人们看到自私、贪婪，在失控的条件下，怎样一步步从堕落到毁灭，借此呼唤自控与自律的自觉与修炼。还可以更深一步，去挖掘贪腐泛滥的根源，展示出人性弱项与制度性缺失的关系，从而引出对改革必须深刻化、配套化的规律性的认知。

　　是的，"贴近生活"只是走向现实主义、深化现实主义，创作无愧于时代和人民的优秀作品的一个起点，它离伟大的文化目标十分遥远；它依然蕴涵着脱离现实、回避现实的危机；它考验着文艺工作者的人格与素养。于是，我无法回避，太多旗号为"贴近生活"连带着"靠拢百姓"的作品，达不到现实主义的高度，进不了现实主义的殿堂。

　　一个突出的现象是现实题材应有的严肃性、深刻性，被轻喜剧化（注：与喜剧性在本质上截然不同）、过度娱乐化所淡化和稀释。

　　譬如家庭婚姻题材，这在任何时代都是文明建设的一个重要的组成部分；正如马克思的看法，他认为，由于人类的两性关系和人类的其他活动连接在一起，因此可以通过一个时代的两性关系看到这个时代整个的文明水平。五四时代，是中国社会由近古向现代转型的时代，茅盾先生曾对那个时代中几个月的小说作过一个统计，竟发现爱情婚姻题材占90%以上的比例。显然，这在任何转型期时代都是一个"贴近生活"的意义重大的当代话题，它享有走向深刻的现实主义的丰富的资源。对此，新世纪以来产生了很多值得称道的好作品，但也难免被轻喜剧化、过度娱乐化淡化和稀释。

　　恩格斯认为，人类从无爱的两性关系发展到以爱情为基础的婚姻，是最伟大的道德进步，他称爱情是最"个人"的，又是最"崇高"的感情。而由于社会历史的曲折与复杂，人类实现以爱情为基础的婚姻，是难乎其为的；经济的、政治的、意识形态的障碍，大都是无法超越的；以至于如恩格斯所说，中世纪的爱情常在婚外的性生活甚至在通奸中实现；于是爱情的悲剧远多于爱情的幸福，"愿天下有情人终成眷属"成为人类美好、遥远的理想。而这个理想的实现程度有赖于社会的进步程度。

　　因此，历代严肃的作家，特别是大师级的作家，无论东方西方，都把爱情看成"永恒的主题"，却又绝不把爱情看作远离社会、超越历史的主题；他们总是在爱情的悲、喜剧中透视社会与历史的悲、喜剧。他们关注与爱情相连的整体的人生状态。其中的悲，是大悲；其中的喜，是大喜。而我们今天有太多涉及爱情的文艺作品，主角多是当代的少男少女；或靓或帅，很时尚很偶像，也有从农村出来的漂亮的男女农民工，包括人见人爱的小保姆；看似很贴近生活、贴近现实，但在这"入口处"却不再向深与广进军；有的非常自觉地回避严肃的话题，而着意于轻喜剧化、过度娱乐化；最多触及性格上的小瑕疵，关系中的小误会，意识中的小缺点；往往几十集的电视剧，一个个掀起的只有"牛奶杯子里的风暴"，给人一点看过就忘的心理波动；实际而又兑现的好处是获得了很"安全"的收视率、发行量和票房额。

而在当今这样一个远未摆脱古代传统羁绊而正在现代化的转型时代，爱情生活交织着痛苦而紧张的各式各样的选择；权力、地位、金钱裹挟着五花八门的包装，正向爱情领域全面进军，使人性、个性遭遇空前严峻的考察和检验；因而从根本上说，爱情在当代绝不是一个轻松的话题；也许正是在这嘻嘻哈哈的笑声中，上演着人性之真、之善、之美惨遭戕害和杀戮，而至真、至善、至美也从中升华为闪亮的悲剧或喜剧。生活中这样的悲剧和喜剧呼唤着现实主义的深刻的反映和表现；我相信伟大的爱情悲剧、喜剧有这样丰厚的资源，终将出世；也许是：万事俱已备，只欠东风来。

当然，鉴于中国的某种文化现实的特殊性，我不得不特别声明，对于轻喜剧化、过度娱乐化我绝无抨击之意，更不提倡"禁绝"或"叫停"。第一，在市场经济还属于初级阶段的今日，人们的生活很紧张、很压抑，无严肃、无深思地舒一口气，笑一笑，哪怕是傻笑，也是一种无须指责的需求。第二，解决精神领域的高低、雅俗与是非问题，采取"一声令下"的方式永远是不对口的，从长计议是无效而有害的。它只能在社会整体进步化的过程中，在不断思想解放的过程中，依靠教育、陶冶，进行平等的交流与相互的碰撞，使人性逐步优化、美化，才能得以根本性的改善，使广大的观众、读者具有更理性的选择能力，更高的文化与鉴赏的品位。第三，在提到轻喜剧化和过度娱乐化时，我没有点出一部作品、一个人名。因为，问题的深层原因不在于一部作品、一个作者，而在于我们需要懂得，"贴近生活"只是走向现实主义的一个入口，能不能进去，能不能深入，这是一个时代的文化课题；它需要丰厚的资源，更需要整合资源、升华资源，在创作者的心中熔炼成有待喷发的熔岩。我确信，我们的时代具有了从现实主义的资源到现实主义熔岩的一切条件，但最终需要一个喷发和展示的出口和大地。所以需要重复那句话：万事俱已备，只欠东风来。

是的，"东风"问题是我们从"贴近生活"到走向现实主义的一个需要研究的关键，它与现实主义生死攸关。那些"贴近生活"而并不从这个入口走进现实主义而徘徊于回避，也与"东风"的迟迟有关。

中国写作教育基本失败的根本原因

沈敏特

一、写作教育成本太大、收效太小

说中国不重视写作教育，这是冤枉。在写作教育上，我们花了最大的成本。从小学，到初中，再到高中，我们语文课中的作文，一以贯之，从无中断。进了大学，我们还有结合具体专业的写作课程，如新闻专业的新闻写作等等；最后还要在导师个别的、一对一的指导下，进行毕业论文的写作。

可是，成本虽大，能拿笔写作的人才凤毛麟角，稀有绝少。少到什么程度？大学教师，包括语文系的教师，也少有可以称道的写手。我认识一些报刊的编辑，大多数对大学教授的文章不以为然。很逗的评价是："樟脑球的味儿太浓"。而数字也在说明问题，我国每年生产的论文的数字，世界第一；其中能被引用的论文比例之小，第一；而有抄袭之嫌的比例之大，也第一。每年安排就业，基本情况是人满为患；独独各党、政、企事业单位需要的写手，虚位以待，却是人才难觅。

二、写作教育存在误区

首先，作文教育是陷在一个大误区之中。其误区有二：

第一个误区是把作文当作"批量生产"的产品，来进行指导和培育。我们非常熟悉的是各种各样的类型特征，如记叙文、论说文、抒情文的特点，一、二、三、四；各种各样的硬标准，如主题要鲜明啦，结构要严谨啦，语言要准确鲜明生动啦，等等。这种"批"的要求和标准，离开了作文这种精神劳动的本质，作用如零。学生把这些条文背得滚瓜烂熟，依然写不好文章。因为离作文的本质太远。

作文的本质是个人的、独特的、创造性的、不可重复的、一次性的精神劳动。这种精神劳动不可重复，既是指不可重复他人，也不可重复自己，它具有一次性的特征。它是此时此刻写作者生命状态的不可模仿、不可重复的呈现。大量的物质生产是可以重复的，甚至克隆都是可以的。你做一双鞋，我也依样画葫芦，做出一双一模一样的鞋，是有实用价值的，至少是两个人有鞋穿了。而你写一部《红楼梦》，我也一字不差地写一部，则完全没有价值；只有负价值，那就是侵犯知识产权的抄袭。

那么，有人问我，应用文也体现写作的这个本质吗？我说：是的，应用文也不能克隆。譬如。文件是我们常见的应用文；上面下发一个文件，你要写一个如何贯彻的文件，如果照本宣科，亦步亦趋，不能结合本地本单位的实际创造性地贯彻，你又何必再写一个文件呢！说严重点，你这一级的负责人又何必任职呢，有一个可以遥控的机器人不就可以了吗！我们有的文件和依此作的报告，所以乏味，令人昏昏欲睡，而终使工作难以落实，一个根本的原因是：它在本质上是克隆；而这种克隆还有一个堂而皇之的谁也不敢碰的理由：服从领导，服从上级，毫不走样地贯彻指示，等等。而他们根本不懂，服从不是照搬，如何结合实际贯彻实施，其中有着很大的创造性的空间；更何况上级并非神仙，下面的实际和创造的反馈，对上级很可能发生纠偏与补充的作用。而照搬的本质，是懒汉和怠工的假服从。

因此，写作必是人性中最重要的一个元素——个性化的创造欲望的体现，它呈现出每一个个体生命的异乎他人的状态。而"批量生产"的写作教育，违反了写作的这个本质，是为第一误区。

与此相连的第二个误区是：整个作文教学的特点是重结果、轻过程，甚至根本忽略过程；而把结果作为教学的基本内容。如某一篇文章为什么好，回答是：主题鲜明，结构严谨，语言生动，等等。与此相关，就是把这篇文章推荐为范文，要求学生反复阅读甚至背诵范文，当作作文教学的主要任务。我曾担任高考语文阅卷工作，多次发现，同一地区同一高中考生在面对同一作文题目写出的作文大致相似，有几个关键词语完全一致。如有一个时期提倡学生参加劳动，有一包考卷的作文都用这样一句话来强调参加劳动的好处："我原来是药罐子，现在是铁担子。"阅卷委员以此作为笑谈，但笑过以后，我却感到了深深的悲哀。大家忘了，结果来自于过程，是过程产生了结果；千差万别的过程，产生千差万别的结果。就结果谈结果，只能培养效仿，而难以促进创新。

这样两个具有极大普遍性的误区，造成了作文教学成本巨大、收效甚微的失败的局面。因此，理解这个过程的本质，把握这个过程的要素，成为改进作文教学的核心问题。

三、看、听、想，是写作过程的基本精神元素

我在上面已经陈述，写作的本质是个人的、独特的、创造性的、不可重复的、一次性的精神劳动。它是此时此刻写作者生命状态的不可模仿不可重复的呈现。显然，这是一个或短或长的生命的过程。那么，这个过程中与写作直接相关，决定了写作成果的质量，因此必须成为写作教学加以培育和锤炼的，有哪些重要的精神元素呢？概而言之，三个字：看、听、想；这三个字与全部的生命历程汇合而一，构成了一个活生生的写作基因。

看、听、想，这是一个正常的、健康的人所共有的能力。但，具体到每一个人，却千差万别；而让看、听、想的能力达到支撑写作的水平，需要学习、需要锤炼；从一个小学生的作文是否优秀，到一个大学者、大作家能够拿出厚重的著作、杰出的作品，都离不开这三个字所达到的高度、广度、深度和独特到什么状态。所以，写作教学的重心是一个看、听、想的不断磨炼的过程，也是一个生命质量的提升的过程。

看、听、想，在这个过程中反反复复地交融、互动。总体而言，看、听是想的基础；想是看、听的整合与升华，是看与听的"磨刀石"。每一次的写作既与以往看、听、想的积累有关，而又在看、听、想的继续中延伸、扩展、深化，最后在写作成果中得以呈现。

视而不见，听而不闻，是一个很重要的成语。它告诉人们，也许是个人不同的经历，也许是不同的文化熏陶，也许是环境的影响，生活中往往存在以下现象：看，却未能看清；听，却未能领悟；看、听并没拉动思想，达到认识某一个事物的目的。

这里有一个很典型的事例。五星红旗是我们大家都看到的，天安门的升旗仪式庄严而隆重，即使没到现场，在电视中也是屡屡看到的；伴随着仪仗队整齐的脚步声和国歌的声音，振动过大家的耳膜；尤其是那首《歌唱祖国》的"五星红旗迎风飘扬，胜利歌声多么嘹亮"的歌词，可说是如雷贯耳，谁人不知。可我问很多年轻的朋友："请告诉我，五星红旗的五颗星是什么意思？"令我不得不惊讶的是：答对者寥寥无几。其中有的是研究生，有的是教授。这看，这听，可说是全无效果，等同于没看、没听。请他们就所看、所听，写一篇关于五星红旗的文章，浅是肯定的，更大的可能是错误百出。

五星红旗，为什么是这样的五颗星，关乎我们对民族历史的认识，关乎我们对身处其中的国家的认识，对社会结构的认识，关乎我们对改革开放的

认识。对于这五颗星中的一颗星，是很多年轻人，包括看而不想的很多中老年，所不清楚的；这颗星代表民族资产阶级。其实，这颗星的存在，是体现新民主主义时代的阶级关系和社会结构；民族资产阶级代表着一种允许适度发展的生产力，为新中国的建设作出贡献。

但新中国成立之初，新民主主义的阶级关系和社会结构，在恢复战后的生产力，安定社会生活方面已显示了它的优越性；本该在稳定中继续发展，但由于种种原因迅速结束了新民主主义的途程，把社会推向消灭资产阶级的社会主义革命的阶段。因此，这颗星从本质上来说，已经在国旗上消失，它的依然存在，用得上一句成语：有名无实。

所以，发挥看、听、想的交互作用，弄懂了天天见面的五星红旗，挖掘出与此相关的无数人的戏剧性的生离死别、悲欢离合的命运，有多少好文章能从我们的笔下流出啊，真是太精彩了！

还有一个典型的案例。鲁迅早年在日本的医学专科学校读书时，从纪录片电影中看到中日战争中，中国平民遭到日本兵枪杀的场面。这样的场面在整个战争中绝非个例，成千上万的中国平民在这样的场面中死去，是屡见不鲜的，并且也不是只有鲁迅看到的。但，同样的场面却让鲁迅看到了大家也许忽略的，而被鲁迅认为更为重要的影像，那就是围观者冷漠的表情。那么，为什么众人忽略，而鲁迅不仅看到，而且为此痛心疾首，甚至改变了自己的人生规划，决定弃医从文，走上了以"改造国民性"为目标的文学家的道路呢？

从 1840 年鸦片战争开始，中国有两条平行的发展轨迹：一是中国延着不断丧权辱国的方向，愈来愈深地陷入半殖民地、半封建的境地；一是前仆后继的民族精英人士，探寻着民族复兴的道路。鲁迅就是这后一个轨迹上的重要人物。从少年开始，他便带着穷家弱国的痛苦，思索着穷弱的根源。他学过海军，学过矿业，学过医学，这是他的人生经历，也是他思索的历程。而那个电影的场面则是思索飞跃的一个触发，他以弃医从文为标志，表达了他对中国文化的一个关键的认识：文化是人的创造，人又是文化的载体；使民族穷弱的传统文化因素，沉积在人的精神世界中。于是，"改造国民性"，"人立而凡事举"，成了他终身文化事业的核心目标。以《狂人日记》《阿 Q 正传》为代表的小说群和无数篇的杂文，正是他从这样一个核心目标出发的反复再看、再听、再想的累累硕果，于是中国有了一个现代的大文豪。

看、听、想，是人皆有之的功能，但因人生经历不同，为看、听、想的发展提供了不同的基础。为什么我们的传统文化强调"读万卷书，行万里路"，就是要不断地夯实、扩展、钻深这个基础。所以我们说，经历就是人生的财富。但是，仅有这个基础，还不等于具备了写作所需的看、听、想的高超的能力。我们常说，高尔基早年的成名作《三部曲》，与他多年的在伏尔加河边流浪的经历有关。此话不假，没有这段经历就没有高尔基的成名作。但是，话又说回来，伏尔加河边的流浪汉何其多，而高尔基只出了一个。这就证明，相似的经历对人的影响是不同的，这是因为人的意志有强弱、情感有敏钝、思维有深浅等精神条件，综合而成为不同的个性，恰与作品所需要的不可替代、不可重复的本质吻合，使看、听、想的高度个性化，成为写作的关键的主观条件。你看，打喷嚏是谁都看到、听到的生理现象，而在契诃夫的笔下，却引出了一个小公务员的心理悲剧（《小公务员之死》）。所以有人说：契诃夫的眼睛是一对具有穿透力的"锥子"。在生活中偶遇一个美人，大概也不是一个人的经历。屠格涅夫在意大利的小城，抬头看见一个阁楼的小窗伸出一个美少女的头，引发了他的无穷的联想，于是而有了爱情题材的世界名著《阿细亚》。可见屠格涅夫对于爱情的特有的敏感和遐想是无与伦比的。

是的，写作教育必须把握写作的本质，它不是批量生产的物品，而是个人的、独特的、创造性的、不可重复的、一次性的精神劳动。因此，写作教育绝不是模仿结果的教育，不管这个结果是多么的辉煌；而是以看、听、想为中心环节的过程的教育。这个过程的本质是：保护个性、张扬个性、提升个性，使生命更充盈、更灵动，而得到不断的优化；一句话，它是"以人为本"的生命的重塑。

四、优化看、听、想，需要相应的大文化背景

当然，这样那样的写作教育都来自于不同的大文化背景。

几十年来，那种使我国写作教育基本失败的文化背景，我在《以"听话"为中心的系统工程——教育改革的文化思考》（《凤凰周刊》2010 年第12 期）作了表达与阐述。也就是说，这样的写作教育就是这个系统工程的一个组成部分。它是个体生命的压抑和扼制，而不是保护和张扬。

这与中国传统的写作文化中的糟粕是一脉相承的。

从古至今，中国最好的写作方法的创始，体现在先秦诸子的文本之中：因为它有一个"百家争鸣"的时代文化背景；因为它的写作者个个都是前无所本，以个体生命为主体去看、去听、去想的思想家；而在落笔时则遵循"我手写我心"的原则，充分体现了他们的个性和思想。这个传统被司马迁所继承，通过《史记》的写作，发展为"秉笔直书"的自由精神，把中国

的写作教育推向一个空前的高峰。

这是一个高峰，也是一个终结。因为，他已处在一个前有焚书坑儒、后有独尊儒术的时代；为了坚持"秉笔直书"的自由精神，他是付出了巨大的代价的。司马迁为李陵说情而惨遭宫刑，是中国言论史的一个具有很高的象征意义的案例；它承续了焚书坑儒的遗绪，开创了之后各朝各代文字狱的先河。司马迁是带着奇耻大辱的伤痛，带着向命运抗争的悲情，去看、去听、去想，以大无畏的自由精神，秉笔直书，为中华民族贡献出一部大书、奇书、巍峨如珠穆朗玛的高峰之书——《史记》。而此后，再也没有堪称超越的书了。

以韩愈、柳宗元为代表的古文运动，以戴名世、方苞、刘大櫆、姚鼐为代表的桐城派，可说是中国文章史上的亮点，积累了写作教育很多的经验。如韩、柳反对六朝以后过分讲究声律、辞蕴、排偶等形式因素的骈文，创造了自然、平实、文气充盈的散文风格。桐城派讲究"言有物，言有序"的"义"与"法"，是有价值的。但在内容上，韩、柳主张文以载道、捍卫孔孟，桐城派则打出"学行继程朱之后，文章在韩欧之间"，并以"科场得售"（即应考中举）自豪；与独尊儒术是一脉相承的，在"想"字上没有个性张扬、思想创新的空间。因此，没有可能超越从诸子百家到司马迁所代表的中国写作的优良传统。

这种情况只有在五四高扬"科学"与"民主"的大旗，以及上世纪70年代末、80年代初，以真理标准大讨论为标志的思想解放中有所转机，出现了个性张扬、思想创新的苗头。但，这两段时间太短，受到各种政治、经济、文化的因素的挤压，未能撼动以"听话"为中心的系统工程，而应试教育（按：应试是需要的，但不能成为教育的核心）却更加泛滥，使写作教育难以从两大误区中突围而出。

因此，大文化背景的根本改善，是写作教育走出误区的基础，这需要假以漫长的时间。但，坚持方向，沿着科学的途径，点点滴滴做一点铺路的工作，还是需要和可能的。也许，水滴石穿，集腋成裘，是唯一可成大事的正道。

编 后 记

　　这本试行性的教材，从起意编写到书稿完成，时间不短。这并非在编写教材方面花了这么多的时间，而是因为参加者各有各的繁重的工作，不能全职编写；其中有两位编写者或本人或妻子碰上了怀孕和生产这样的头等大事，不得不把编写的事暂时放下。时间一拉长，也带来一个好处，使我们得以融入更多的探索、更多的思考和调整。一个最突出的收获是，我们决定放弃传统的习以为常的教材形式，而采取一种灵活的动态的、能反映我们真实的探索和实践的编写形式。我们不敢说就此获得了成功，但探索、求创新的欲望，可说是跃然纸上。也许我们会因此获得认可或批评，这都会化为将教材进一步修订与完善的动力。

　　参考教材编写的主要成员是中国传媒大学南广学院、滁州学院的教师，在理论探讨篇中有一篇由合肥学院杨庆国老师撰写；在实践成果篇中则转载了清华大学尹鸿老师的两篇文章。由于撰稿者难有集中的时间，最终的校订与编排，我们特聘前《安徽文学》副主编高玉超先生担当，在今年这少有的酷暑中，他付出了辛劳，在此谨致感谢！

　　三位主编是：中国传媒大学南广学院教授沈敏特，中国传媒大学南广学院新闻传播学院院长金梦玉，滁州学院文学与传媒学院院长衷新江。

编 者

2013 年 7 月

图书在版编目(CIP)数据

媒介文化评论的理论与实践/沈敏特,金梦玉,裘新江主编.—合肥:合肥工业大学出版社,2013.8(2015.7重印)

ISBN 978 - 7 - 5650 - 1497 - 0

Ⅰ.①媒⋯　Ⅱ.①沈⋯②金⋯③裘⋯　Ⅲ.①传播媒介—文化—研究
Ⅳ.①G206.2

中国版本图书馆 CIP 数据核字(2013)第 206121 号

媒介文化评论的理论与实践

沈敏特　金梦玉　裘新江　主编　　　　　　　责任编辑　朱移山

出　版	合肥工业大学出版社	版　次	2013 年 8 月第 1 版
地　址	合肥市屯溪路 193 号	印　次	2015 年 7 月第 2 次印刷
邮　编	230009	开　本	710 毫米×1000 毫米　1/16
电　话	总 编 室:0551 - 62903038	印　张	17.5
	市场营销部:0551 - 62903198	字　数	314 千字
网　址	www.hfutpress.com.cn	印　刷	合肥现代印务有限公司
E-mail	hfutpress@ 163.com	发　行	全国新华书店

ISBN 978 - 7 - 5650 - 1497 - 0　　　　　　　　定价: 30.00 元

如果有影响阅读的印装质量问题,请与出版社市场营销部联系调换。